1.1   Stellung eines Betriebes in Wirtschaft und Gesellschaft

1

Tritt man einen Ausbildungsplatz, Praktikumsplatz oder auch eine neue Stelle an, ist es wichtig, sich über die Struktur des Betriebes zu informieren. Da die Organisationsstruktur eines Betriebes u. a. vom Wirtschaftszweig und von der rechtlichen Stellung abhängt, kann diese von Betrieb zu Betrieb sehr unterschiedlich sein.

Wirtschaftszweig	Rechtliche Stellung
– Industriebetriebe – Handwerksbetriebe – Handelsbetriebe – Kreditinstitute – Versicherungsbetriebe – Verkehrsbetriebe	– **Privatwirtschaftliche Betriebe** (= erwerbswirtschaftliche Betriebe) mit dem Ziel der Gewinnmaximierung – **Genossenschaftliche Betriebe** mit dem Ziel der Versorgung der Mitglieder mit günstigen Gütern oder Dienstleistungen – **Gemeinwirtschaftliche und öffentliche Betriebe** mit dem Ziel der Versorgung der Bevölkerung mit Gütern und Dienstleistungen

Jeder Betrieb ist in ein **Geflecht von Beziehungen** und daraus resultierenden Ansprüchen eingebunden. Diese unterschiedlichen Ansprüche an Unternehmen haben ebenfalls einen großen Einfluss auf die Organisationsstruktur.

Unterschiedliche Ansprüche an Unternehmen

Ein Betrieb bezieht über den **Beschaffungsmarkt** sowohl Arbeitskräfte als auch Betriebsmittel, Werkstoffe und Dienstleistungen. Auf dem Geld- und Kapitalmarkt beschafft er sich Eigen- und Fremdkapital. Vom **Staat** kann er Zuschüsse und Subventionen erhalten, muss andererseits aber auch Steuern, Gebühren und Beiträge zahlen. Die Güter und Dienstleistungen des Betriebes werden auf dem **Absatzmarkt** (bestehend aus anderen Betrieben, dem Staat oder privaten Haushalten) abgesetzt. Dabei müssen die Interessen der Eigentümer/-innen, aber auch die der Öffentlichkeit berücksichtigt werden. Jedes Unternehmen ist Teil einer Volkswirtschaft.

Nach dem Prinzip der **Arbeitsteilung** wird in einer Volkswirtschaft die Leistung von einer Vielzahl von Unternehmen erbracht. Die volkswirtschaftliche Leistungserstellung beginnt mit der Urproduktion und setzt sich stufenartig über die Weiterverarbeitung und Dienstleistung bis hin zu den Verbraucherinnen und Verbrauchern fort.

Wirtschaftssektoren

Primärer Sektor	Der primäre Sektor bezeichnet die **Urproduktion**. Darunter werden alle Betriebe der Rohstoffgewinnung zusammengefasst. Hierzu gehören z. B. die Land- und Forstwirtschaft, der Bergbau, die Jagd und die Fischerei.
Sekundärer Sektor	Der sekundäre Sektor beinhaltet die Be- und Verarbeitung von Rohstoffen in **Handwerks- und Industriebetrieben**. Beispiele sind: Sägewerk, Schneiderei oder Schmiede.
Tertiärer Sektor	Der tertiäre Sektor umfasst die **Handelsbetriebe** (Groß- und Einzelhandel) sowie die **Dienstleistungsbetriebe**, z. B. Banken oder Versicherungen.

Zunehmend werden Unternehmen des **Informations- und Telekommunikationsbereiches** gesondert zum **quartären Sektor** zusammengefasst.

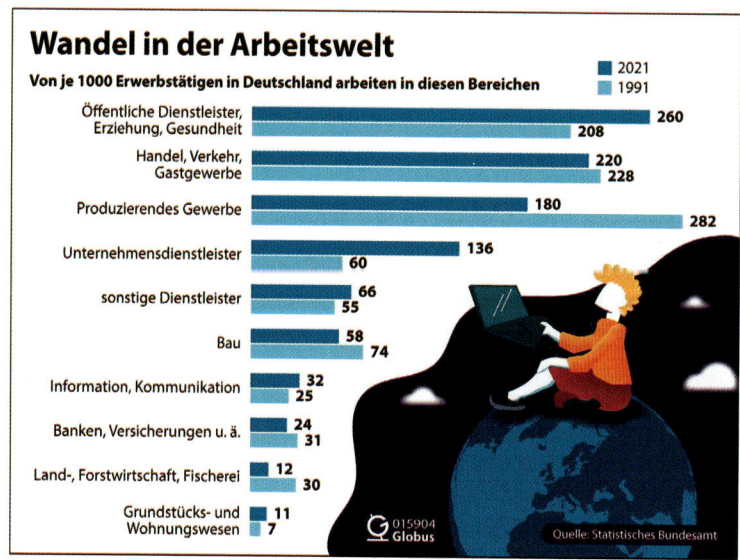

Zahl der Erwerbstätigen in Deutschland (Vergleich 1991 und 2021)

Ein Industrieland im klassischen Sinne ist die Bundesrepublik Deutschland nicht mehr. Der tertiäre bzw. auch der quartäre Sektor nehmen stark zu, da die Nachfrage nach Dienst-

westermann

Anja Hohrath, Julia Hohrath

Basiswissen IT-Berufe

Gesamtband

Wirtschafts- und Betriebslehre

2. Auflage

Bestellnummer 13990

Zusatzmaterialien zu Basiswissen IT-Berufe Gesamtband Wirtschafts- und Betriebslehre

Für Lehrerinnen und Lehrer

Lösungen zum Schulbuch Download: 978-3-427-13994-2

BiBox Einzellizenz für Lehrer/-innen (Dauerlizenz)
BiBox Klassenlizenz Premium für Lehrer/-innen und
bis zu 35 Schüler/-innen (1 Schuljahr)
BiBox Kollegiumslizenz für Lehrer/-innen (Dauerlizenz)
BiBox Kollegiumslizenz für Lehrer/-innen (1 Schuljahr)

Für Schülerinnen und Schüler

BiBox Einzellizenz für Schüler/-innen (1 Schuljahr)
BiBox Einzellizenz für Schüler/-innen (4 Schuljahre)
BiBox Klassensatz PrintPlus (1 Schuljahr)

© 2024 Westermann Berufliche Bildung GmbH, Ettore-Bugatti-Straße 6-14, 51149 Köln
www.westermann.de

Druck und Bindung: Westermann Druck GmbH, Georg-Westermann-Allee 66, 38104 Braunschweig

ISBN 978-3-427-**13990**-4

Vorwort

Das vorliegende Buch ist auf den neu geordneten Rahmenlehrplan für IT-Berufe aus dem Jahr 2020 abgestimmt.

Das Buch richtet sich an Auszubildende der folgenden Fachrichtungen: IT-Systemelektroniker/-innen, Fachinformatiker/-innen sowie – mit Ausnahme des berufsspezifischen Bereichs in der Oberstufe – an Kaufleute für IT-System-Management und für Digitalisierungsmanagement.

Es ist in zwei große Bereiche aufgeteilt: Im ersten Teil werden schwerpunktmäßig die Themen aus den ersten beiden und dem sechsten Lernfeld der jeweiligen Rahmenlehrpläne für die oben genannten Ausbildungsberufe behandelt. Diese Themen sind Inhalte des ersten Teils der gestreckten Abschlussprüfung. Im zweiten Teil des Buches werden ergänzend die Themen behandelt, die im zweiten Teil der Abschlussprüfung im Prüfungsteil „Wirtschafts- und Sozialkunde" geprüft werden.

Aktuelle Gesetzesänderungen wurden bis zum 01.01.2024 berücksichtigt. Das Buch kann als begleitende, unterstützende oder vertiefende Unterrichtshilfe genutzt werden. Es ist fachwissenschaftlich orientiert, dabei werden zunächst die Fachinhalte vermittelt und abschließend durch Aufgaben vertieft. Die fachlichen Inhalte beziehen sich auf typische Situationen eines IT-Unternehmens, sodass sie praxisnah vermittelt werden. Die Aufgaben können sowohl begleitend zur Erarbeitung als auch zur Eigenkontrolle oder Vertiefung nach der Bearbeitung der Inhalte eingesetzt werden.

Wir wünschen allen Schülerinnen und Schülern sowie Lehrerinnen und Lehrern viel Spaß und Erfolg mit diesem Buch!

Anja und Julia Hohrath

Inhaltsverzeichnis

Wirtschafts- und Betriebslehre

Ergänzende Themen aus dem Bereich Wirtschafts- und Sozialkunde

leistungen gestiegen ist, z. B. im Gesundheitsbereich, bei der Bildung oder auch im IT-Bereich. Dagegen werden durch den technischen Fortschritt Arbeitskräfte im primären und sekundären Sektor freigesetzt. Inzwischen arbeiten bereits 75 Prozent der Erwerbstätigen in Deutschland im Dienstleistungssektor.

Der Wirtschaftskreislauf

Zwischen den Unternehmen, dem Staat, den privaten Haushalten und den Kreditinstituten einer Volkswirtschaft gibt es zahlreiche Verflechtungen. Der **Wirtschaftskreislauf** einer Volkswirtschaft stellt diese Beziehungen dar. Die für die Kreislaufbetrachtung notwendigen Größen entstehen, indem **gleichartige Wirtschaftseinheiten** zu **Sektoren** und **gleichartige Transaktionen** (z. B. der Kauf von Konsumgütern) zu **Stromgrößen** zusammengefasst werden. Während beim einfachen Wirtschaftskreislauf nur die **Geld-und Güterströme** zwischen den privaten Haushalten und den Unternehmen betrachtet werden, geht der erweiterte Wirtschaftskreislauf von den Sektoren private Haushalte, Unternehmen, Kreditinstitute, Staat und Ausland aus. Bei diesem Modell handelt es sich um einen **geschlossenen Kreislauf**. Jeder Sektor hat genauso hohe eingehende wie ausgehende Ströme.

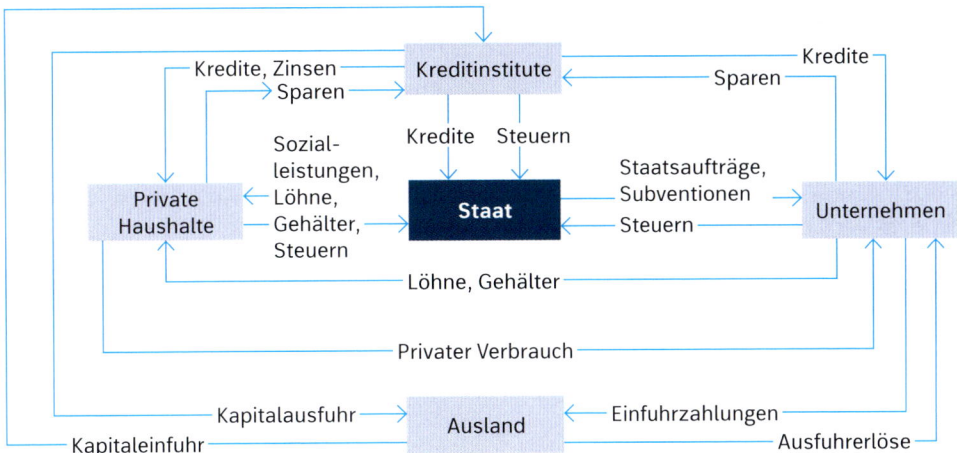

Der erweiterte Wirtschaftskreislauf, reduziert auf die wichtigsten Zahlungsströme

Die Volkswirtschaften der Welt wachsen dabei immer mehr zu einer großen, globalen Wirtschaft zusammen. Dieser immer schnellere globale Zusammenwachs verändert die Konsumgewohnheiten massiv. Produkte aus dem Ausland werden importiert, inländische Produkte exportiert. Beeinflusst wird dies maßgeblich von den Konsumgewohnheiten der Verbraucher.

1.2   Die betriebliche Organisation

In Unternehmen wirken Menschen und Sachmittel zusammen, um Erzeugnisse zu produzieren oder Dienstleistungen anzubieten. Dieses Zusammenwirken muss organisiert werden.

> **Organisation** ist die **Gesamtheit aller Regelungen**, um die betrieblichen Prozesse zu lenken und zu steuern.

Die betriebliche Organisationslehre unterteilt sich in die **Aufbauorganisation** und die **Ablauforganisation**.

Bereiche der betrieblichen Organisation

Aufbau-organisation	Stellt das Unternehmen in Bereitschaft dar	– Aufgabenanalyse (Gliederung der Aufgaben nach bestimmten Merkmalen) – Aufgabensynthese (Bildung von Stellen und Abteilungen) – Leitungssysteme – Führungsstile – Managementtechniken
Ablauf-organisation	Stellt das Unternehmen in Aktion dar	– Funktionaler Ablauf (Bestimmung der zweckmäßigen Reihenfolge der Arbeitsschritte) – Zeitlicher Ablauf – Räumlicher Ablauf

Daneben wird die Bezeichnung „Organisation" aber auch als **Oberbegriff für Institutionen** wie Unternehmen oder Behörden verwendet.

1.2.1   Zielsysteme einer Unternehmung

Jedes Unternehmen und auch jede Behörde verfolgt eine klar umrissene Aufgabe innerhalb der Volkswirtschaft. Dies kann die Produktion von Gütern oder auch die Bereitstellung von Dienstleistungen sein. Diese Aufgabe stellt das Sachziel der Unternehmung dar. Neben dem Sachziel verfolgen die Unternehmen aber noch weitere Ziele.

Zielsysteme einer Unternehmung

Sachziele	– Produktion von Gütern – Bereitstellung von Dienstleistungen
Wirtschaftliche Ziele	– Erwirtschaftung von Gewinn – Ausweitung der Marktanteile – Kostensenkung
Soziale Ziele	– Sicherung von Arbeitsplätzen – Schaffung von Ausbildungsplätzen – Maßnahmen zur Arbeitsgesundheit
Ökologische Ziele	– Verringerung der Schadstoffemissionen – Rücknahme alter Bauteile und Produkte – Verwendung von umweltfreundlichen Werkstoffen

1

Betriebswirtschaftliche Kennzahlen

Ziel privatwirtschaftlicher Unternehmen ist die Erzielung von Gewinnen. Nur so können die Zinsen für das aufgenommene Fremdkapital und eine Vergütung an die Eigenkapitalgeber/-innen des zur Verfügung gestellten Eigenkapitals gezahlt werden. Aufgrund der Daten, die aus der Bilanz sowie der Gewinn- und Verlustrechnung entnommen werden können, werden betriebswirtschaftliche Kennzahlen gebildet. Mithilfe der Kennzahlen sollen wirtschaftliche Entwicklungen und Zusammenhänge in einem Unternehmen in einfacher, leicht lesbarer und nachvollziehbarer Form dargestellt und transparent gemacht werden.

Zur Beurteilung, ob ein Unternehmen erfolgreich am Markt tätig war, reicht es aber nicht aus, den Gewinn als absolute Größe zu betrachten. Ein Gewinn von 100 000,00 € kann für ein mittelständisches Unternehmen sehr gut sein, während es für einen großen Konzern ein schlechtes Ergebnis darstellen würde. Es ist daher wichtig, den Gewinn in Bezug zum eingesetzten Kapital zu setzen.

Die **Eigenkapitalrentabilität** gibt an, wie sich das in der Unternehmung eingesetzte Eigenkapital verzinst. Zum Ausgleich des unternehmerischen Risikos sollte die Eigenkapitalrentabilität über dem durchschnittlichen Zinssatz für langfristig angelegtes Kapital liegen.

$$\text{Eigenkapitalrentabilität} = \frac{\text{Gewinn} \cdot 100}{\text{Eigenkapital}}$$

Die **Gesamtkapitalrentabilität** zeigt, wie sich das in der Unternehmung eingesetzte Kapital verzinst. Übersteigt die Gesamtkapitalrentabilität den Fremdkapitalzins, so bringt das im Unternehmen eingesetzte Fremdkapital Gewinn.

$$\text{Gesamtkapitalrentabilität} = \frac{(\text{Gewinn} + \text{Fremdkapitalzinsen}) \cdot 100}{\text{Eigenkapital} + \text{Fremdkapital}}$$

Die **Produktivität** ist eine Messgröße für die Ergiebigkeit der in der Produktion eingesetzten Produktionsfaktoren. Sie wird gebildet, indem man die Ausbringungsmenge auf den mengenmäßigen Einsatz der Produktionsfaktoren bezieht. Monetäre Größen spielen bei der Produktivität keine Rolle.

$$\text{Produktivität} = \frac{\text{Ausbringungsmenge}}{\text{mengenmäßiger Einsatz der Produktionsfaktoren}} = \frac{\text{Output}}{\text{Input}}$$

$$\text{Arbeitsproduktivität} = \frac{\text{Ausbringungsmenge}}{\text{Arbeitsstunden}}$$

Ein Absinken der Produktivität ist für den Betrieb ein Warnsignal und Anlass, nach den Gründen zu suchen.

Um den Betriebsablauf genauer analysieren zu können, wird die Produktivitätsbetrachtung durch die Untersuchung der Wirtschaftlichkeit ergänzt. Bei der Berechnung der

Wirtschaftlichkeit handelt es sich um eine Erweiterung der Produktivität um den Faktor Geld. Zur Berechnung der Wirtschaftlichkeit werden die wertmäßigen Leistungen auf den Wert der eingesetzten Produktionsfaktoren bezogen.

$$\text{Wirtschaftlichkeit} = \frac{\text{Leistungen}}{\text{Kosten}}$$

1.2.2   Der Betrieb als Kombination der Produktionsfaktoren

Abhängig von den jeweiligen Zielen muss ein Unternehmen planen, wie die Leistungserstellung erfolgen soll. Es muss überlegt werden, welche Einsatzmittel benötigt werden (= Input). Diese Einsatzmittel werden auch **be-**

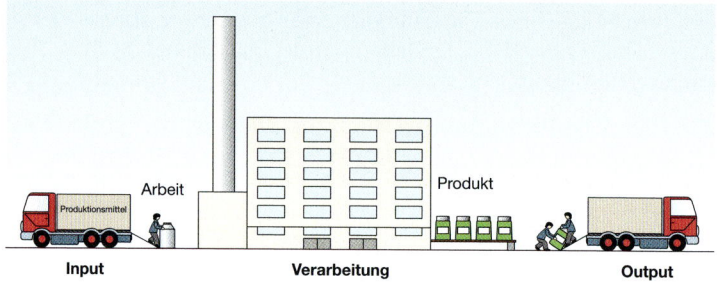

Kombination der Produktionsfaktoren im Ablauf

triebliche Produktionsfaktoren genannt. Aufgabe des Unternehmens ist die Kombination dieser Produktionsfaktoren (= Verarbeitung), um für andere Unternehmen, den Staat oder private Haushalte Erzeugnisse oder Dienstleistungen (= Output) bereitzustellen. Aufgabe der Organisation ist die zieloptimale Kombination dieser betrieblichen Produktionsfaktoren.

Kombination der Produktionsfaktoren im Ablauf

Input	Elementarfaktor					Dispositiver Faktor
	Werkstoffe			**Betriebs-mittel**	**Ausführende Arbeits-kräfte**	**Leitende Arbeits-kräfte**
	Rohstoffe = Hauptbe-standteile eines Produkts, Bauteile bzw. Waren bei einem Han-delsbetrieb	Hilfsstoffe = Neben-bestandteile eines Produktes	Betriebsstoffe = Verbrauchs-material, z. B. Schmieröl	Gegenstän-de, die der Herstellung der Produkte dienen, z. B. Maschinen	Arbeiter/ -innen, einfache Angestellte	Geschäfts-führer/ -innen, Abteilungs-leiter/ -innen

Verarbeitung	Kombination der Produktionsfaktoren			
	Beschaffung: Bereitstellung der Produktion (Leistungserstellung) Absatz: Leistungsverwertung			
Output	**Materielle Güter = Sachgüter**		**Immaterielle Güter = nicht gegenständliche Dinge**	
	Konsumgüter = dienen der Bedürfnisbefriedigung der Endverbraucher/-innen	Produktionsgüter = dienen der Herstellung anderer wirtschaftlicher Güter	Dienstleistungen	Rechte, z. B. Patente

1

1.2.3 Volkswirtschaftliche Produktionsfaktoren

Der Begriff der Produktionsfaktoren kommt nicht nur in der Betriebswirtschaftslehre, sondern auch in der Volkswirtschaftslehre vor. Hier unterscheidet man folgende Produktionsfaktoren:

Volkswirtschaftliche Produktionsfaktoren

Arbeit	Arbeit ist jede Art von körperlicher oder geistiger Tätigkeit des Menschen, um Einkommen für die Bedarfsdeckung zu erzielen.
Boden (Natur)	Beim Produktionsfaktor Boden handelt es sich um einen Oberbegriff für alle von der Natur zur Verfügung gestellten natürlichen Ressourcen (Hilfsquellen). Zur Natur zählen die Erdoberfläche, die der Landwirtschaft und der Industrie zur Nutzung und Bebauung dient, die Bodenschätze, die Wasserkräfte, das Klima und andere Naturkräfte.
Kapital	a) **Realkapital** = alle bei der Erzeugung beteiligten Produktionsmittel (Gebäude, Lagerhallen, Maschinen, Werkzeuge, Roh-, Hilfs- und Betriebsstoffe). Es handelt sich um „erzeugte" Güter, die nicht unmittelbar konsumiert werden, sondern dem Produktionsprozess dienen. b) **Geldkapital** = Geld, das zur produktiven Anlage bestimmt ist

Arbeit und Boden bezeichnet man auch als **originäre** (ursprüngliche) Produktionsfaktoren. Kapital ist ein **derivativer** (abgeleiteter) Produktionsfaktor, da zu seiner Entstehung die Kombination von Arbeit und Natur notwendig ist.

Im Zuge von Rationalisierungen kommt es oft vor, dass der Produktionsfaktor Arbeit durch den Produktionsfaktor Kapital ersetzt wird. Viele Tätigkeiten, die früher von ungelernten Kräften ausgeführt wurden, werden jetzt von Maschinen erledigt. Man spricht daher auch von der **Substitution** des Produktionsfaktors Arbeit durch den Produktionsfaktor Kapital.

1.2.4 Der Wertschöpfungsprozess

Unternehmen treten zunächst auf dem Beschaffungsmarkt als Nachfrager auf. Für die benötigten Sachgüter und Dienstleistungen werden Ausgaben getätigt. Im Unternehmen werden diese Güter bearbeitet, um dadurch den Wert zu erhöhen. Für die abgesetzten Sachgüter und Dienstleistungen erhält das Unternehmen Einnahmen, die idealerweise höher sind als die Ausgaben. Es wird ein Mehrwert erzielt.

> Der Begriff der Wertschöpfung beschreibt die Wertzunahme durch die Bearbeitungs-schrittfolge im Fertigungsprozess von der Rohstoffstufe bis zum fertigen Erzeugnis. Wertschöpfung ist das Ziel jeder produktiven Tätigkeit.

Wertschöpfungskette

Unternehmen als System von Wertschöpfungsprozessen

1.2.5 Geschäftsprozesse

In den vergangenen 30 Jahren wurde die Arbeitsorganisation in den Unternehmen immer mehr an den Produktionsprozessen ausgerichtet. Dadurch konnten im Fertigungsbereich starke Produktivitätssteigerungen erzielt werden. Diese reichten aber nicht mehr aus, um auch international wettbewerbsfähig zu bleiben. Die starke Globalisierung, der Wandel vom Verkäufer- zum Käufermarkt, E-Commerce und die kurze Lebensdauer vieler Produkte erforderten eine weitere Verbesserung der Arbeitsorganisation. Daher wurde nun auch der kaufmännische Bereich eines Unternehmens kritischer auf Einsparpotenziale untersucht. Man erkannte, dass durch die Automatisierung von Arbeitsvorgängen in kaufmännisch geprägten Abteilungen eines Unternehmens ebenfalls Einsparungen erzielt werden können. Voraussetzung ist ein effizienter Einsatz von Kommunikations- und IT-Technologien.

Gleichzeitig rückten die Kundschaft und ihre Wünsche in den Mittelpunkt der Betrachtung. Die Reaktionsfähigkeit auf die sich ständig ändernden Anforderungen des Marktes sollte erhöht werden.

Die klassische Organisationslehre mit ihrer starken Zergliederung der Aufgaben, der strengen hierarchischen Ordnung und der deutlichen Abgrenzung einzelner Abteilungen stieß an ihre Grenzen. In vielen Unternehmen setzte daher ein Umstrukturierungsprozess hin zu einer **prozessorientierten Organisation** ein. Bei der Prozessorientierung steht eine **ganzheitliche**, an der Kundschaft orientierte **Gestaltung der Arbeitsabläufe** innerhalb eines Unternehmens im Vordergrund. Zusammenhängende Arbeitsschritte werden zu Geschäftsprozessen zusammengefasst.

> Ein **Geschäftsprozess** ist eine Folge von Tätigkeiten, die ein bestimmtes Ergebnis anstreben. Die Summe der Geschäftsprozesse spiegelt die Aufgaben des Unternehmens wider. Geschäftsprozesse werden durch den Auftrag eines externen oder internen Kunden bzw. einer Kundin ausgelöst und enden mit der Übergabe des vereinbarten Ergebnisses an den Kunden bzw. die Kundin.

Die Kundinnen und Kunden werden abteilungsübergreifend von der Auftragsannahme bis zur Übergabe der vereinbarten Leistung von einem Prozessteam betreut. Bei den Mitarbeitenden sind daher weniger Spezialfachkräfte gefragt, sondern vielmehr Generalfachkräfte, die einen Überblick über die im Unternehmen ablaufenden Prozesse haben. Jede/-r Mitarbeitende führt i. d. R. mehrere Arbeitsgänge aus. Die Organisationsstruktur zeichnet sich durch flache Hierarchien aus. Es herrscht ein kooperativer Führungsstil.

Beispiel
Beispiel für einen Geschäftsprozess

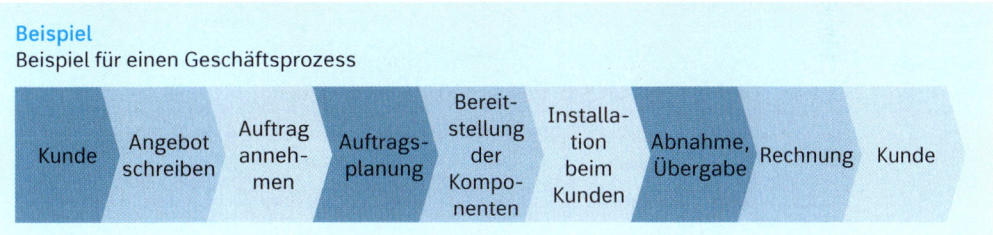

Zielsetzung bei der Modellierung von Geschäftsprozessen ist die Optimierung von Arbeitsabläufen. Geschäftsprozesse werden in zwei Hauptkategorien unterteilt:
- Kernprozesse
- Unterstützungsprozesse

Kernprozesse sind Prozesse, die der Wertschöpfung eines Unternehmens dienen. Sie spiegeln den Zweck wider, zu dem das Unternehmen gegründet wurde. In einem Industriebetrieb findet man i. d. R. folgende Kernprozesse:
- Innovationsprozess (Forschung und Entwicklung)
- Beschaffungsprozess
- Fertigungsprozess
- Absatzprozess

Prozesse wie das Personalwesen, die Buchhaltung oder die Lagerhaltung dienen der Unterstützung der Kernprozesse. Sie werden daher **Unterstützungsprozesse** genannt. Es wird zwischen **Managementprozessen** zur Führung des Unternehmens und **Serviceprozessen** (Support) unterschieden. Unterstützungsprozesse treten gegenüber externen Kundinnen und Kunden i. d. R. nicht in Erscheinung.

Mithilfe von **Prozesslandkarten** können die Prozesse eines Unternehmens inklusive der Schnittstellen, z. B. zur Kundschaft oder zu Liefernden, dargestellt werden. Daher handelt es sich bei der Prozesslandkarte um eine übergeordnete Sicht auf ein Unternehmen mit Blick auf die Ablauforganisation.

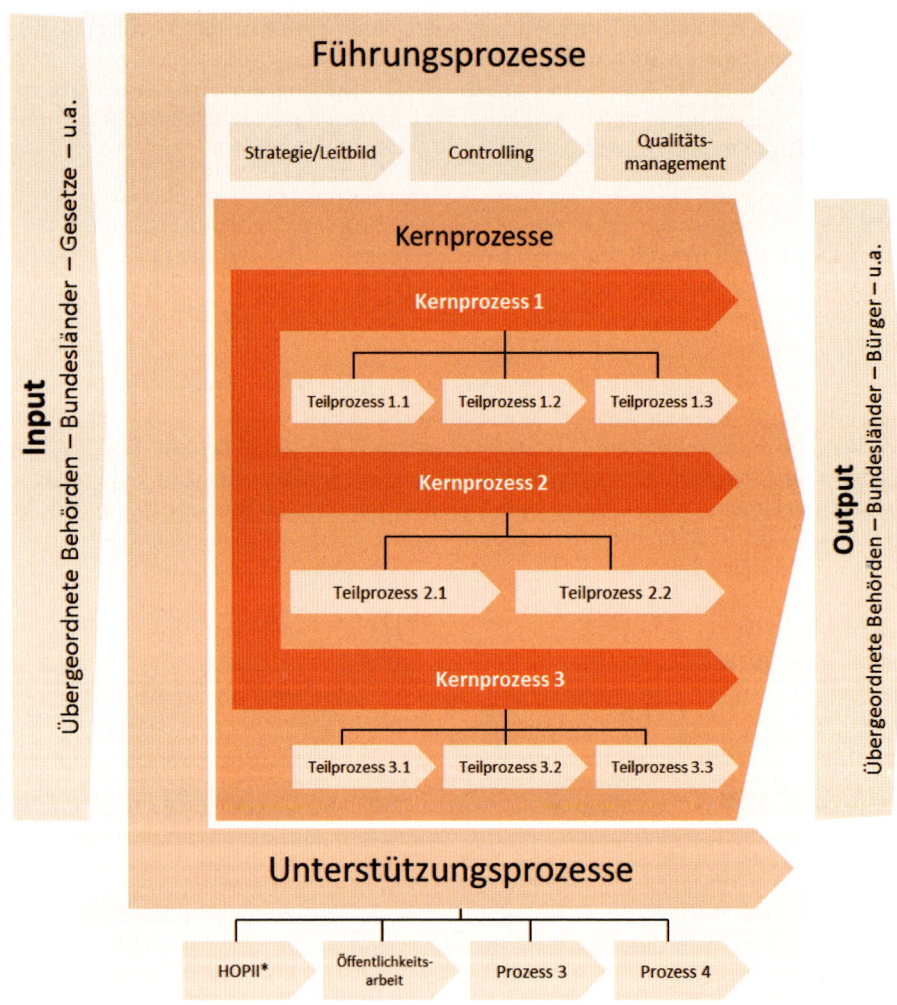

Prozesslandkarte[1]

---

1 *Quelle: Bundesministerium des Innern und für Heimat (Hrsg.): Handbuch für Organisationsuntersuchungen und Personalbedarfsermittlung, Kap. 6.2.4.1 Prozesslandkarten, Zugriff unter: https://www.orghandbuch.de/OHB/DE/Organisationshandbuch/6_MethodenTechniken/62_Dokumentationstechniken/624_Prozessmodelle/prozessmodelle-node.html#doc4392442bodyText1 am 17.11.2023*

Für betriebliche Abläufe werden die jenigen Geschäftsprozesse modelliert, die sich wiederholen. Sie unterscheiden sich damit von den Projekten, die immer einen einmaligen Charakter haben. Der Ablauf der Prozesse muss regelmäßig überwacht und auf Effizienz und Effektivität hin überprüft werden. Ziel ist eine ständige Verbesserung der Prozessabläufe.

Die grafische Darstellung von Geschäftsprozessen erfolgt mithilfe von **ereignisgesteuerten Prozessketten (EPK)**. Dabei werden die folgenden grafischen Elemente verwendet:

Grafische Elemente von EPK

Element	Beschreibung	Zusätzliche Bemerkungen
Ereignis	Das **Ereignis** stößt eine Funktion an oder wird von einer Funktion erzeugt. Ereignisse können nicht direkt mit anderen Ereignissen verbunden werden.	Jeder Geschäftsprozess beginnt mit einem Startereignis (Auslöser des Geschäftsprozesses) und endet mit einem Endereignis (Ergebnis). Jedes Ereignis kann maximal einen Eingangs- und einen Ausgangspfeil haben.
Funktion	Die **Funktion** beschreibt, welche Handlung nach einem auslösenden Ereignis durchgeführt werden soll. Zur Bezeichnung sollten Verben verwendet werden.	Funktionen können nicht direkt mit anderen Funktionen verbunden werden. Eine Funktion hat genau einen Eingangs- und einen Ausgangspfeil.
Organisationseinheit	Die **Organisationseinheit** gibt an, welches Prozessteam bzw. welche Stelle, Gruppe oder Abteilung eine Funktion ausführt.	Eine Organisationseinheit kann nur mit Funktionen verbunden werden. Organisationseinheiten beschreiben Stellen, keine Mitarbeitenden.
Objekt	Ein **Objekt** kann entweder ein Informations-, ein Material- oder ein Ressourcenobjekt sein.	Ein Objekt kann mit einer oder mehreren Funktionen durch Pfeile verbunden werden.
$\vee$ $\wedge$ XOR $\underline{\vee}$	Die **logischen Operatoren** dienen der Modellierung von Verzweigungen $\wedge$ = UND-Operator $\vee$ = ODER-Operator XOR oder $\underline{\vee}$ = exklusiver Operator	ODER- oder XOR-Operatoren dürfen nicht unmittelbar auf ein einzelnes Ereignis folgen.
Prozesswegweiser	Der **Prozesswegweiser** (Unterprozess) ermöglicht es, einzelne Geschäftsprozesse miteinander zu verbinden.	Dadurch können komplexe Situationen nach und nach verfeinert werden.
	Der **Kontrollfluss** gibt alle möglichen Durchgänge einer EPK wieder.	Die Elemente der EPK sollten so angeordnet werden, dass der Kontrollfluss weitgehend von oben nach unten verläuft.

Element	Beschreibung	Zusätzliche Bemerkungen
← → ←	Der **Informationsfluss** stellt die Beziehung zwischen den Objekten und Funktionen dar.	
———	Die **Zuordnung** gibt an, welche Organisationseinheit für eine Funktion zuständig ist.	
Nr.	Die **Sprungmarke** dient der Verknüpfung von Prozessen.	
Zeitl. Entkopplung	Die **zeitliche Entkopplung** dient der Darstellung von zeitlichen Unterbrechungen zwischen zwei Ereignissen.	Beispiel: Zwischen der Versendung eines Angebots und der Bestellung durch den Kunden liegt eine Unterbrechung vor.

Um die Darstellung eines Geschäftsprozesses möglichst übersichtlich zu gestalten, werden die Organisationseinheiten, Ereignisse, Funktionen und Informationsobjekte spaltenweise angeordnet.

Beispiel
Auszug aus einem Geschäftsprozess: Auswahl einer/eines Auszubildenden

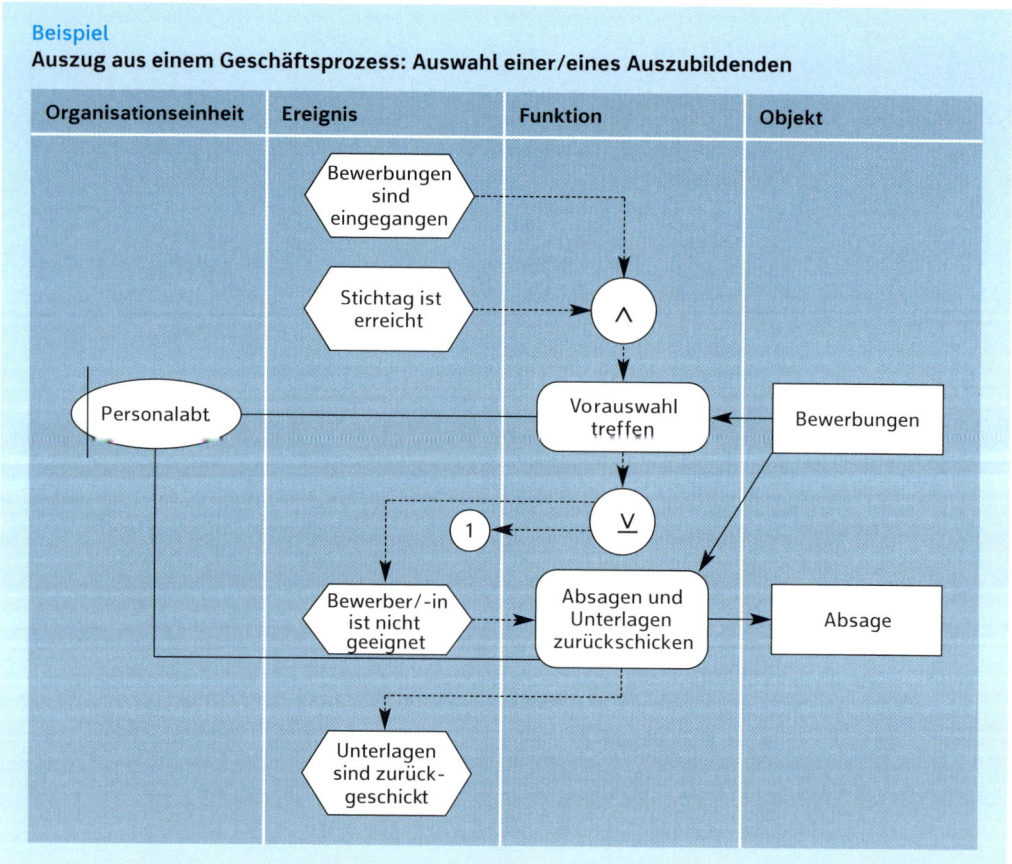

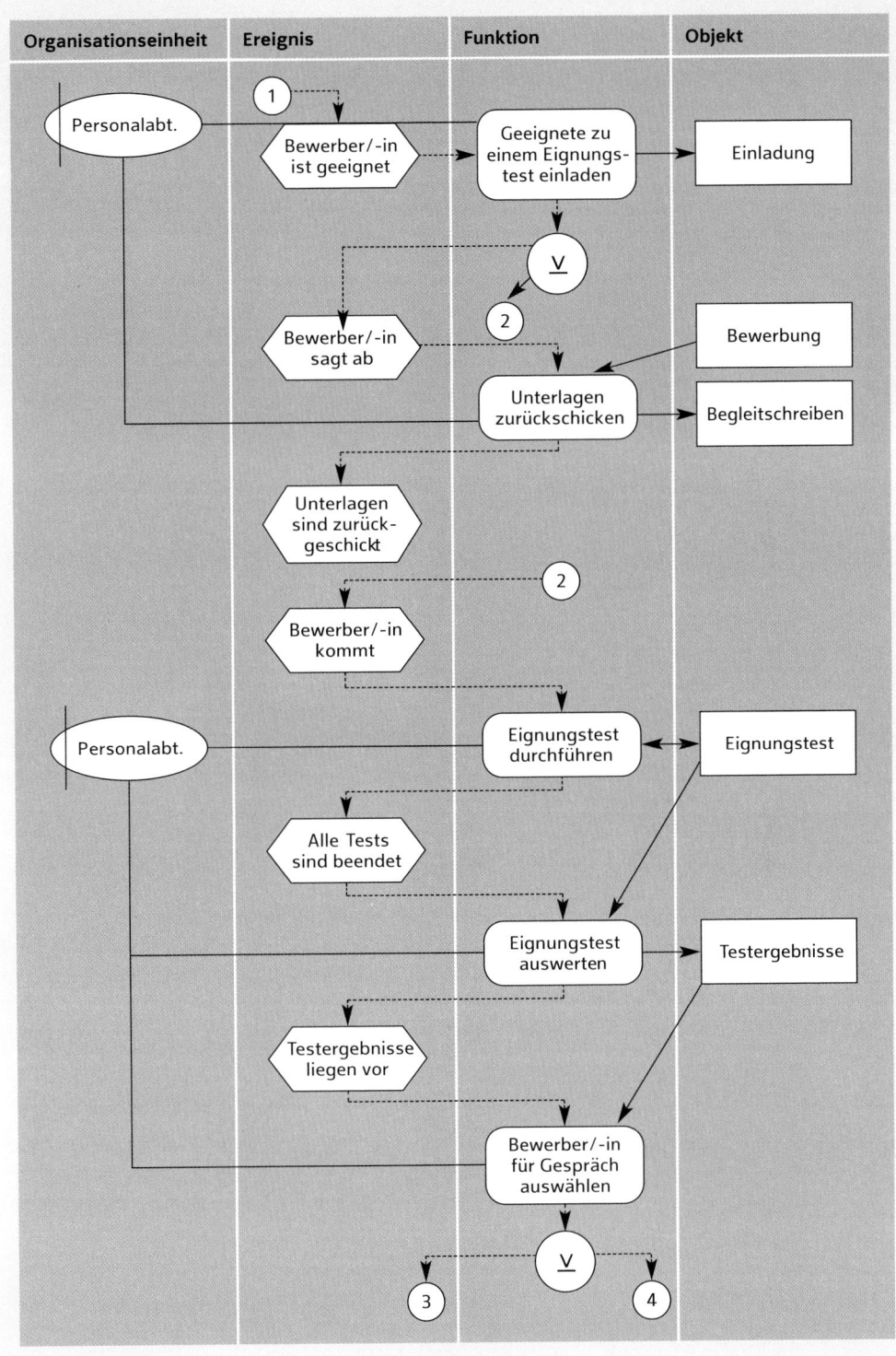

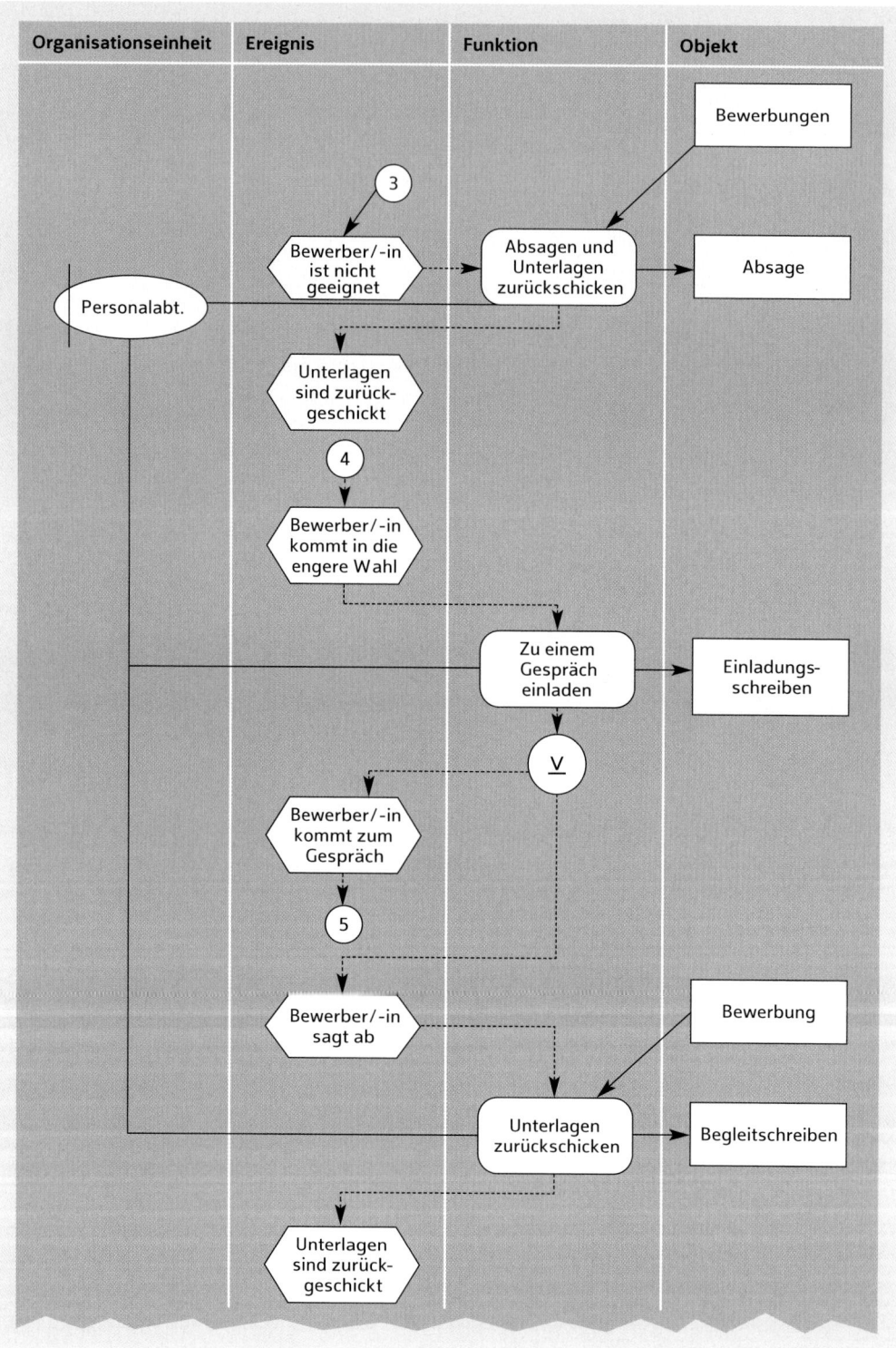

1.2.6   Der Betrieb und seine Angestellten

Ein Unternehmen ist darauf angewiesen, genügend und gut ausgebildete Angestellte auf dem Arbeitsmarkt zu finden. Dabei gehen die Unternehmer/-innen inzwischen neue Wege bei der Rekrutierung. Kostenlose Getränke sind bereits bei 92 % der Unternehmen eine Selbstverständlichkeit. Jedes zweite Unternehmen stattet neue Mitarbeitende inzwischen mit Smartphones oder Tablets aus. Die Bandbreite der Angebote ist vielfältig und oft individuell auf die Bedürfnisse der Angestellten abgestimmt.

1

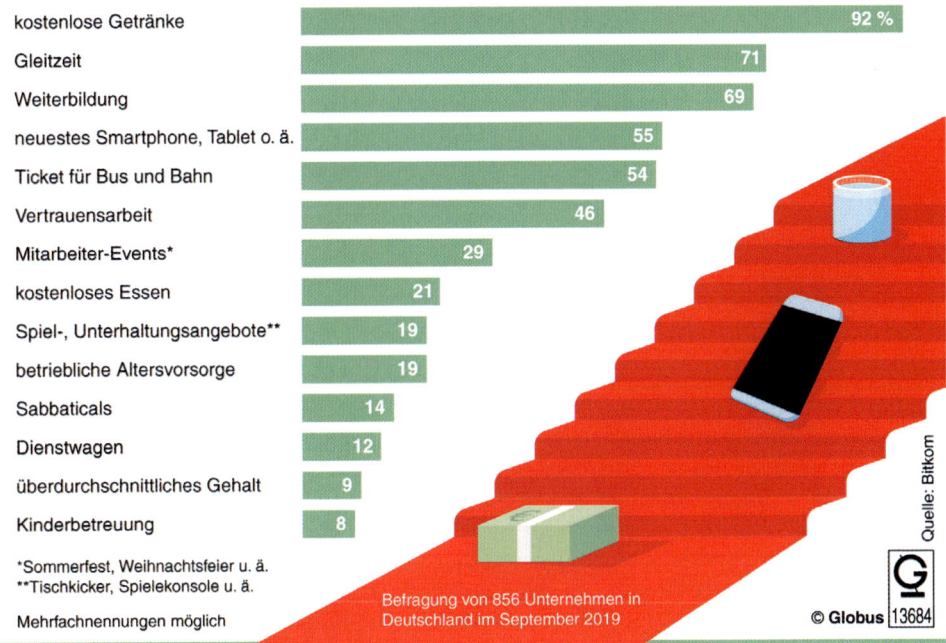

So werben Firmen um neue Mitarbeiter

Was bieten Unternehmen, um neue Mitarbeiter für sich zu gewinnen? Antworten in Prozent

kostenlose Getränke	92 %
Gleitzeit	71
Weiterbildung	69
neuestes Smartphone, Tablet o. ä.	55
Ticket für Bus und Bahn	54
Vertrauensarbeit	46
Mitarbeiter-Events*	29
kostenloses Essen	21
Spiel-, Unterhaltungsangebote**	19
betriebliche Altersvorsorge	19
Sabbaticals	14
Dienstwagen	12
überdurchschnittliches Gehalt	9
Kinderbetreuung	8

*Sommerfest, Weihnachtsfeier u. ä.
**Tischkicker, Spielekonsole u. ä.

Mehrfachnennungen möglich

Befragung von 856 Unternehmen in Deutschland im September 2019

Quelle: Bitkom

© Globus 13684

Angebote von Unternehmen an Angestellte

Bedürfnisse nach Maslow

Jede gesellschaftliche Gruppe und auch jede Gruppe in einem Betrieb setzt sich aus Menschen zusammen, die alle ein persönliches Eigenleben haben. Da sie aber sowohl in der Gesellschaft als auch im Betrieb immer aufeinander angewiesen sind, müssen Regeln gefunden werden, wie die Zusammenarbeit ablaufen soll. Die Organisationslehre beschäftigt sich mit der Aufgabe, die Aktivitäten der Beschäftigten, den Einsatz von Arbeitsmitteln sowie die Verarbeitung von Informationen innerhalb eines Betriebes zu ordnen.

Besonders wichtig ist dabei die Frage, wie die Mitarbeitenden eines Unternehmens motiviert werden können, möglichst viel Leistung zu erbringen. Der Psychologe Abraham Maslow (1908–1970) versuchte, diese Frage zu beantworten. Nach Maslow sind Bedürfnisse die Triebfedern menschlichen Handelns. Bedürfnisse lassen sich in fünf Kategorien einteilen:

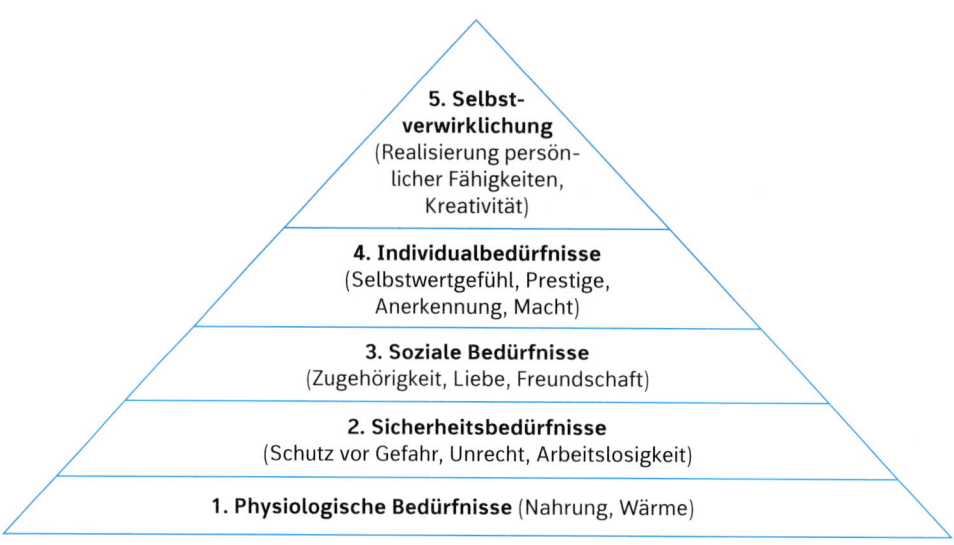

Bedürfnishierarchie nach Maslow

Die **fünf Bedürfniskategorien** stehen zueinander in **hierarchischer Beziehung**. Die Befriedigung niedrigerer Bedürfnisse bildet jeweils die Voraussetzung für die Befriedigung höherer Bedürfnisse. Entsprechend der Bedürfnishierarchie ist immer dasjenige Bedürfnis am stärksten wirksam, das unmittelbar auf das letzte, gerade noch befriedigte Bedürfnis folgt. Dieses Bedürfnis stellt das dominante Handlungsbedürfnis dar. Immer dann, wenn ein Bedürfnis in einem bestimmten Ausmaß befriedigt ist, hört es auf, dominantes Handlungsmotiv zu sein. An seine Stelle tritt ein neues, i.d.R. höheres Bedürfnis. Nach Maslow müssen die zu erfüllenden Aufgaben an Mitarbeiterinnen und Mitarbeiter daher so gestellt werden, dass sie die Möglichkeit bieten, dominante Bedürfnisse zu befriedigen.

Für die Zufriedenheit der Angestellten ist das **Betriebsklima** von großer Bedeutung. Arbeitnehmer/-innen, die sich bei der Arbeit wohlfühlen, erbringen oft bessere Leistungen, sind seltener krank und wechseln nicht so schnell den Arbeitsplatz. Neben den Bedürfnissen müssen auch die **kognitiven Voraussetzungen** berücksichtigt werden, z.B. der Umfang an Kenntnissen und Fähigkeiten sowie die Offenheit gegenüber neuen Anforderungen.

Schlüsselqualifikationen

Soft Skills: Was Arbeitgebern wichtig ist

Diese **sozialen**, **persönlichen** und **methodischen Kompetenzen** erwarten Unternehmen von künftigen Mitarbeitenden (Anteile in Prozent)

Einsatzbereitschaft	Teamfähigkeit	Selbstständigkeit	Verlässlichkeit	Sprachkenntnisse Deutsch
48,7 %	36,9	30,0	25,0	21,4

Kommunikations-fähigkeit	Planungs-fähigkeit	kritisches Denken	Organisations-fähigkeit	Anpassungs-fähigkeit
19,9	18,6	18,5	17,2	17,2

Stand Januar 2023
Globus 016092   Analyse von rund 70 Millionen Online-Stellenanzeigen in Deutschland   Quelle: Bertelsmann Stiftung

Abb. 1.8: Welche Rahmenbedingungen könnten Ausbildungsbetrieben das Ausbilden erleichtern?

Für Arbeitgeber werden Schlüsselqualifikationen immer wichtiger, wenn es darum geht, Mitarbeitende einzustellen. Die gegenwärtige Gesellschaft ist einem raschen **technologischen**, **ökonomischen** und **sozialen Wandlungsprozess** unterworfen. Die wichtigsten Entwicklungstrends sind:

- Wandel der Industriegesellschaft hin zur Dienstleistungsgesellschaft

- Rückgang gering qualifizierter Tätigkeiten aufgrund der Automatisierung von Routinetätigkeiten, sodass neue Ausbildungsberufe entstehen

- Zunahme der Komplexität der Arbeit und somit des Anspruchs an Arbeitnehmer/-innen. Entscheidungen müssen immer schneller getroffen und umgesetzt werden.

Schlüsselqualifikationen sind solche **Kenntnisse**, **Fähigkeiten** und **Fertigkeiten**, die nicht in einem unmittelbaren Bezug zu bestimmten praktischen Tätigkeiten stehen. Vielmehr bedeuten sie die Eignung für eine große Anzahl an Positionen als alternative Optionen zum gleichen Zeitpunkt sowie die Eignung für die Bewältigung einer Folge von oft unvorhersehbaren Änderungen im Laufe des Lebens. Schlüsselqualifikationen sind damit kein Fachwissen, sondern ermöglichen den kompetenten Umgang mit fachlichem Wissen.

Die Globalisierung der Märkte, die Dezentralisierung und Spezialisierung von Unternehmenseinheiten verstärken diese Entwicklung und erfordern ein neues Qualifikationsprofil bei den Beschäftigten. Die Bildung muss so gestaltet werden, dass die **Anpassungsfähigkeit** an noch nicht Prognostizierbares im Vordergrund steht. Das Obsoleszenztempo (Geschwindigkeit der „Veraltung") von Bildungsinhalten steht in einer gespannten Wechselbeziehung zwischen möglichst großer Praxisnähe und erforderlichem Abstraktionsniveau. Daher müssen übergeordnete Bildungsziele formuliert werden, die neben Fachkompetenz auch Methoden- und Sozialkompetenz enthalten bzw. berücksichtigen.

Schlüsselqualifikationen stellen somit den sprichwörtlichen Schlüssel zur raschen und reibungslosen Erschließung von wechselndem Spezialwissen dar.

Schlüsselqualifikationen

Materiale Kenntnisse und Fertigkeiten	Berufspraktische Kenntnisse und Fertigkeiten mit großer Breitenwirkung (z. B. Fremdsprachenkenntnisse, EDV-Kenntnisse)
Formale Fähigkeiten	Kognitiver Bereich = selbstständige Denk- und Lernbefähigung, z. B. logisches Denken, analytisches Denken, Transferfähigkeit, Problemlösungsfähigkeit, kritisches Denken Psychomotorischer Bereich = allgemeine berufsmotorische Befähigung, z. B. manuelles Geschick, Kondition
Personale Fähigkeit	Arbeitstugenden und personenbezogene Fähigkeiten, z. B. Genauigkeit, Zuverlässigkeit, Gewissenhaftigkeit, Verantwortungsbewusstsein, Selbstständigkeit, Kritikfähigkeit, Selbstbewusstsein, Leistungsbereitschaft
Soziale Fähigkeiten	Fähigkeit, in Arbeitsgemeinschaften ein gruppenorientiertes Verhalten zu zeigen, z. B. Kooperationsbereitschaft, Kontaktfähigkeit, Kommunikationsfähigkeit, Toleranz, Teamgeist

1.3   Strukturierung eines Unternehmens

1.3.1   Aufgabenanalyse und -synthese

Am Anfang der aufbauorganisatorischen Tätigkeit steht eine genaue **Analyse** der **betrieblichen Gesamtaufgabe**. Dabei wird die Gesamtaufgabe des Unternehmens nach bestimmten Kriterien zerlegt. Auf verschiedenen Ebenen (Hierarchiestufen) eines Unternehmens können unterschiedliche Gliederungskriterien angewandt werden. In der Praxis findet man oft Mischformen vor.

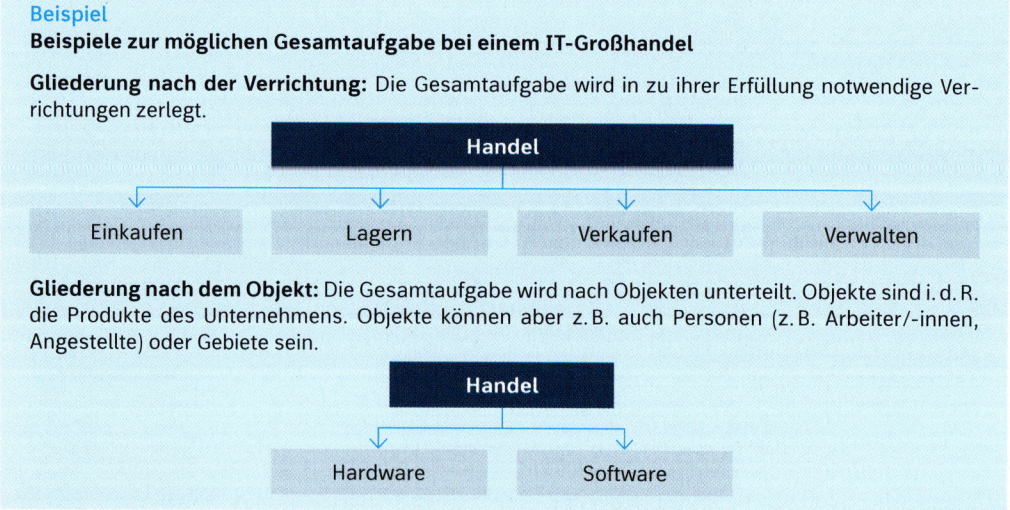

Beispiel
Beispiele zur möglichen Gesamtaufgabe bei einem IT-Großhandel

Gliederung nach der Verrichtung: Die Gesamtaufgabe wird in zu ihrer Erfüllung notwendige Verrichtungen zerlegt.

Handel

Einkaufen   Lagern   Verkaufen   Verwalten

Gliederung nach dem Objekt: Die Gesamtaufgabe wird nach Objekten unterteilt. Objekte sind i. d. R. die Produkte des Unternehmens. Objekte können aber z. B. auch Personen (z. B. Arbeiter/-innen, Angestellte) oder Gebiete sein.

Handel

Hardware   Software

Gliederung nach der Zweckbeziehung: Die Aufgaben werden danach unterteilt, ob sie unmittelbar dem Betriebszweck dienen oder nur sicherstellen, dass die primären Aufgaben erfüllt werden.

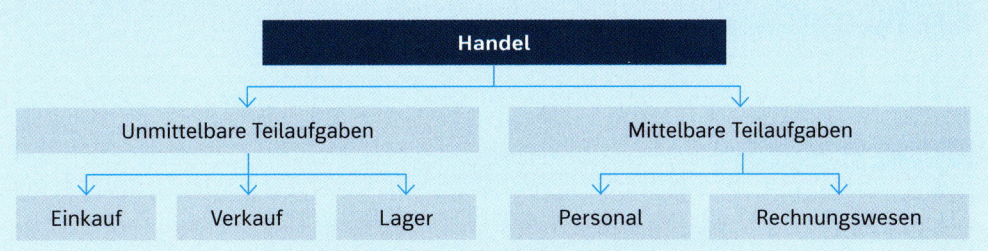

Die Gesamtaufgabe muss so lange zerlegt werden, bis Einzelaufgaben sichtbar sind (z. B. Rechnungen schreiben, Ware einsortieren o. Ä.). Nach der Aufgabenanalyse kommt die **Aufgabensynthese**, d. h., die Einzelaufgaben werden zusammengefasst und es werden Stellen gebildet.

> Eine **Stelle** ist die **kleinste organisatorische Einheit** in einem Unternehmen.

Eine Stelle kann von einer Person, einer Personengruppe oder einer Mensch-Maschine-Kombination besetzt werden.

> Eine Stelle, die Entscheidungs-, Leitungs-, Kontroll- und Führungsaufgaben wahrnimmt, nennt man **Instanz**.
> Stellen, die keine Leitungsbefugnis besitzen, werden **Ausführungsstellen** genannt.

Die wichtigsten Informationen zu einer Stelle werden in der **Stellenbeschreibung** festgehalten. Diese sollte folgende Informationen beinhalten:

1. Bezeichnung der Stelle

2. Hauptaufgaben und Einzelaufgaben

3. Entscheidungs- und Unterschriftsbefugnis

4. Stellenanforderungen (Vorbildung, Kenntnisse, Eigenschaft des Stelleninhabers bzw. der Inhaberin)

5. Eingliederung der Stelle in das Unternehmen (übergeordnete, gleichgeordnete und untergeordnete Stellen)

Mehrere Stellen werden zu **Gruppen** und **Abteilungen** zusammengefasst. Grundsätzlich gilt: Je einfacher die Aufgaben einer Stelle sind, desto mehr Stellen können zu einer Abteilung zusammengefasst werden. Umgekehrt kann bei sehr komplexen Aufgaben eine Gruppe oder Abteilung u. U. nur aus wenigen Mitarbeitenden bestehen. Die Zahl der direkt unterstellten Mitarbeitenden wird durch die **Leitungsspanne** ausgedrückt.

Nach der Zusammenfassung von Stellen zu Gruppen und zu Abteilungen muss eine Rangordnung (Hierarchie) festgelegt werden. Die Anzahl der verschiedenen Rangebenen stellt die **Instanzentiefe** dar. Die **Instanzenbreite** gibt hingegen die Anzahl der Instanzen auf einer Ebene an. Die Darstellung des Zusammenhangs zwischen den einzelnen Stellen, Gruppen und Abteilungen erfolgt in einem Organisationsdiagramm, auch Organigramm genannt.

Ein **Organisationsdiagramm** (**Organigramm**) ist eine **grafische Darstellung** der **Organisationsstruktur** eines Unternehmens, das die hierarchischen Beziehungen der Stellen untereinander wiedergibt.

Beispiel
Auf Abteilungsleiterebene hat das Unternehmen die Instanzenbreite 2. Die Instanzentiefe beträgt 3. Gruppenleiterin 2 hat fünf direkt unterstellte Mitarbeiter (Leitungsspanne = 5).

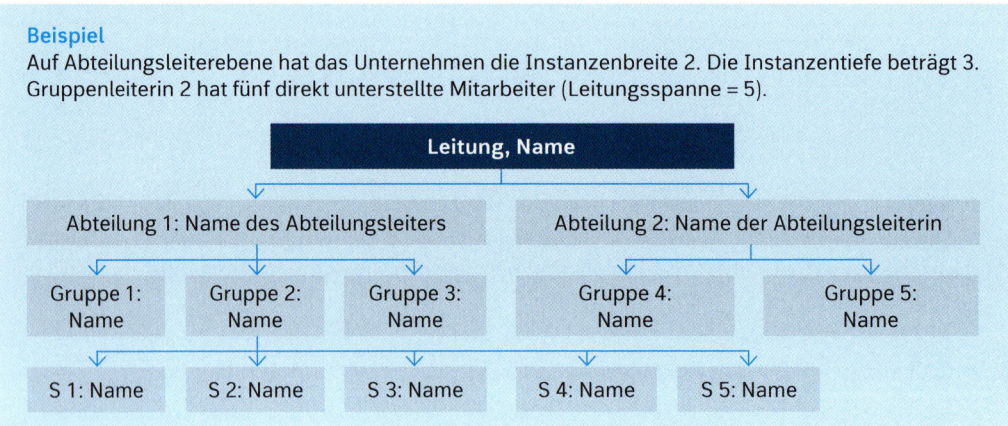

Angestrebt wird häufig eine **schlanke Organisationsstruktur** mit einer geringen Instanzentiefe (**Lean Management**). Erkennbar ist zurzeit auch ein Trend, dass Unternehmen sich auf ihre Kerngeschäfte beschränken und Tätigkeiten, die nicht mittelbar dem Betriebszweck dienen, auslagern (outsourcen).

Unter **Outsourcing** versteht man die Auslagerung von Aufgaben, die bisher innerhalb des Unternehmens bearbeitet wurden, an Fremdfirmen.

Angesichts der wachsenden Komplexität im IT-Bereich und der hohen Kosten, die durch eine eigene IT-Abteilung entstehen, lagern beispielsweise immer mehr Betriebe ihre IT-Servicefunktionen an spezialisierte Fremdfirmen aus. Durch diese Spezialisierung der Unternehmen können Kosten gespart und so die Wettbewerbsfähigkeit erhöht werden. Leistungsangebote eines Outsourcing-Unternehmens im IT-Bereich können z.B. die Hardwarebetreuung, die Netzadministration, die Bereitstellung einer Hotline, Internet-Service und Webhosting oder auch die Datensicherung sein.

Neben der **formalen Organisation** existiert in einem Unternehmen auch eine **informale Organisation**, die durch Freundschaften oder andere nicht rein dienstliche Kontakte entstehen (z.B. Betriebssportgruppe oder Frühstücksrunde in der Kantine).

1.3.2 Leitungssysteme

Im täglichen Arbeitsablauf wird in einem Unternehmen eine Vielzahl von Informationen und Anweisungen weitergegeben. Es muss daher festgelegt werden, wer wem Anweisungen erteilen darf und wer von wem informiert werden muss. Hierüber gibt das Leitungssystem Auskunft.

Leitungssysteme

	Linienorganisation (Einlinensystem)	Stab-Linien-Organisation	Mehrlinien-Organisation (Funktionale Organisation)	Matrix-Organisation
Grundsatz	Eine untergeordnete Stelle erhält jeweils nur von einer vorgesetzten Instanz Anweisungen (Einheit der Leitung, Einheit der Auftragserteilung). Die Linie ist gleichzeitig der Dienstweg für alle Anordnungen, Anrufungen, Beschwerden oder Informationen.	Baut auf der Linienorganisation auf. Instanzen werden durch Stabsstellen oder Stabsabteilungen unterstützt. Stäbe haben keine Weisungsbefugnis, sondern sie bereiten die Entscheidungen nur vor.	Spezialistinnen und Spezialisten sind für die jeweiligen Funktionen zuständig. Sie haben ein unmittelbares fachliches Weisungsrecht gegenüber den ausführenden Mitarbeitenden. Das führt dazu, dass diese von mehreren Vorgesetzten Anweisungen erhalten können. Instanzen auf der gleichen Ebene können unmittelbar miteinander kommunizieren.	Es existieren zwei Hierarchien (Dimensionen). Beispielsweise kann eine Hierarchie nach Funktionen (einkaufen, lagern, produzieren, verkaufen und verwalten) unterteilt werden und die andere nach Objekten (Projekt 1, Projekt 2 usw.). An den Kreuzungspunkten zwischen den Dimensionen müssen die Instanzen gemeinsam eine Entscheidung treffen.
Schema				
Eigenarten	Der Linienorganisation liegt ein streng hierarchisches Denken zugrunde. Die Leitungskräfte haben eine sehr große Macht.	Trennung von Entscheidungskompetenz und Fachkompetenz	Spezialisierung der Instanzen und Einhaltung von kurzen Wegen (Delegationsweg und Informationsweg)	Die Teamarbeit der Dimensionsleiter/-innen steht im Vordergrund. Es gibt Regelungen, wie bei Meinungsverschiedenheiten an den Kreuzungspunkten entschieden werden soll.
Vorteile	Klare Kompetenzfestlegung, eindeutige Verantwortung, einfache Strukturen, gute Kontrollmöglichkeiten, einfacher und übersichtlicher Unternehmensaufbau	Siehe Linienorganisation sowie Entlastung der Instanzen, Verbesserung der Qualität der Entscheidungen	Durch die Spezialisierung der Instanzen verfügen diese über eine hohe Fachkompetenz. Fachkompetenz und Entscheidungskompetenz stimmen überein, kurze Dienstwege.	Teamarbeit der Instanzen, der kombinierte Einsatz von Spezialistinnen und Spezialisten ist möglich
Nachteile	Lange Dienstwege, oft Überlastung der Vorgesetzten, Gefahr der Bürokratisierung, Gefahr der Informationsfilterung durch die Zwischeninstanzen	Ggf. Frustration der Stäbe durch die fehlende Weisungskompetenz	Gefahr von Weisungskonflikten, unklare Verantwortlichkeiten, Koordinationsprobleme zwischen den Instanzen, Unübersichtlichkeit der Organisation, ggf. Verunsicherung der untergeordneten Stellen	Hoher Kommunikationsaufwand und daher oft Zeitverluste, bis eine Entscheidung getroffen werden kann. Es besteht die Gefahr, zu viele Kompromisse einzugehen.

1

> Das **Leitungssystem** beschreibt die **Anordnungsbeziehungen** von den übergeordneten zu den nachgeordneten Stellen.

Insbesondere während einer Ausbildung oder eines Praktikums ist es sehr wichtig, sich schnell einen Überblick über die Leitungswege zu verschaffen. Übergeht man z. B. ungewollt eine vorgesetzte Person, kann dies zu großen Unstimmigkeiten führen.

In der Praxis findet man selten ein Leitungssystem vor, das genau einem der nachfolgend dargestellten Modelle entspricht. In der Regel werden die Modelle miteinander kombiniert oder die strengen Vorgaben der Modelle werden verwässert. So ist es beispielsweise oft auch bei Unternehmen, die eine Einlinienorganisation haben, üblich, dass Stellen, die sich auf einer Ebene befinden, miteinander kommunizieren können.

Die Grenzen der oben dargestellten Leitungssysteme sind dann erreicht, wenn von einem Unternehmen so verschiedenartige Produkte hergestellt werden, dass eine Spezialisierung auf diese Produkte sinnvoll ist. Großunternehmen mit einem breiten, heterogenen Produktionsprogramm sind daher oft zunächst nach **Sparten** eingeteilt. Man spricht dann auch von einer **Zentralisierung nach Objekten**. Die einzelnen Sparten sind wirtschaftlich weitgehend selbstständig. Bereiche des Unternehmens, die für alle Sparten Leistungen erbringen, z. B. die EDV-Abteilung oder die Personalabteilung, werden auch weiterhin zentral geführt.

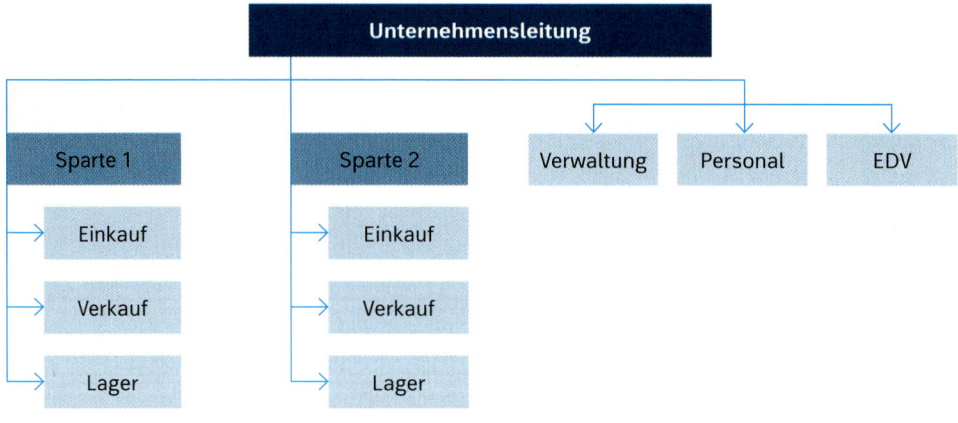

Spartenorganisation

1.3.3   Betriebliche und gesamtwirtschaftliche Arbeitsteilung

Im Rahmen der stetig wachsenden Globalisierung wird zunehmend über Grenzen hinweg arbeitsteilig produziert. So werden die Bauteile für einen PC häufig in Billiglohnländern produziert, westliche Konzerne fügen die Komponenten nur noch zusammen. Im Fokus dieser Unternehmen liegt meist die Entwicklung der eigenen Marke. Innovation und Fertigung werden entkoppelt. Bei der Auslagerung bestimmter Produktionsschritte spricht man von **Outsourcing**.

Outsourcing (Auslagerung) bezeichnet die Abgabe von Aufgaben an externe Dienstleistungsunternehmen.

So können Kosten gespart werden, die Effizienz der Produktion wird durch Spezialisierung gesteigert, was schlussendlich auch die Qualität erhöht.

Auch innerbetrieblich wird häufig arbeitsteilig gearbeitet. Dabei wird eine Gesamtaufgabe in Teilaufgaben zerlegt, was zu einer Steigerung der Produktivität, Zeitersparnis und technischem Fortschritt führt. Die Zerlegung der Aufgabe spiegelt sich bereits in der Untergliederung in Abteilungen wider.

1

1.3.4　Führungsstile

Führungskräfte müssen nicht nur über eine hohe Fachkompetenz verfügen, sondern sie müssen auch in der Lage sein, ihre Angestellten zu führen.

Ein **Führungsstil** beschreibt die Art und Weise, wie Entscheidungen getroffen und an die Mitarbeitenden weitergegeben werden.

Dabei lassen sich zwei grundsätzliche Führungsstile unterscheiden, die man in der betrieblichen Praxis in vielen verschiedenen Abstufungen vorfinden kann.

Führungsstile

Autoritärer Führungsstil	Kooperativer Führungsstil
Die Macht einer oder eines autoritativen Vorgesetzten stützt sich auf die **positionsspezifische Autorität** und die mit der Position verbundenen **Sanktionen**. Der oder die Vorgesetzte entscheidet alleine. Anordnungen werden als **Befehle** erteilt. Arbeitsanweisungen werden sehr detailliert festgelegt und ihre Einhaltung **genau kontrolliert**. Verantwortung wird kaum übertragen. Angewandt wird dieser Führungsstil vor allem bei einfachen Tätigkeiten, bei denen ein aktives Sich-Einbringen der Mitarbeitenden nicht so wichtig ist. Eigeninitiative und Einfallsreichtum werden gebremst, die Mitarbeitenden entwickeln daher oft eine **ablehnende Haltung** gegen die Arbeit und auch gegen Vorgesetzte. Das Betriebsklima ist oft angespannt und die Krankenrate relativ hoch.	Beim kooperativen Führungsstil wird die positionsspezifische Autorität zurückhaltend eingesetzt, um eine **aufgaben-** und **personenspezifische Autorität** zu erwerben. Angestrebt wird, dass sich alle Mitarbeitenden aktiv in das Unternehmen einbringen. Die Mitarbeitenden **entscheiden** daher gemeinsam. Der Vorgesetzte hat vor allem eine **Koordinationsfunktion**. Entscheidungen werden gemeinsam getroffen, die Vorgesetzten haben vor allem eine Koordinationsfunktion. Sie geben lediglich globale Rahmenvorgaben, die Mitarbeitenden kontrollieren ihre Arbeitsergebnisse weitestgehend selbst. Daher sind diese i. d. R. **motiviert** und bringen sich mit eigenen Ideen ein. Das Arbeitsklima ist i. d. R. gut, ebenso wie das Verhältnis zwischen Vorgesetzten und Angestellten. Dieser Führungsstil eignet sich daher auch für anspruchsvolle Aufgaben.

Gruppenarbeit

In der Wirtschaft nimmt man allmählich Abschied von **starren Rangordnungen**. Viele Unternehmungen suchen nach neuen Wegen der Arbeitsorganisation – mit größeren Freiräumen für die Belegschaft. Entscheidungen werden nicht mehr zentral durch die Leitungsspitzen, sondern dezentral in Mitarbeitergruppen getroffen. Durch diese **Dezentralisierung** kommt den Einzelnen eine größere Verantwortung zu. Bekannt wurde hier der Slogan: „Vom Mitarbeiter zum Mitdenker".

Einige Unternehmen gehen dabei so weit, dass sie Mitarbeitergruppen bilden und innerhalb dieser ganz auf einen Vorgesetzten bzw. eine Vorgesetzte verzichten. Die Organisation der Zusammenarbeit wird innerhalb vorgegebener Rahmenbedingungen und Zielvorgaben der gruppeninternen Selbstbestimmung überlassen. Die Kompetenzen, die sonst der vorgesetzten Person zustehen, gehen an die Gruppe als Ganzes über. Die Führungsrolle in der Gruppe kann ständig wechseln, je nach benötigter Fachkompetenz. Traditionelle Eigenschaften der Linienorganisation oder der Stab-Linien-Organisation fallen weg, wie etwa die Einheit der Auftragserteilung oder die strikte Einhaltung der Dienstwege.

Der Übergang von traditionellen Führungsstilen zur Gruppenstruktur setzt eine dafür geeignete Gruppenkultur voraus. Diese kann z.B. durch eine schrittweise Erhöhung der Mitbestimmungsmöglichkeiten der Mitarbeitenden entstehen.

Verschiedene Formen der Arbeitsorganisation mit wachsendem Autonomiegrad

Arbeitswechsel (Job Rotation)

Die Arbeitskräfte wechseln sich in vorgeschriebener oder selbst gewählter Reihenfolge bei unterschiedlichen Tätigkeiten ab, sodass jede/-r jede Arbeit im Wechsel ausführt.

Arbeitserweiterung (Job Enlargement)

Gleichartige Aufgaben, die bisher von verschiedenen Personen bearbeitet wurden, werden zusammengelegt und von einer Arbeitskraft ausgeführt.

Arbeitsbereicherung (Job Enrichment)

Verschiedenartige Arbeitsaufgaben werden zusammengefasst und von einer Arbeitskraft ausgeführt.

Prozessintegrierte Arbeitsgruppen

Die prozessintegrierte Arbeitsgruppe bzw. die sog. **Lean Production** ist ein Organisationskonzept, das in den 1950er-Jahren in der japanischen Automobilindustrie (Toyota) entwickelt wurde, um die Vorteile der Teamarbeit mit den technologisch hoch entwickelten Methoden der industriellen Fertigung zu verbinden. Lean Production beruht auf folgenden Grundprinzipien: Die Arbeitsgruppen von fünf bis zehn Personen verfügen über weitgehende Kompetenzen zur internen Selbstorganisation der Arbeitsverteilung und -gestaltung. Planung, Ausführung und Kontrolle gehören zu den Gruppenaufgaben. Die Ergebnisverantwortung liegt bei der Gruppe. Mängel sollen möglichst sofort erkannt und beseitigt werden. **Just in time** (genau zum richtigen Zeitpunkt) werden Vorleistungen an die nächste Bearbeitungsstufe angeliefert und so der Bedarf nach Zwischenlagern und Pufferzeiten minimiert. Für Unternehmen bedeutet die Gruppenfertigung eine steigende Produktivität, weil Durchlaufzeiten, Ausschusskosten sowie Material- und Lagerkosten sinken.
Anmerkung: Dieser „Just-in-Time-Ansatz" wurde auch auf die zwischenbetriebliche Zusammenarbeit übertragen. Zulieferer müssen ihre Erzeugnisse just in time anliefern.

Autonome Arbeitsgruppen

Das bekannteste Beispiel für die Organisation mithilfe von autonomen Arbeitsgruppen sind die Kalmar-Werke (Volvo) in Schweden in den 1970er-Jahren. Die Produktivitätssteigerung durch die Einführung von autonomen Arbeitsgruppen wird bei Volvo vor allem auf die **Humanisierung der Arbeit** zurückgeführt.

Der Autonomiegrad ist erheblich höher als bei den prozessorientierten Arbeitsgruppen. Gearbeitet wird an weitgehend **autonomen Fertigungs-** und **Montageinseln**. Damit die Rhythmusunterschiede zwischen den einzelnen Gruppen nicht den Produktionsablauf stören, ist eine **Leistungsentkopplung** zwischen den Arbeitsgruppen notwendig (z. B. durch Zwischenlager oder große Puffer). In der heutigen Zeit haben sich solche Fertigungs- und Montageinseln in vielen Produktionsbetrieben durchgesetzt.

1

1.3.5   Managementtechniken

Vorgesetzte wären überlastet, müssten sie alle Entscheidungen selbst treffen. Sie sollten daher in der Lage sein, einen Teil der Arbeit zu deligieren.

Als **Delegation** bezeichnet man die **vertikale Abtretung von Aufgaben, Kompetenzen und Verantwortung** an nachgeordnete Stellen.

Die Delegation geht damit auf den Ermessens- und Entfaltungsspielraum nachgeordneter Stellen ein. Die Delegationsmöglichkeit hängt in erster Linie von dem Grundprinzip ab, dass die Fachkompetenz und die formellen **Entscheidungs- und Mitsprachekompetenzen** der Stelle im Gleichgewicht sein sollten.

Aufbauend auf dem **kooperativen Führungsstil** sind verschiedene Managementtechniken entwickelt worden, die sich mit den Fragen beschäftigen, wie die Ziele festgelegt werden, wie Entscheidungen getroffen werden und in welchem Umfang eine Kontrolle der Ergebnisse stattfindet. In der Fachliteratur wird neben dem Begriff der Managementtechniken auch der Begriff **Führungstechniken** verwendet.

Die wichtigsten Managementtechniken werden hier kurz erläutert. In der Praxis findet man allerdings auch oft Mischformen vor.

Managementtechniken

Management by exception – Führen nach dem Prinzip der Ausnahme

Keine Entscheidung soll von einer Stelle gefällt werden, die von einer untergeordneten Stelle ebenso gut oder evtl. sogar besser getroffen werden kann. Daraus folgt, dass jede Entscheidung immer von der untersten Stelle gefällt wird, die dazu noch über den notwendigen Überblick verfügt. Alle Normal- und Routineentscheidungen obliegen den Einzelnen für ihren jeweiligen Aufgabenbereich. Nur Ausnahmefälle sollen Vorgesetzten zur Entscheidung vorgelegt werden. Vorgesetzte werden wird so von den Routineaufgaben entlastet und haben mehr Zeit zur Verfügung, sich um die schwierigeren Probleme zu kümmern. Dies birgt allerdings auch die Gefahr, dass die Mitarbeitenden demotiviert werden, da alle „interessanten" Aufgaben von Vorgesetzten erledigt werden.

Management by delegation – Führen durch die Delegation von Verantwortung

Alle Mitarbeitenden erhalten ihren eigenen Aufgabenbereich und verfügen hierfür über die entsprechenden Kompetenzen. Innerhalb ihres Aufgabenbereichs handeln sie eigenverantwortlich. Vorgesetzte greifen i. d. R. nicht ein. Ihre Aufgabe besteht vor allem in der Auswahl der Mitarbeitenden, der Weitergabe von Informationen, der Festlegung von allgemeinen Führungsanweisungen, der Dienstaufsicht und der Kontrolle der Arbeitsergebnisse. Bei Anwendung dieses Führungsstils delegieren die Vorgesetzten unter Umständen nur uninteressante Aufgaben.

Management by objectives – Führen durch Zielvereinbarungen

Das Prinzip der Führung durch Zielvereinbarungen betont die Zusammenarbeit im Team durch einen ständigen Informationsaustausch über die verschiedenen hierarchischen Ebenen hinweg. Zwischen Vorgesetzten und Mitarbeitenden werden gemeinsam Ziele und Unterziele vereinbart. Da dies auf jeder hierarchischen Ebene durchgeführt wird, werden die groben Unternehmensziele (z. B. Umsatzsteigerung, Erhöhung der Produktivität) immer mehr verfeinert und präzisiert. Die Angestellten können eigenständig entscheiden, welche Maßnahmen sie treffen müssen, um die Ziele zu erreichen. Die Analyse der Abweichungen des Ist vom Soll führen Vorgesetzte und Mitarbeitende gemeinsam durch. Nicht die Durchführung der Arbeit wird kontrolliert, sondern nur das Ergebnis. Die Mitwirkungsmöglichkeiten erhöhen die Identifikation der Mitarbeitenden mit den Unternehmenszielen und sollen ihre Eigeninitiative verstärken.

AUFGABEN

1. Zu welchen der folgenden Wirtschaftssektoren gehören die unten genannten Unternehmungen? Ordnen Sie zu.

   [1] Primärer Sektor   [2] Sekundärer Sektor   [3] Tertiärer Sektor

   a) Zentrallager einer Großbäckerei

   b) IT-Systemhaus

   c) Industriebetrieb zur Herstellung von Druckern

   d) Sparkasse

   e) Bergbau

2. Geben Sie an, welche Aussagen zu den betrieblichen Produktionsfaktoren richtig sind:

   a) Laptops gehören zu den Betriebsmitteln.

   b) Die Ware eines Handelsbetriebs bezeichnet man auch als Betriebsstoff.

   c) Arbeiter/-innen und einfache Angestellte gehören zu den Elementarfaktoren.

   d) Unter dem dispositven Faktor versteht man alle Mitarbeitenden eines Unternehmens.

   e) Ein Lieferwagen gehört zu den Betriebsmitteln eines Unternehmens.

   f) Verpackungsmaterial zählt zu den Elementarfaktoren.

3. Stellen Sie anhand eines konkreten Beispiels das Zielsystem eines Unternehmens dar.
   Unterscheiden Sie zwischen den Sachzielen, den wirtschaftlichen Zielen, den sozialen Zielen und den ökologischen Zielen.

4. Ziele eines Unternehmens können sich ergänzen (Zielharmonie) oder gegenseitig beeinträchtigen (Zielkonflikt). Formulieren Sie je ein Beispiel für miteinander harmonierende Ziele und für einen Zielkonflikt.

5. Welche Aussage ist richtig? Unter Produktivität versteht man ...

   a) ... das Verhältnis zwischen den erbrachten Leistungen und den dabei entstandenen Kosten.

   b) ... eine Kennziffer, die den Gewinn auf die Herstellkosten bezieht.

   c) ... das prozentuale Verhältnis der tatsächlich produzierten Menge zur maximalen Kapazität eines Betriebes.

   d) ... das Verhältnis von mengenmäßiger Ausbringung zu mengenmäßigem Einsatz von Produktionsfaktoren.

6. Ein Unternehmen beschäftigt 300 Arbeitskräfte und stellt im Jahr 200 000 Stück eines Produktes her, das zum Preis von 100,00 € pro Stück verkauft wird. Die jährlichen Gesamtkosten betragen 10 000 000,00 €.

   a) Berechnen Sie die Produktivität einer Arbeitskraft pro Jahr.

   b) Berechnen Sie die Wirtschaftlichkeit des Unternehmens.

7. Nehmen Sie Stellung zu folgender Aussage: „Ein Fertigungsverfahren, das eine höhere Produktivität hat, muss deshalb nicht unbedingt auch wirtschaftlicher sein."

8. Herr Siebort hat sich im vergangenen Jahr selbstständig gemacht. Dabei hat er 50 000,00 € in sein Unternehmen eingebracht. Nach Ablauf des ersten Jahres hat er einen Reingewinn von 10 000,00 €. Berechnen Sie die Eigenkapitalrentabilität.

9. Entscheiden Sie, ob die nachfolgenden Sachverhalte dem Produktionsfaktor Arbeit, Boden oder Kapital zuzurechnen sind.

    a) Kauf eine CNC-Maschine

    b) Lagerhalle, in der Fertigteile gelagert werden

    c) Ackerland

    d) Kohle, die im Tagebau gewonnen wird

10. Konsumgüter und Produktionsgüter können entweder dem Verbrauch (kurzlebige Güter) oder dem Gebrauch (langlebige Güter) dienen. Ordnen Sie den Güterarten die nachfolgenden Beispiele zu.

    [1] Konsumgut als Verbrauchsgut

    [2] Konsumgut als Gebrauchsgut

    [3] Produktionsgut als Verbrauchsgut

    [4] Produktionsgut als Gebrauchsgut

    a) Lagerhalle einer Schreinerei

    b) Brötchen in einem privaten Haushalt

    c) Taxi

    d) Privater Pkw

    e) Stahl

    f) Radio für einen privaten Haushalt

11. Geben Sie jeweils an, ob die nachfolgenden Aussagen sich auf die funktionsorientierte (klassische) oder auf die prozessorientierte Organisation eines Unternehmens beziehen.

    a) Die Arbeitsinhalte werden in Teilfunktionen zergliedert.

    b) Es handelt sich um eine ganzheitliche, an der Kundschaft orientierte Organisation.

    c) Es sind weniger Spezialisierte als vielmehr generalisiert Fähige gefragt.

    d) Mehrere Abteilungen sind bei der Abwicklung eines Vorgangs beteiligt.

12. Betriebliche Arbeitsabläufe können mithilfe einer ereignisgesteuerten Prozesskette (EPK) modelliert werden. Auf Seite 18 ff. finden Sie einen Auszug aus einem Geschäftsprozess für die Auswahl einer bzw. eines Auszubildenden.

    a) Führen Sie das Beispiel bis zur endgültigen Einstellung fort (siehe Sprungmarke 5).

    b) Handelt es sich bei dem Prozess um einen Kernprozess oder um einen Unterstützungsprozess?

13. Warum ist folgende Verknüpfung nicht erlaubt? Begründen Sie.

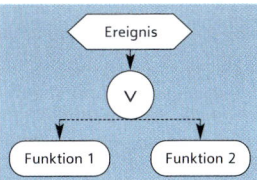

14. Nennen Sie Beispiele für Kernprozesse bei einem Kreditinstitut.

15. Setzen Sie sich kritisch mit der Maslowschen Motivationstheorie auseinander. Erläutern Sie, wodurch Sie motiviert werden, Leistung zu erbringen, und nehmen Sie anschließend Stellung zur Bedürfnispyramide.

16. Ein Pharmaunternehmen ist zunächst nach den zwei Standorten Leverkusen und München unterteilt. Auf der nächsten Ebene erfolgt eine Gliederung in die Teilaufgaben Forschung und Entwicklung, Vertrieb, Beschaffung, Verwaltung, Produktion.

    a) Zeichnen Sie das Organigramm des Unternehmens.

    b) Nach welchen Gliederungskriterien ist das Unternehmen strukturiert?

17. Ordnen Sie die Organisationsformen [1] Einlinienorganisation, [2] Stab-Linien-Organisation, [3] Mehrlinien-Organisation und [4] Matrix-Organisation den nachfolgenden Beschreibungen zu:

    a) Die Organisationsform weist eine Mehrfachunterstellung der Mitarbeitenden auf.

    b) Spezialisierte unterstützen die Instanzen. Sie haben aber lediglich eine beratende Funktion.

    c) Es gibt feste Dienstwege, die eingehalten werden müssen. Die Organisation ist streng hierarchisch organisiert (es werden 2 Organisationformen gesucht).

    d) Der Kommunikationsaufwand ist bei dieser Organisationsform besonders groß.

    e) Jeder Abteilungsleiter bzw. jede Abteilungsleiterin hat gegenüber allen untergeordneten Mitarbeitenden ein fachliches Weisungsrecht.

18. Welchen Führungsstil sollte eine Lehrperson im Unterricht einsetzen? Begründen Sie Ihre Antwort.

19. Welche Managementtechnik wird jeweils beschrieben? Erläutern Sie.

    a) Ein Sachbearbeiter aus der Abteilung Einkauf darf bis zu einem Volumen von 10 000,00 € alleine einen Lieferanten auswählen und den Auftrag vergeben. Bei höheren Beträgen muss der Vorgang seiner Vorgesetzten zur Entscheidung vorgelegt werden.

    b) Ein Vorgesetzter delegiert Sachaufgaben mit Entscheidungsbefugnis und Handlungsverantwortung an seine Mitarbeiterinnen. Die Mitarbeiterinnen sind in ihrem Bereich selbstständig und verantwortlich tätig. Der Vorgesetzte hat eine Kontrollfunktion.

Damit die Gründung eines Unternehmens nicht scheitert, muss jeder Schritt im Vorfeld gut überlegt werden. Hilfestellungen für Existenzgründer bieten viele IHK oder auch Gemeinden und Kreise an.

Mögliche Schwierigkeiten bei der Existenzgründung

Wenn man ein Unternehmen gründen möchte, müssen im Vorfeld viele Entscheidungen getroffen werden. Grundlage für diese Entscheidungen bilden das Handelsgesetzbuch (HGB) und zum Teil auch das Bürgerliche Gesetzbuch (BGB).

2.1   Das Handelsgesetzbuch (HGB)

Das Handelsgesetzbuch beschäftigt sich mit dem Handelsrecht in der Bundesrepublik Deutschland. Es enthält u. a. Regelungen zu den Kaufmannseigenschaften sowie den verschiedenen Rechtsformen von Unternehmen.

2.1.1   Kaufmannseigenschaften[1]

Kaufmann im Sinne des HGB ist, wer ein Handelsgewerbe betreibt.

---

1 *Der Begriff des Kaufmanns wird hier entsprechend der Definition nach § 1 Abs. 1 HGB verwendet und soll stellvertretend für alle Geschlechter stehen. Gemeint sind somit immer auch Kauffrauen.*

Gemeint ist hier die Kaufmannseigenschaft im rechtlichen Sinne (das Betreiben eines Handelsgewerbes liegt vor) und nicht der Kaufmann im wirtschaftlichen Sinne. Umgangssprachlich werden diese Begriffe oft anders verwendet. So ist z. B. ein Bankkaufmann kein Kaufmann im Sinne des HGB.

Das HGB unterscheidet zwischen Formkaufleuten, Istkaufleuten und Kannkaufleuten.

Der Kaufmann nach HGB			
Kapitalgesellschaften und Genossenschaften	Gewerbetreibende (außer Kapitalgesellschaften)		Land- und Forstwirte
	Mit kaufmännischer Organisation[1]	Ohne kaufmännische Organisation	
Formkaufmann	Istkaufmann	Kannkaufmann	
Die Eintragung ins Handelsregister ist vorgeschrieben.		Es besteht ein Eintragungswahlrecht.	
Eintragung ins Handelsregister ist konstitutiv (= rechtsbegründend, d. h., die Kaufmannseigenschaft entsteht erst mit Eintragung).	Eintragung ins Handelsregister ist deklaratorisch (= rechtsbezeugend, d. h., die Kaufmannseigenschaft liegt auch ohne Eintragung schon vor).	Bei Eintragung ins HR ist diese konstitutiv; erfolgt keine Eintragung, handelt es sich um einen Nicht-Kaufmann.	

Für einen Kannkaufmann stellt sich die Frage, ob es sinnvoll ist, sich in das Handelsregister eintragen zu lassen. Die Eintragung bewirkt, dass auf die Tätigkeit das HGB und nicht das BGB angewandt wird. Das hat u. a. folgende Auswirkungen:

- Ein Kaufmann darf eine Firma führen und den Handelsnamen auch verkaufen oder vererben. Ein Nichtkaufmann hat keine Firma.
- Alle Rechtsformen können gewählt werden. Ein Nichtkaufmann kann nur eine GbR gründen.
- Ein Vollkaufmann kann Bürgschaften auch mündlich erteilen. Bei einem Nichtkaufmann ist die Schriftform vorgeschrieben.
- Ein Vollkaufmann darf Prokura erteilen, ein Nichtkaufmann darf dies nicht. Für Vollkaufleute besteht eine Buchführungspflicht. Nichtkaufleute haben eine vereinfachte Aufzeichnungspflicht.
- Vollkaufleute unterliegen strengen Vorschriften im Vertragsrecht (strengere Haftungs-, Gewährleistungs- und Zahlungsfristen).

Das Handelsregister (HR)

Das Handelsregister ist ein **öffentliches Verzeichnis aller Kaufleute** nach HGB in einem Amtsgerichtsbezirk. Die Einsicht ist im Gegensatz zum Grundbuch für alle erlaubt. Einträge in das Handelsregister werden im Bundesanzeiger und in den örtlichen Tageszeitungen veröffentlicht. Eingetragen werden müssen: die Firma, der Geschäftssitz, der Gegenstand des Unternehmens, die Inhaber/-innen, ggf. der/die Geschäftsführer/-in bzw. der Vorstand, das Kapital, die Regelungen zur Vertretung, Prokura sowie die Haftungsverhältnisse. Einzelunternehmen und Personengesellschaften werden in **Abteilung A** und Kapitalgesellschaften in **Abteilung B** des Handelsregisters eingetragen.

---

1 Es gibt keine exakte Definition, wann ein Unternehmen einen kaufmännischen Geschäftsbetrieb unterhält. Kriterien sind z. B. die Mitarbeiterzahl, die Höhe des Umsatzes und des Vermögens.

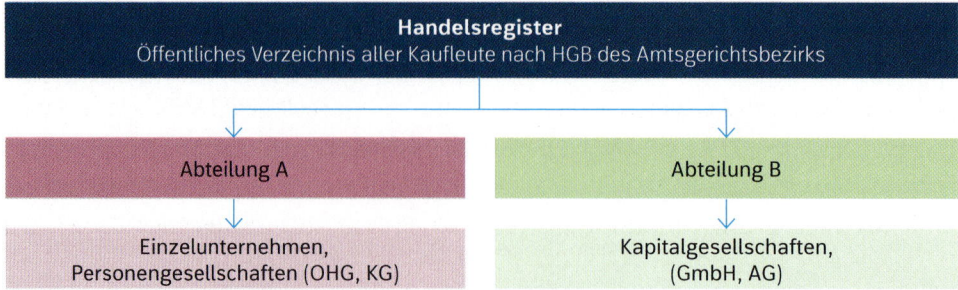

Handelsregister Öffentliches Verzeichnis aller Kaufleute nach HGB des Amtsgerichtsbezirks	
Abteilung A	Abteilung B
Einzelunternehmen, Personengesellschaften (OHG, KG)	Kapitalgesellschaften, (GmbH, AG)

Abteilungen des Handelsregisters

Die Eintragung ins Handelsregister hat je nach Art des Kaufmanns eine unterschiedliche Wirkung. Bei Form- und Kannkaufleuten ist die Eintragung ins Handelsregister **konstitutiv**, d.h., die Rechtswirkung tritt erst durch die Eintragung ein. Bei Istkaufleuten ist die Eintragung hingegen **deklaratorisch**, d.h. rechtsbezeugend. Die Kaufmannseigenschaft liegt auch bereits ohne Eintragung vor.

Für den Istkaufmann und den Formkaufmann ist die Eintragung in das Handelsregister verpflichtend vorgeschrieben, der Kannkaufmann hat ein Eintragungswahlrecht.

2.1.2   Die Firma

Die Firma ist der im Handelsregister eingetragene Handelsname eines Unternehmens.

Es wird unterschieden zwischen:
- **Personenfirma** (z.B. „Tanja Färber OHG")
- **Sachfirma** (z.B. „PC-Reparatur OHG")
- **Mischfirma** (z.B. „Färber PC-Reparatur OHG")
- **Fantasiefirma** (z.B. „PC-Globe OHG")

Bei der Wahl des Handelsnamens müssen einige Grundsätze beachtet werden:

1. Die Gesellschaftsform muss durch einen entsprechenden Zusatz (z.B. eK, OHG, KG oder GmbH) eindeutig gekennzeichnet werden.

2. Der Name muss sich von anderen Unternehmen der Stadt bzw. der Region oder auch des Landes (in Abhängigkeit von der Größe und dem Bekanntheitsgrad) unterscheiden (= Ausschließlichkeit).

3. Bei Neueintritt eines Gesellschafters/einer Gesellschafterin oder Verkauf der Unternehmung kann der Name beibehalten werden (= Firmenbeständigkeit). Der Rechtsformzusatz muss allerdings den tatsächlichen Verhältnissen entsprechen.

4. Der Name darf die tatsächlichen Haftungsverhältnisse nicht verschleiern. Ein Kommanditist darf z.B. nicht im Namen der KG genannt werden.

5. Der Name darf nicht irreführend gebraucht werden. Ein kleiner Kiosk darf sich z.B. nicht „Großhandel für Süßwaren KG" nennen.

2.1.3 Anmelde- und Genehmigungsverfahren

Die Gründung eines Unternehmens erfordert eine Reihe von Anmeldeformalitäten. Jeder Gewerbebetrieb muss beim zuständigen Gewerbeamt der Stadt oder Gemeinde angemeldet werden. Über die **Gewerbeanmeldung** werden folgende Institutionen informiert:

- Finanzamt (vergibt eine Steuernummer)
- Berufsgenossenschaft (Pflicht-Unfallversicherung für alle Arbeitnehmer/-innen und bei einigen Berufsgenossenschaften auch für die Arbeitgeber/-innen)
- Statistisches Landesamt
- Industrie- und Handelskammer bzw. Handwerkskammer
- Handelsregistergericht

Man sollte trotzdem mit diesen Institutionen direkt in Kontakt treten, um die Anmeldeformalitäten zu beschleunigen und etwaige Fragen direkt zu klären. Zusätzlich muss man sich noch mit weiteren Einrichtungen in Verbindung setzen:

- Agentur für Arbeit (vergibt eine Betriebsnummer)
- eine oder mehrere Krankenkassen (je nach Wunsch des Existenzgründers bzw. der Gründerin und der Arbeitnehmer/-innen)
- Versorgungsunternehmen (Lieferverträge für Wasser, Strom, Gas)
- Telekommunikationsbetrieb (Telefon, Internet)
- Kreditinstitut (Kontoeröffnung, Finanzierungsberatung, falls dies nicht schon im Vorfeld geschehen ist)

2.2 Die Wahl der Rechtsform

Die Wahl der Rechtsform einer Unternehmung wirkt sich langfristig auf die wirtschaftliche, rechtliche und steuerliche Behandlung des Unternehmens aus. Bei der Rechtsform wird grundsätzlich zwischen Einzelunternehmen (nur ein/-e Gesellschafter/-in) und Gesellschaftsunternehmen (mehrere Gesellschafter/-innen möglich) unterschieden.

Je nachdem, ob stärker die persönliche Beteiligung oder stärker die Kapitalbeteiligung im Vordergrund steht, unterscheidet man bei den Gesellschaftsunternehmen zwischen **Personengesellschaften** und **Kapitalgesellschaften**. Eine Sonderform stellen die Genossenschaften dar.

Rechtsformen der Unternehmung (juristische Organisationsform)

Einzelunternehmen	Gesellschaftsunternehmen		
	Personengesellschaft	Kapitalgesellschaft	Genossenschaft
– eK, eKfr, eKfm	– OHG – KG – Stille Gesellschaft – GbR	– GmbH – AG	– eG
	GmbH & Co. KG		

Verschiedene Rechtsformen von Unternehmen

2.2.1 Einzelunternehmen

Die Einzelunternehmung ist die in Deutschland am häufigsten vorzufindende Rechtsform. Sie ist für **kleine bis mittelgroße Unternehmen** geeignet. Alleiniger Gesellschafter bzw. Gesellschafterin ist der/die Einzelunternehmer/-in. Er/sie haftet sowohl mit dem Privatvermögen als auch mit dem Geschäftsvermögen. Nach § 19 HGB kann ein/-e Einzelunternehmer/-in als Personen-, Sach-, Misch- oder Fantasiefirma jeweils mit einem der folgenden Zusätze firmieren:

- e. K., eingetragener Kaufmann oder Kauffrau
- e. Kfm., eingetragener Kaufmann
- e. Kfr., eingetragene Kauffrau

Steigt das Geschäftsvolumen und benötigt der/die Einzelunternehmer/-in neues Eigenkapital bzw. Unterstützung bei der Geschäftsführung, muss die Rechtsform geändert werden und die Einzelunternehmung in ein Gesellschaftsunternehmen umgewandelt werden.

2.2.2 Gesellschaft des bürgerlichen Rechts (GbR)

Die einfachste Form einer Gesellschaft ist die sog. **BGB-Gesellschaft** oder **Gesellschaft bürgerlichen Rechts (GbR)**. Die GbR entsteht durch den Zusammenschluss von zwei oder mehreren Personen, die sich vertraglich zur Forderung eines gemeinsamen Ziels verpflichten. Die Gründung der GbR ist formfrei. Ein Mindestkapital ist nicht vorgeschrieben. Seit dem 01.01.2024 wird eine rechtsfähige und eine nicht rechtsfähige GbR unterschieden. Die nicht rechtsfähige GbR wird auch Innengesellschaft genannt. Sie wird nicht unternehmerisch tätig und nimmt nicht am Rechtsverkehr teil.

Die rechtsfähige GbR wird auch Außengesellschaft oder Außen-GbR genannt. Sie gilt als rechtsfähig, wenn sie nach dem gemeinsamen Willen aller Gesellschafter am Rechtsverkehr teilnehmen soll (vgl. §705 Abs. 2 BGB). Sie entsteht gegenüber Dritten erst dann, wenn diese Zustimmung erfolgt ist spätestens mit der Eintragung in das Gesellschaftsregister (vgl. §707 BGB). Die Außen-GbR nimmt entsprechend am Rechtsverkehr teil und ist genauso wie andere Gesellschaften Trägerin von Rechten und Pflichten. Dies macht die GbR zur Vertragspartnerin, Ansprüche werden also an sie gerichtet. Jeder Gesellschafter haftet Gläubigern der GbR gegenüber grundsätzlich in voller Höhe. Das Vermögen wird entsprechend auch der Gesellschaft zugerechnet, nicht den Gesellschaftern. Die Gewinn- und Verlustverteilung richtet sich nach den Beteiligungsverhältnissen, sofern sich aus dem Gesellschaftsvertrag keine anderweitige Regelung ergibt.

Der Regelfall bei der Vertretung der GbR ist die Gesamtvertretungsbefugnis. Die Gesellschafter können hiervon jedoch abweichen und eine Vertretungsregelung vereinbaren.

Die GbR kann ins Gesellschaftsregister eingetragen werden. Die Eintragung ist nötig, um Handlungsfähigkeit zu behalten, zum Beispiel wenn es um Grundstücke und Immobilien geht. Sowohl der Erwerb als auch die Veräußerung sind nur möglich, wenn eine Eintragung erfolgt ist. Möchte eine GbR sich an einer anderen Gesellschaft beteiligen, also an einer anderen OHG oder GmbH beispielsweise, muss sie ebenfalls zwingend im Gesellschaftsregister eingetragen sein. Die GbR wird dadurch nicht zu einem kaufmännischen Handelsgewerbe sondern behält den Status als Kleingewerbe bei. Nach der Eintragung ist die GbR verpflichtet den Namenszusatz „eingetragene Gesellschaft bürgerlichen Rechts" oder „eGbR" zu führen.

2.2.3   Offene Handelsgesellschaft (OHG)

Bei der OHG handelt es sich um eine **Personengesellschaft** mit **mindestens zwei Gesellschaftern** bzw. **Gesellschafterinnen**. Das Geschäftsvermögen ist Gemeinschaftseigentum (= Gesamthandvermögen). Die Gesellschafter/-innen **haften gesamtschuldnerisch**, d. h. sie haften

- unbeschränkt (mit dem Geschäfts- und Privatvermögen),
- unmittelbar (Gläubiger/-innen können sich direkt an eine/-n der Gesellschafter/-innen oder an die OHG halten) und
- solidarisch (jede/-r Gesellschafter/-in haftet für alle Schulden der Gesellschaft. Im Innenverhältnis hat er bzw. sie einen Ausgleichsanspruch gegenüber den anderen Gesellschaftern).

Der Gesellschaftsvertrag kann formfrei erfolgen. Nur wenn ein Grundstück eingebracht werden soll, bedarf er einer notariellen Beurkundung. Beim Firmennamen muss darauf geachtet werden, dass die Gesellschaftsform durch den Zusatz „OHG" kenntlich gemacht wird.

Bei der OHG wird zwischen **Geschäftsführung** (im Innenverhältnis) und **Vertretung** (im Außenverhältnis) unterschieden. Jeder Gesellschafter bzw. jede Gesellschafterin hat eine **Einzelvertretungsbefugnis**. Das bedeutet, er oder sie darf im Namen der Gesellschaft Verträge mit Dritten abschließen. An diese Verträge ist die OHG dann gebunden. Die Einzelvertretungsbefugnis erstreckt sich sowohl über gewöhnliche als auch über außergewöhnliche Geschäfte. Bei einer OHG sind alle Gesellschafter/-innen sowohl zur Geschäftsführung berechtigt als auch verpflichtet. Jede/-r Gesellschafter/-in darf im Innenverhältnis alleine über alle gewöhnlichen Geschäfte entscheiden (= **Einzelgeschäftsführungsbefugnis**). Bei außergewöhnlichen Geschäften, wie etwa der Errichtung einer neuen Produktionsstätte oder dem Kauf von Grundstücken (Ausnahme ist natürlich ein Immobilienmakler), müssen alle Gesellschafter/-innen zustimmen (= **Gesamtgeschäftsführungsbefugnis**). Verstößt ein Gesellschafter oder eine Gesellschafterin gegen diese Gesamtgeschäftsführungsbefugnis, ist er bzw. sie ggf. schadenersatzpflichtig.

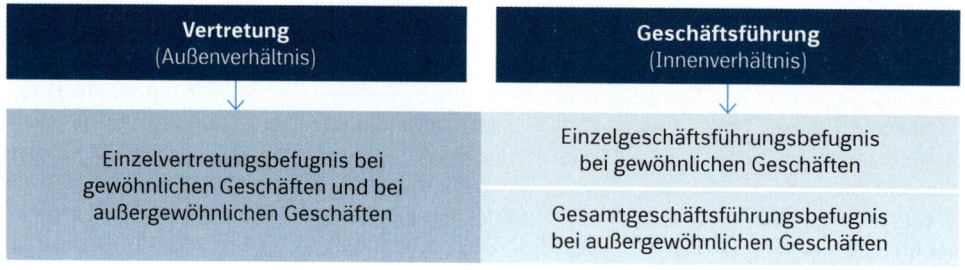

Vertretung und Geschäftsführung bei der OHG

Beispiel

Vertretung und Geschäftsführung

Herr Maler und Frau Braun sind Gesellschafter der Maler Computer OHG, eines kleinen EDV-Einzelhandelsgeschäfts. Frau Braun mietet, als Herr Maler im Urlaub ist, ein zweites Ladenlokal. Als Herr Maler aus dem Urlaub kommt, ist er entsetzt. Mit einer so drastischen Ausweitung des Geschäfts ist er nicht einverstanden.

1. Handelt es sich um ein gewöhnliches oder ein außergewöhnliches Geschäft?
2. Ist der Mietvertrag, den Frau Braun bereits unterzeichnet hat, rechtsgültig?
3. Herr Maler möchte, dass Frau Braun den Mietvertrag möglichst bald auflöst und alle entstandenen Kosten alleine trägt. Kann Herr Maler dies verlangen?

Lösung

1. Es handelt sich um ein außergewöhnliches Geschäft.
2. Ja, der Mietvertrag ist rechtsgültig, da Frau Braun eine Einzelvertretungsbefugnis hat.
3. Ja, Herr Maler kann die Rückabwicklung sowie die Übernahme aller Kosten durch Frau Braun verlangen.

Wenn vertraglich nichts anderes vereinbart wurde, erfolgt die **Gewinnverteilung** nach **§ 120 HGB sowie §709 BGB**. Die Gewinn- und Verlustverteilung wird dem Kapitalanteil des Gesellschafters zugeschrieben. Der Verlust wird vom Anteil abgeschrieben. Sind im Gesellschaftervertrag keine Beteiligungsverhältnisse vereinbart worden, ist auf die Beitragsquote abzustellen. Sollten auch keine Werte der Beiträge vereinbart worden sein, hat jeder Gesellschafter die gleiche Stimmkraft und einen gleichen Anteil am Gewinn und Verlust.

Die OHG-Gesellschafter/-innen unterliegen einem Wettbewerbsverbot. Sie dürfen weder Geschäfte im Bereich des Handelsgewerbes der OHG auf eigene Rechnung tätigen, noch dürfen sie an einer gleichartigen Gesellschaft als persönlich haftende/-r Gesellschafter/-in beteiligt sein. Bei Verstoß kann die OHG Schadenersatz, Selbsteintritt in das Geschäft oder Herausgabe der Vergütung verlangen.

Beispiel
Wettbewerbsverbot
Herr Maler darf einem Bekannten nicht auf eigene Rechnung einen PC verkaufen. Das Angebot seines Freundes, mit ihm in einer anderen Stadt ein ähnliches Geschäft in der Rechtsform einer OHG zu gründen, muss er ebenfalls ablehnen.

2.2.4   Kommanditgesellschaft (KG)

Die KG hat mindestens eine/-n Vollhafter/-in (**Komplementär/-in**) und auch mindestens eine/-n Teilhafter/-in (**Kommanditist/-in**). Für Vollhafter/-innen gelten die gleichen Regeln wie bei OHG-Gesellschaftern bzw. Gesellschafterinnen. Der/die Kommanditist/-in haftet nur mit der im Handelsregister eingetragenen Einlage (Haftsumme). Die Haftungsbeschränkung gilt erst ab dem Zeitpunkt der Handelsregistereintragung. Vorher haftet er oder sie ebenfalls voll. Der/die Teilhafter/-in ist von der Geschäftsführung und Vertretung ausgeschlossen. Bei außergewöhnlichen Geschäften besteht jedoch ein **Widerspruchsrecht**. Von der Haftsumme muss der Begriff der Pflichteinlage unterschieden werden. Während die Haftsumme die Einlage laut Handelsregistereintragung ist, ist die Pflichteinlage die Einlage, die der/die Kommanditist/-in laut Gesellschaftervertrag einzahlen muss. Ist die Pflichteinlage noch nicht voll eingezahlt, werden die Gewinnanteile nicht ausgezahlt, sondern dem Kapitalanteil gutgeschrieben. Die Gewinnverteilung orientiert sich genauso wie bei der GbR und der OHG an §709 Abs. 3 BGB und erfolgt ebenso wie bei der OHG vorrangig nach den vereinbarten Beteiligungen oder dem vereinbarten Wert der Beiträge. Dies gilt auch für die Kommanditisten, die bis 2023 nur einen „angemessenen" Gewinn erhalten mussten. Sinnvoll ist daher, die Gewinnverteilung ggf. vertraglich zu vereinbaren.

2.2.5   Stille Gesellschaft

Die stille Gesellschaft ist eine Personengesellschaft, bei der die Beteiligung für Außenstehende nicht sichtbar ist. Sie bietet die Möglichkeit, sich Kapital zu beschaffen, ohne die Geschäftsführung zu verändern. Der stille Teilhaber bzw. die Teilhaberin hat keine Pflicht zur Geschäftsführung oder Vertretung. Bei der typischen stillen Gesellschaft haben stille Gesellschafter/-innen nur einen Anspruch auf einen Anteil am Gewinn. Bei der atypischen stillen Gesellschaft sind sie darüber hinaus auch am Geschäftsvermögen beteiligt.

2.2.6   Gesellschaft mit beschränkter Haftung (GmbH)

Die GmbH ist eine **Kapitalgesellschaft**. Die Errichtung erfolgt durch mindestens einen Gesellschafter bzw. eine Gesellschafterin. Der oder die Gesellschafter/-innen müssen ein **Stammkapital** von zusammen mindestens 25 000,00 € aufbringen. Das Stammkapital kann in Geld- oder Sacheinlagen (z. B. Pkw) geleistet werden. Der Mindestnennbetrag je Geschäftsanteil je Gesellschafter/-in beträgt 1,00 €. Bei

der Gründung müssen mindestens 25 % auf jeden Geschäftsanteil eingezahlt sein. Sacheinlagen müssen in voller Höhe eingebracht werden. Der Gesellschaftervertrag muss durch einen Notar beurkundet werden. Mit Eintragung der GmbH ins Handelsregister gilt die GmbH als errichtet. Vor der Eintragung müssen die Gesellschafter/-innen unbeschränkt, unmittelbar und solidarisch haften. Nach der Eintragung gilt für sie nur noch die beschränkte Haftung. Die GmbH haftet unbeschränkt mit dem Geschäftsvermögen, aber die Gesellschafter/-innen haften nur bis zur Höhe ihrer Einlage. Haben sie diese einmal erbracht, brauchen sie im Insolvenzfall keine weiteren Zahlungen mehr zu leisten. Die Gesellschafter/-innen der GmbH treffen sich zur **Gesellschafterversammlung**. Das Stimmverhältnis richtet sich nach den Geschäftsanteilen der einzelnen Gesellschafter/-innen. Bei einer Mitarbeiterzahl bis maximal 500 Mitarbeiter/-innen bestellt bzw. entlässt die Gesellschafterversammlung den bzw. die Geschäftsführer/-in. Weitere Aufgaben sind die Feststellung des Jahresabschlusses und der Gewinnverwendung sowie die Bestellung von Prokuristen bzw. Prokuristinnen und allgemeinen Handlungsbevollmächtigten. Bei einer GmbH mit mehr als 500 Mitarbeitenden muss ein **Aufsichtsrat** gebildet werden. Wichtigste Aufgabe des Aufsichtsrates ist die Bestellung und Abberufung des Geschäftsführers bzw. der Geschäftsführerin. Dieser bzw. diese ist das dritte Organ einer GmbH. Er oder sie vertritt die GmbH in allen gewöhnlichen und außergewöhnlichen Geschäften. Hat eine GmbH mehr als eine/-n Geschäftsführer/-in, haben diese im Außenverhältnis eine Gesamtvertretungsbefugnis. Der ausgeschüttete Gewinn der GmbH wird nach Anteilen am Stammkapital auf die einzelnen Gesellschafter/-innen verteilt. Die GmbH ist als juristische Person im Gegensatz zu Personengesellschaften ein selbstständiges Steuersubjekt. Unabhängig von der Besteuerung der Gesellschaft mit der Körperschaftssteuer werden die Gesellschafter/-innen mit ihren Anteilen am Vermögen der Gesellschaft besteuert.

Seit 2009 besteht die Möglichkeit, eine sog. **Mini-GmbH** zu gründen. Dabei handelt es sich um eine **haftungsbeschränkte Unternehmergesellschaft (UG)**, die mit einem minimalen Kapital von 1,00 € gegründet werden kann. Die UG ist keine neue Rechtsform, sondern eine GmbH-Variante mit geringeren Anforderungen. Das Mindeststammkapital der normalen GmbH (25 000,00 €) muss nach und nach angespart werden. Dafür muss die UG eine gesetzliche Rücklage bilden, in die 25 % des um etwaige Vorjahresverluste geminderten Jahresüberschusses eingestellt werden (**Zwangsthesaurierungspflicht**).

Diese Pflicht endet erst, wenn das Stammkapital die Höhe von 25 000,00 € erreicht hat.

Die Firma muss zwingend den Zusatz „Unternehmergesellschaft/UG (haftungsbeschränkt)" enthalten. Bei Erreichen des Stammkapitals von 25 000,00 € kann die UG zur GmbH umfirmieren. Hat die GmbH nicht mehr als drei Gesellschafter/-innen und nur einen Geschäftsführer bzw. eine Geschäftsführerin, besteht die Möglichkeit einer vereinfachten und damit kostengünstigen Gründung mithilfe eines notariell beurkundeten Musterprotokolls.

2.2.7 GmbH & Co. KG

Die GmbH & Co. KG ist keine eigenständige Rechtsform. Vielmehr handelt es sich um eine **Mischform** zwischen einer Personen- und einer Kapitalgesellschaft. Die GmbH ist in diesem Fall Komplementärin bei der KG. Der Geschäftsführer bzw. die Geschäftsführerin der GmbH führt damit auch die Geschäfte der GmbH & Co. KG. Ein Vorteil gegenüber der KG ist, dass keinerlei persönliche Haftung der Gesellschafter/-innen besteht. Ein Vorteil gegenüber der GmbH liegt darin, dass leichter Eigenkapital beschafft werden kann, da die Kommanditisten bzw. Kommanditistinnen etwas weitergehende Rechte haben als die Gesellschafter/-innen einer GmbH.

2.2.8 Aktiengesellschaft (AG)

Für die Errichtung einer AG ist **mindestens ein Aktionär** bzw. **eine Aktionärin** notwendig. Das Grundkapital beträgt mindestens 50 000,00 €. Der Mindestnennwert einer Aktie beträgt 1,00 € (bei Nennwertaktien).

Musteraktie der Deutschen Post AG

> Der **Nennwert** gibt den Anteil der Aktie am Grundkapital der AG an.

Seit 1998 können auch Stückaktien ausgegeben werden.

> **Stückaktien** verbriefen einen prozentualen Anteil am Grundkapital des Unternehmens.

Der **Gesellschaftervertrag** muss wie bei der GmbH notariell beurkundet werden. Vor der Eintragung ins Handelsregister haften die Gründer/-innen unbeschränkt, unmittelbar und solidarisch. Nach der Eintragung haftet die AG nur noch mit dem Geschäftsvermögen.

Eigentümer der AG sind die Aktionärinnen und Aktionäre. Jede Aktie verbrieft einen Anspruch auf einen Anteil am Jahresgewinn der AG sowie an der Teilnahme an der Hauptversammlung.

Die **Hauptversammlung** ist das Beschlussfassungsorgan der AG. Hier treffen sich die
Aktionärinnen und Aktionäre, um Beschlüsse
zu treffen, die für das Unternehmen von grund-
sätzlicher Bedeutung sind, z.B. Wahl der
Aktionärsvertreter/-innen in den **Aufsichtsrat**, Entlastung des Vorstandes und des Aufsichtsrates, Entscheidung über die Gewinnverwendung, Wahl der Abschlussprüfer/-innen
und Beschluss über etwaige Satzungsänderun-

gen. Soll das Stimmrecht bei der Hauptversammlung ausgeschlossen werden, kann eine AG
Vorzugsaktien herausgeben. Vorzugsaktien haben im Gegensatz zu normalen Stammaktien
i.d.R. eine höhere Dividende oder eine garantierte Mindestdividende.

Der **Vorstand** ist das Leitungsorgan der AG. Er hat die Geschäftsführung und die Vertretung inne. Gewählt, überwacht und beraten wird der Vorstand vom Aufsichtsrat, der sich
aus Mitarbeitenden des Unternehmens sowie Aktionärinnen und Aktionären zusammensetzt. Viele Aktien werden an der Börse gehandelt.

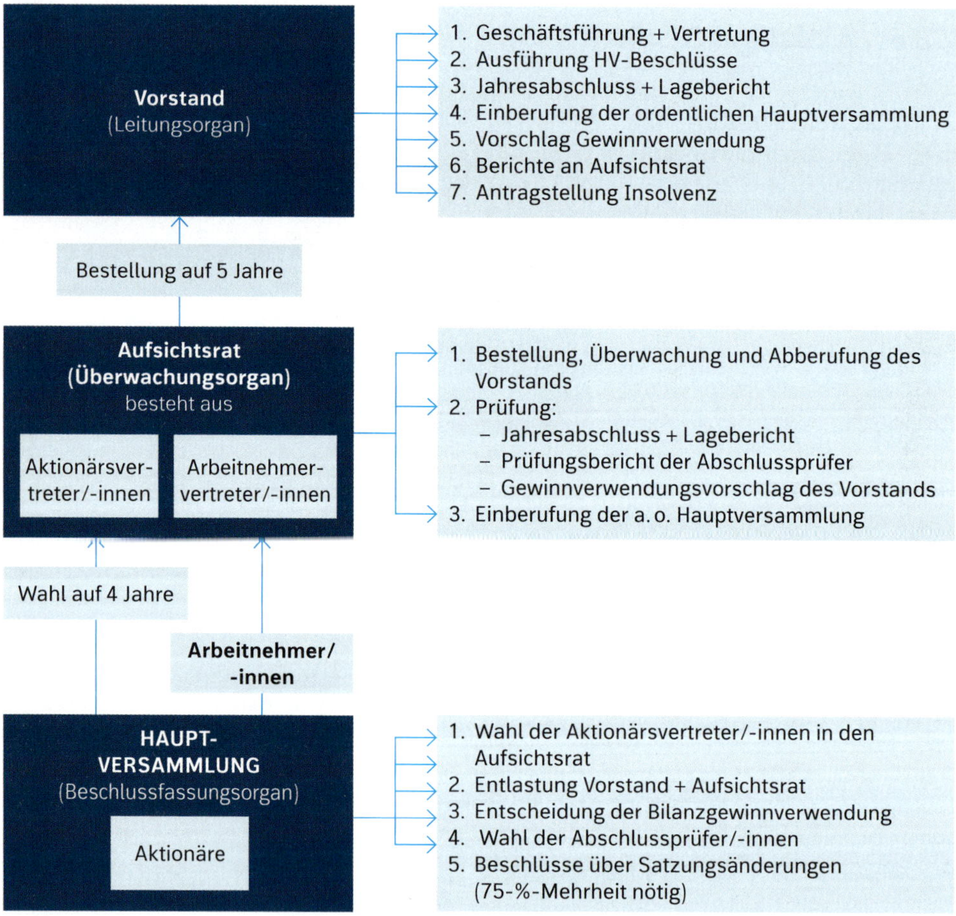

Vorstand
(Leitungsorgan)

1. Geschäftsführung + Vertretung
2. Ausführung HV-Beschlüsse
3. Jahresabschluss + Lagebericht
4. Einberufung der ordentlichen Hauptversammlung
5. Vorschlag Gewinnverwendung
6. Berichte an Aufsichtsrat
7. Antragstellung Insolvenz

Bestellung auf 5 Jahre

Aufsichtsrat
(Überwachungsorgan)
besteht aus

Aktionärsver-
treter/-innen   Arbeitnehmer-
vertreter/-innen

1. Bestellung, Überwachung und Abberufung des
   Vorstands
2. Prüfung:
   – Jahresabschluss + Lagebericht
   – Prüfungsbericht der Abschlussprüfer
   – Gewinnverwendungsvorschlag des Vorstands
3. Einberufung der a.o. Hauptversammlung

Wahl auf 4 Jahre

**Arbeitnehmer/
-innen**

**HAUPT-
VERSAMMLUNG**
(Beschlussfassungsorgan)

Aktionäre

1. Wahl der Aktionärsvertreter/-innen in den
   Aufsichtsrat
2. Entlastung Vorstand + Aufsichtsrat
3. Entscheidung der Bilanzgewinnverwendung
4. Wahl der Abschlussprüfer/-innen
5. Beschlüsse über Satzungsänderungen
   (75-%-Mehrheit nötig)

Organe der AG

Der Kurswert gibt den Kaufpreis für eine Aktie an.

Die Entwicklung des Kurswertes hängt von vielen verschiedenen Faktoren ab:

- Einschätzung der aktuellen sowie der künftigen Ertragslage sowie aller Faktoren, die darauf einen Einfluss haben

- Verhältnis des Kurswertes zum Tageswert der Vermögensteile abzüglich der Schulden der AG

- Dividendenzahlungen, Kurs-Gewinn-Verhältnis (Aktienkurs geteilt durch den Gewinn pro Aktie)

- Qualität des Vorstandes

- Allgemeines Zinsniveau

- Allgemeine wirtschaftliche und politische Entwicklung

- Ölpreis

- Wechselkurse

Bulle und Bär vor der Börse in Frankfurt a. M. Der Bulle symbolisiert steigende und der Bär fallende Kurse.

Die Einschätzung dieser Einzelfaktoren kann zu unterschiedlichen Bewertungen der Aktien durch Aktienkäufer/-innen oder -verkäufer/-innen führen. Der Gradmesser für das Auf und Ab an der Börse sind die **Aktienindizes**. Ein Index wird aus dem Durchschnitt der Kurswerte von ausgewählten Aktien gebildet.

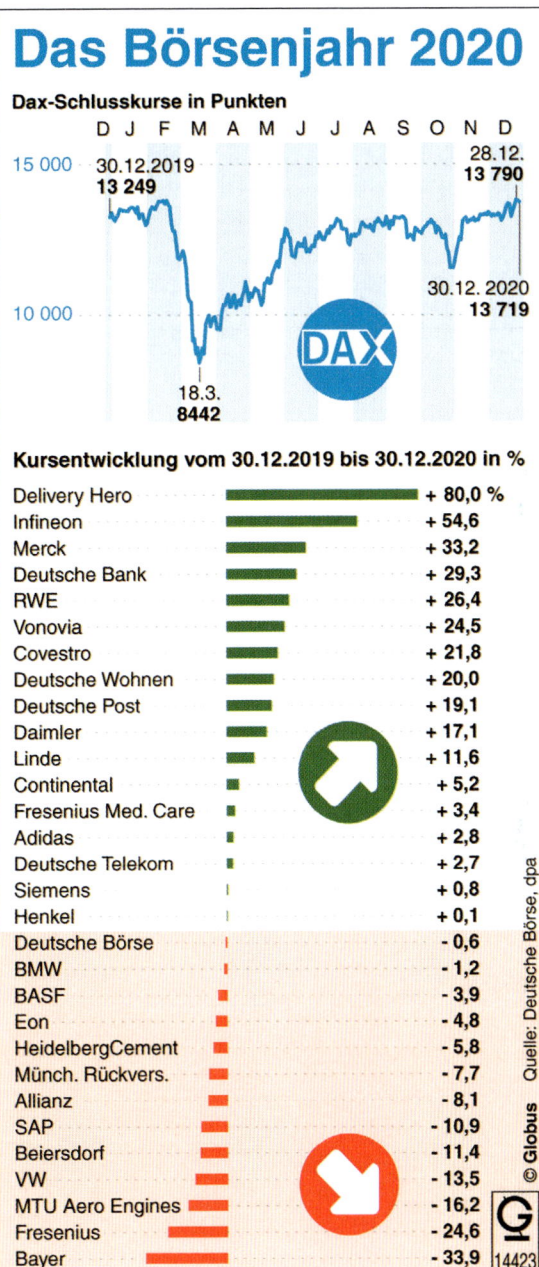

Das Börsenjahr 2020

Dax-Schlusskurse in Punkten

D J F M A M J J A S O N D

15 000 — 30.12.2019 **13 249**

28.12. **13 790**

10 000 — 30.12. 2020 **13 719**

DAX

18.3. **8442**

Kursentwicklung vom 30.12.2019 bis 30.12.2020 in %

Delivery Hero	+ 80,0 %
Infineon	+ 54,6
Merck	+ 33,2
Deutsche Bank	+ 29,3
RWE	+ 26,4
Vonovia	+ 24,5
Covestro	+ 21,8
Deutsche Wohnen	+ 20,0
Deutsche Post	+ 19,1
Daimler	+ 17,1
Linde	+ 11,6
Continental	+ 5,2
Fresenius Med. Care	+ 3,4
Adidas	+ 2,8
Deutsche Telekom	+ 2,7
Siemens	+ 0,8
Henkel	+ 0,1
Deutsche Börse	- 0,6
BMW	- 1,2
BASF	- 3,9
Eon	- 4,8
HeidelbergCement	- 5,8
Münch. Rückvers.	- 7,7
Allianz	- 8,1
SAP	- 10,9
Beiersdorf	- 11,4
VW	- 13,5
MTU Aero Engines	- 16,2
Fresenius	- 24,6
Bayer	- 33,9

Quelle: Deutsche Börse, dpa

© Globus

14423

Börsenjahr 2020

Deutsche Aktienindizes			
DAX	**MDAX**	**TecDAX**	**SDAX**
30 Werte	50 Werte	30 Werte	50 Werte
Die AGs gehören zu den 30 größten Unternehmen in Deutschland (nur inländische Werte)	Die AGs gehören zu den größten Unternehmen in Deutschland unterhalb des DAX (in- und ausländische Werte)	Die größten Technologiewerte unterhalb des DAX (in- und ausländische Werte)	Mittelgroße börsennotierte Unternehmen in Deutschland (in- und ausländische Werte)

2.2.9   Handlungsvollmachten und Prokura

Mit zunehmender Unternehmensgröße steigt auch die Anzahl der zu treffenden Entscheidungen. Der Inhaber bzw. die Inhaberin muss daher einen Teil der Entscheidungsgewalt an die Mitarbeiter/-innen abgeben. Dabei wird zwischen Handlungsvollmacht und Prokura unterschieden.

	Handlungsvollmacht	Prokura
Erteilung	Keine Formvorschriften, kann vom Inhaber und vom Prokuristen erteilt werden (bzw. von Inhaberin und Prokuristin)	Kann nur vom Inhaber/von der Inhaberin erteilt werden, Eintragung ins Handelsregister
Unterschrift	Mit dem Zusatz „i. V." (in Vertretung) oder „i. A." (im Auftrag)	Mit dem Zusatz „ppa" (per procura)
Umfang	Die Generalhandlungsvollmacht bezieht sich auf alle gewöhnlichen und branchenspezifischen Tätigkeiten, die Arthandlungsvollmacht bezieht sich nur auf eine bestimmte Art von Geschäft (z. B. Einkauf) und die Spezialhandlungsvollmacht wird nur für einzelne Geschäfte erteilt.	Der Prokurist bzw. die Prokuristin darf gewöhnliche und außergewöhnliche Geschäfte abschließen. Ausnahme: Er bzw. sie darf das Unternehmen nicht verkaufen, keine Insolvenz anmelden, keine Prokura erteilen, keine Eintragung beim Handelsregister vornehmen und keine Steuererklärung unterschreiben. Bei der Einzelprokura vertritt der Prokurist/die Prokuristin das Unternehmen alleine, bei der Gesamtprokura vertreten mehrere Prokuristinnen und/oder Prokuristen gemeinsam das Unternehmen. Die Filialprokura bezieht sich nur auf eine Zweigniederlassung und die gemischte Prokura kann nur gemeinsam mit einer/einem geschäftsführenden Gesellschafter/-in bei einer Personengesellschaft bzw. mit dem Geschäftsführer/der Geschäftsführerin einer GmbH oder einem Vorstandsmitglied einer AG ausgeübt werden.

AUFGABEN

1. Was kann jemanden dazu bewegen, sich selbstständig zu machen? Sammeln Sie in Partnerarbeit Argumente für und gegen eine Existenzgründung.

2. Welche persönlichen und sachlichen Voraussetzungen sollte ein/-e Existenzgründer/-in Ihrer Ansicht nach mitbringen?

3. Max Jäger will in Frankfurt ein Internet-Café eröffnen, das er als Einzelunternehmen betreiben will. Herr Jäger überlegt, wie er firmieren soll.

    a) Welche der folgenden Firmenbezeichnungen sind für ihn erlaubt?
    - Max Jäger e. Kfm.
    - Jäger Internet-Café e. K.
    - Internet-Café Jäger

    b) Wie haftet Max Jäger? Erläutern Sie kurz.

    c) Nennen Sie zwei Vor- und zwei Nachteile der Einzelunternehmung gegenüber einem Gesellschaftsunternehmen.

4. Geben Sie an, welche Aussage(n) über die Offene Handelsgesellschaft richtig ist/ sind.

    a) Die geschäftsführenden Gesellschafter/-innen sind nur gemeinsam berechtigt, Dritten gegenüber Willenserklärungen abzugeben, durch die die OHG eine vertragliche Verpflichtung eingeht.

    b) Die Vertretungsbefugnis regelt die Befugnis zur Abgabe von Willenserklärungen im Außenverhältnis.

    c) Jeder Gesellschafter/jede Gesellschfaterin erhält bei der Gewinnausschüttung zunächst 4 % auf seinen/ihren Kapitalanteil, der Rest muss in angemessenem Verhältnis verteilt werden.

5. Die Firma Beate Tomczyk OHG produziert Gartenmöbel. Die Gesellschafter Beate Tomczyk und Gerd Eisenberg sind mit 300 000,00 € bzw. 200 000,00 € beteiligt. Nach dem Gesellschaftsvertrag steht die Geschäftsführung und Vertretung nur Frau Tomczyk zu. Die Gewinnverteilung ist im Gesellschaftsvertrag abweichend von den gesetzlichen Bestimmungen geregelt. Der Gewinn wird zuerst mit 4 % verzinst, des Weiteren erhält Beate Tomczyk 60 % und Gerd Eisenberg 40 % des verbleibenden Gewinns.

    a) Warum haben die beiden Gesellschafter im Gesellschaftsvertrag eine von den gesetzlichen Regelungen abweichende Gewinnverteilung vereinbart? Nennen Sie zwei mögliche Gründe.

    b) Ein Gläubiger versuchte bisher vergeblich, eine Forderung über 20 000,00 € von der OHG einzutreiben. Er wendet sich direkt an Gerd Eisenberg und verlangt die Zahlung. Muss Herr Eisenberg zahlen? Begründen Sie Ihre Entscheidung.

    c) Die OHG hat im vergangenen Jahr einen Gewinn von 55 000,00 € erwirtschaftet. Beide Gesellschafter haben am Ende des Geschäftsjahres jeweils 20 000,00 € privat entnommen. Berechnen Sie den Gewinn, den die beiden Gesellschafter jeweils erhalten, sowie die Höhe der Kapitalanteile am Ende des Geschäftsjahres.

6. Fritz Olek und Frank Krause haben gemeinsam die Olek's Disko KG gegründet. Fritz Olek ist Komplementär und Frank Krause Kommanditist.

    a) Frank Krause kauft eine Musikanlage für 20 000,00 €. Dabei gibt er an, als Gesellschafter für die KG zu handeln. Seine Einlage hat er inzwischen bereits voll geleistet. Muss die KG zahlen? Begründen Sie kurz.

    b) Nach dem Gesellschaftsvertrag wird das Kapital der Gesellschaft mit 6 % verzinst. Fritz Olek erhält vom Restgewinn 80 % und Frank Krause 20 %. Warum kann es sinnvoll sein, die gesetzliche Regelung der Gewinnverteilung einer Kommanditgesellschaft durch eine vertragliche Regelung zu ergänzen oder zu verändern? Erläutern Sie.

    c) Frank Krause erfährt, dass Fritz Olek sich als vollhaftender Gesellschafter an einer anderen Diskothek beteiligen will. Frank Krause ist gegen diese Beteiligung. Kann er die Beteiligung verhindern? Erläutern Sie.

    d) Fritz Olek will für das Büro einen neuen PC kaufen. Frank Krause hält das für Geldverschwendung und widerspricht. Hat Fritz Olek trotz des Widerspruchs die Geschäftsführungsbefugnis für diesen Kauf? Erläutern Sie.

7. Aus welchen Gründen könnten die Gesellschafter/-innen einer KG sich für die Gründung einer GmbH & Co. KG entscheiden? Erklären Sie die Vorteile.

8. Geben Sie jeweils an, wie sich folgende Faktoren auf den Kurs einer Aktie der Deutschen Telekom AG auswirken können. Betrachten Sie die Faktoren jeweils unabhängig voneinander.

    a) Positive Einschätzung der aktuellen sowie der künftigen Ertragslage

    b) Geringe Dividendenzahlungen

    c) Gestiegenes Kurs-Gewinn-Verhältnis

    d) Steigendes allgemeines Zinsniveau

9. Entscheiden Sie bei folgenden Handlungen, ob diese von einer/einem Bevollmächtigten mit einer Generalhandlungsvollmacht und/oder von einem Prokuristen bzw. einer Prokuristin vorgenommen werden dürfen.

    a) Steuererklärung unterschreiben

    b) Einstellung eines neuen Mitarbeiters

    c) Kauf eines Grundstücks

    d) Aufnahme eines neuen Gesellschafters

    e) Kauf von Büromaterial

10. Erklären Sie kurz den Unterschied zwischen einer konstitutiven und einer deklaratorischen Eintragung ins Handelsregister.

11. Geben Sie jeweils an, ob die Eintragung ins Handelsregister erfolgen muss oder erfolgen kann, und ob eine Eintragung konstitutiv oder deklaratorisch ist.

a) Neugründung einer Kapitalgesellschaft ohne kaufmännische Organisation

b) Neugründung einer Kapitalgesellschaft mit kaufmännischer Organisation

c) Neugründung einer Personengesellschaft ohne kaufmännische Organisation

d) Neugründung einer Personengesellschaft mit kaufmännischer Organisation

2

3.1   Rechtsgeschäfte

> **Rechtsgeschäfte** sind Willenserklärungen einer oder mehrerer Personen, die auf eine bestimmte Rechtswirkung gerichtet sind. Sie sollen ein Rechtsverhältnis begründen, ändern oder aufheben, z. B. ein Mietverhältnis, einen Arbeitsvertrag, eine Schenkung oder einen Kaufvertrag.
> Eine **Willenserklärung** ist eine Äußerung oder Handlung einer oder mehrerer Personen mit der Absicht, eine rechtliche Wirkung herbeizuführen.

Beim Abschluss von Rechtsgeschäften ist es wichtig, ob die Willenserklärung nur von einer Person ausgeht oder ob zwei übereinstimmende Willenserklärungen notwendig sind. Danach unterscheidet man zwischen einseitigen und zweiseitigen Rechtsgeschäften.

Rechtsgeschäfte

Einseitige Rechtsgeschäfte	Zweiseitige Rechtsgeschäfte (Verträge)
… liegen vor, wenn bereits die **Willenserklärung einer Person** genügt, um eine bestimmte Rechtswirkung herbeizuführen.	… kommen durch **zwei übereinstimmende Willenserklärungen** zustande.
Empfangsbedürftig: z. B. Kündigung, Mahnung, Vollmacht	**Einseitig verpflichtend:** z. B. Schenkung
Nicht empfangsbedürftig: z. B. Testamentserrichtung	**Zweiseitig verpflichtend:** z. B. Arbeitsvertrag, Berufsausbildungsvertrag, Darlehensvertrag, Kaufvertrag, Leihvertrag, Mietvertrag, Werkvertrag

Wer Rechtsgeschäfte selbstständig abschließen und gültige Willenserklärungen abgeben will, muss rechts- und geschäftsfähig sein.

Die Abgabe einer Willenserklärung kann grundsätzlich formlos erfolgen, also z. B. wahlweise
- mündlich,
- schriftlich oder
- durch bloßes Handeln (stillschweigend).

Das BGB sieht dabei jedoch einige Ausnahmen vor, für die besondere Formvorschriften gelten.

Formvorschriften für Willenserklärungen

Schriftform (§ 126 BGB)	Elektronische Form (§ 126a BGB)	Öffentliche Beglaubigung (§ 129 BGB)	Notarielle Beurkundung (§ 128 BGB)
Die Urkunde muss eigenhändig mit dem Namen unterschrieben werden. (Die schriftliche Form kann durch eine elektronische Form ersetzt werden, wenn sich aus dem Gesetz nichts anderes ergibt.)	Die gesetzlich vorgeschriebene schriftliche Form kann durch die elektronische Form ersetzt werden. Der/die Aussteller/-in der Erklärung muss seinen/ihren Namen hinzufügen und das elektronische Dokument mit einer qualifizierten elektronischen Signatur versehen. Bei einem Vertrag müssen die Parteien jeweils ein gleichlautendes Dokument elektronisch signieren.	Die Urkunde muss eigenhändig mit dem Namen unterschrieben werden und die Echtheit der Unterschrift muss durch eine/-n Notar/-in oder eine Behörde beglaubigt werden.	Die Unterschrift und der Inhalt müssen durch eine/-n Notar/-in oder eine Behörde bestätigt werden.
Beispiele: Berufsausbildungsvertrag, Grundstücks- und Wohnungsmietverträge (> 1 Jahr), Testament, Bürgschaft von einer Privatperson, Kündigung eines Arbeitsverhältnisses, Ratenkauf	**Beispiele:** siehe Schriftform **Ausnahmen:** Die elektronische Form ist u. a. bei folgenden Schriftstücken ausgeschlossen: – Kündigung oder Auflösung eines Arbeitsverhältnisses – Erteilung eines Dienstzeugnisses – Erteilung einer Bürgschaft – Abschluss eines Verbraucherdarlehensvertrages – Niederschrift der wesentlichen Arbeitsvertragsbedingungen gemäß Nachweisgesetz	**Beispiele:** Ausschlagung einer Erbschaft, Anmeldung zum Eintrag ins Handelsregister	**Beispiele:** Ehevertrag, Grundstückskauf, Schenkungsversprechen

3.2   Rechtsfähigkeit

Bereits ein Säugling hat eine Reihe von Rechten. So hat er z.B. das Recht auf Leben, Nahrung und Kleidung. Er kann auch schon Eigentum erwerben (z.B. ein Geschenk erhalten). Neben diesen Rechten hat er aber auch Pflichten. Erbt er z.B. von seiner Großtante ein großes Vermögen, hat er die Pflicht, Erbschaftssteuer zu zahlen.

> Die Eigenschaft, Träger von Rechten und Pflichten zu sein, bezeichnet man als **Rechtsfähigkeit**.

Bei **natürlichen Personen** beginnt die Rechtsfähigkeit mit der Geburt und endet mit dem Tod. Als natürliche Personen werden alle Menschen bezeichnet. Tiere sind keine natürlichen Personen. Das bedeutet z.B., dass ein ungeborenes Kind oder auch ein Tier nicht erben können.

Neben den natürlichen Personen gibt es die **juristischen Personen**. Dabei handelt es sich um Zusammenschlüsse von Personen oder Vermögensmassen, denen der Staat die Eigenschaft von Personen kraft Gesetz verliehen hat. Sie besitzen daher ebenso wie die natürlichen Personen eine eigene Rechtspersönlichkeit.

- Juristische Personen des privaten Rechts (z. B. eingetragene Vereine, GmbH, AG, Genossenschaften) erlangen ihre Rechtsfähigkeit mit der Registereintragung in das Handelsregister oder das Genossenschaftsregister.

- Juristische Personen des öffentlichen Rechts (Anstalten, Körperschaften oder Stiftungen) erlangen ihre Rechtsfähigkeit durch ein Gesetz oder einen Verwaltungsakt.

Juristische Personen können wie natürliche Personen handeln, also z. B. Verträge abschließen oder Eigentum erwerben. Dabei werden sie durch ihre Organe vertreten.

Beispiel
Der Vorstand des örtlichen Sportvereins bestellt neue Trainingsgeräte. Käufer ist somit der Sportverein. Werden die Trainingsgeräte nicht bezahlt, haftet der Verein und nicht der Vorstand.

3.3 Rechtsobjekte

Rechtsobjekte sind Objekte (Sachen, Tiere oder Rechte), auf die sich die Rechte von Rechtssubjekten beziehen.

Sachen sind körperliche Gegenstände. Sie werden weiter unterteilt in bewegliche und unbewegliche Sachen. Bei den beweglichen Sachen wird zwischen vertretbaren Sachen und nicht vertretbaren Sachen unterschieden. Die Unterscheidungen sind wichtig, weil oft verschiedene rechtliche Regelungen existieren, je nach Art der Sache.

Rechtsobjekte		
Sachen		**Rechte**
Unbewegliche Sachen	**Bewegliche Sachen**	z. B. Patentrechte, Wegerechte, Vorkaufsrecht
z. B. Grundstücke, Gebäude	z. B. Laptops, Bücher, Autos	

Bewegliche Sachen	
Vertretbare Sachen (Gattungsware)	**Nicht vertretbare Sachen (Spezieware)**
Sachen werden nach Maß, Anzahl oder Gewicht bestimmt und sind untereinander austauschbar, z. B. Benzin	Einzelstücke mit individueller Prägung, z. B. Gemälde, Antiquitäten

3.4 Geschäftsfähigkeit

Die **Geschäftsfähigkeit** ist die Fähigkeit, Rechtsgeschäfte wirksam abschließen zu können.

Wenn Kinder und Jugendliche in einem Unternehmen einkaufen möchten, muss zunächst geprüft werden, ob sie berechtigt sind, einen Kaufvertrag rechtswirksam abzuschließen. Die Geschäftsfähigkeit ist vom Alter und vom Geisteszustand der handelnden Person abhängig.

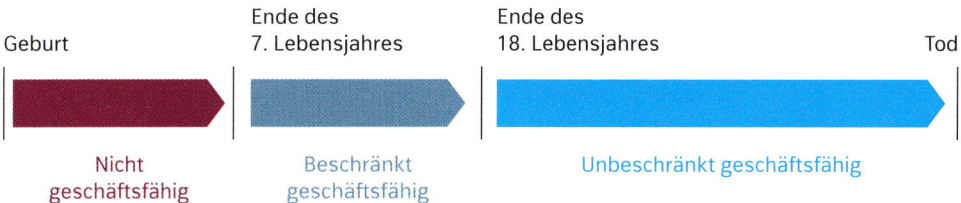

Geschäftsfähigkeit nach Alter

Geschäftsunfähig ist eine Person, die sich „in einem die freie Willensbestimmung ausschließenden Zustand krankhafter Störung der Geistestätigkeit befindet, sofern nicht der Zustand seiner Natur nach ein vorübergehender ist" (§ 104 BGB). Beschränkt geschäftsfähig sind Personen, die wegen Geistesschwäche, Verschwendung, Trunksucht oder Rauschgiftsucht entmündigt sind oder die unter vorläufiger Vormundschaft stehen.

In den §§ 105 ff. BGB wird die Rechtswirkung von Willenserklärungen von geschäftsunfähigen oder beschränkt geschäftsfähigen Personen beschrieben.

Geschäftsunfähigkeit

BGB	Beispiel
BGB § 105 Nichtigkeit der Willenserklärung (1) Die Willenserklärung eines Geschäftsunfähigen ist nichtig. (2) Nichtig ist auch eine Willenserklärung, die im Zustand der Bewusstlosigkeit oder vorübergehender Störung der Geistestätigkeit abgegeben wird.	Die 6-jährige Sarah kauft heimlich von ihrem Taschengeld am Kiosk Süßigkeiten, die sie auch sofort isst. Als die Mutter das bemerkt, geht sie erbost zum Kiosk und fordert das Geld zurück. Der Kioskbesitzer muss den Kaufpreis erstatten. Er trägt auch den alleinigen Schaden (durch den Verzehr der Süßigkeiten).

Tritt eine geschäftsunfähige Person als **Bote** bzw. **Botin** auf, so ist das Rechtsgeschäft wirksam.

Beispiel
Eine Mutter gibt ihrem 5-jährigen Sohn eine genaue Einkaufsliste mit und schickt ihn damit zum Bäcker. Der Bäcker kann seine Ware rechtswirksam verkaufen. Der Kaufvertrag kommt zwischen dem Bäcker und der Mutter zustande.

Beschränkte Geschäftsfähigkeit

BGB	Beispiel
BGB § 107 Einwilligung des gesetzlichen Vertreters Der Minderjährige bedarf zu einer Willenserklärung, durch die er nicht lediglich einen rechtlichen Vorteil erlangt, der Einwilligung seines gesetzlichen Vertreters.	Ein 16-Jähriger darf ein Geldgeschenk auch gegen den Willen seiner Eltern annehmen. Er darf allerdings nicht ohne die Einwilligung der Eltern ein Mofa kaufen. Für **Kreditgeschäfte** und **Ratenkäufe** ist neben der Einwilligung der **Eltern** auch die Zustimmung des **Vormundschaftsgerichts** notwendig.
BGB § 108 Vertragsschluss ohne Einwilligung (1) Schließt der Minderjährige einen Vertrag ohne die erforderliche Einwilligung des gesetzlichen Vertreters, so hängt die Wirksamkeit des Vertrags von der Genehmigung des Vertreters ab. (2) Fordert der andere Teil den Vertreter zur Erklärung über die Genehmigung auf, so kann die Erklärung nur ihm gegenüber erfolgen; eine vor der Aufforderung dem Minderjährigen gegenüber erklärte Genehmigung oder Verweigerung der Genehmigung wird unwirksam. Die Genehmigung kann nur bis zum Ablauf von zwei Wochen nach dem Empfang der Aufforderung erklärt werden; wird sie nicht erklärt, so gilt sie als verweigert. (3) Ist der Minderjährige unbeschränkt geschäftsfähig geworden, so tritt seine Genehmigung an die Stelle der Genehmigung des Vertreters.	Eine 14-Jährige kauft sich einen DVD-Player. Der Kaufvertrag ist bis zur Einwilligung der Eltern **schwebend unwirksam**. Widersprechen die Eltern dem Kauf, muss der Verkäufer den DVD-Player zurücknehmen und den Kaufpreis erstatten. Das Rechtsgeschäft wird dann als von Anfang an nichtig angesehen.
BGB § 109 Widerrufsrecht des anderen Teils (1) Bis zur Genehmigung des Vertrags ist der andere Teil zum Widerruf berechtigt. Der Widerruf kann auch dem Minderjährigen gegenüber erklärt werden. (2) Hat der andere Teil die Minderjährigkeit gekannt, so kann er nur widerrufen, wenn der Minderjährige der Wahrheit zuwider die Einwilligung des Vertreters behauptet hat; er kann auch in diesem Falle nicht widerrufen, wenn ihm das Fehlen der Einwilligung bei dem Abschluss des Vertrags bekannt war.	Eine 17-jährige Schülerin kauft ohne Wissen ihrer Eltern ein Mofa. Der Geschäftsinhaber, der die Schülerin älter geschätzt hatte, erfährt kurz nach Abschluss des Geschäfts das tatsächliche Alter der Schülerin und widerruft sofort. Die Schülerin muss das Mofa zurückgeben und erhält den Kaufpreis erstattet.
BGB § 110 Bewirken der Leistung mit eigenen Mitteln (Taschengeldparagraf) Ein von dem Minderjährigen ohne Zustimmung des gesetzlichen Vertreters geschlossener Vertrag gilt als von Anfang an wirksam, wenn der Minderjährige die vertragsmäßige Leistung mit Mitteln bewirkt, die ihm zu diesem Zweck oder zu freier Verfügung von dem Vertreter oder mit dessen Zustimmung von einem Dritten überlassen worden sind.	Zwei 12-jährige Freundinnen kaufen sich von ihrem Taschengeld Kinokarten. Die Genehmigung der Eltern ist nicht notwendig.

BGB	Beispiel
BGB § 111 Einseitige Rechtsgeschäfte Ein einseitiges Rechtsgeschäft, das der Minderjährige ohne die erforderliche Einwilligung des gesetzlichen Vertreters vornimmt, ist unwirksam. Nimmt der Minderjährige mit dieser Einwilligung ein solches Rechtsgeschäft einem anderen gegenüber vor, so ist das Rechtsgeschäft unwirksam, wenn der Minderjährige die Einwilligung nicht in schriftlicher Form vorlegt und der andere das Rechtsgeschäft aus diesem Grund unverzüglich zurückweist. Die Zurückweisung ist ausgeschlossen, wenn der Vertreter den anderen von der Einwilligung in Kenntnis gesetzt hatte.	Ein 15-Jähriger benötigt zur Kündigung einer Vereinsmitgliedschaft die Einwilligung seiner Eltern.
BGB § 112 Selbstständiger Betrieb eines Erwerbsgeschäfts (1) Ermächtigt der gesetzliche Vertreter mit Genehmigung des Vormundschaftsgerichts den Minderjährigen zum selbstständigen Betrieb eines Erwerbsgeschäfts, so ist der Minderjährige für solche Rechtsgeschäfte unbeschränkt geschäftsfähig, welche der Geschäftsbetrieb mit sich bringt. Ausgenommen sind Rechtsgeschäfte, zu denen der Vertreter der Genehmigung des Vormundschaftsgerichts bedarf. (2) Die Ermächtigung kann von dem Vertreter nur mit Genehmigung des Vormundschaftsgerichts zurückgenommen werden.	Ein 17-Jähriger, der ein kleines PC-Fachgeschäft eröffnet hat, darf auch ohne Zustimmung der Eltern ein Geschäftskonto bei einem Kreditinstitut eröffnen.
BGB § 113 Dienst- oder Arbeitsverhältnis (1) Ermächtigt der gesetzliche Vertreter den Minderjährigen, in Dienst oder in Arbeit zu treten, so ist der Minderjährige für solche Rechtsgeschäfte unbeschränkt geschäftsfähig, welche die Eingehung oder Aufhebung eines Dienst- oder Arbeitsverhältnisses der gestatteten Art oder die Erfüllung der sich aus einem solchen Verhältnis ergebenden Verpflichtungen betreffen. Ausgenommen sind Verträge, zu denen der Vertreter der Genehmigung des Vormundschaftsgerichts bedarf. (2) Die Ermächtigung kann von dem Vertreter zurückgenommen oder eingeschränkt werden. (3) Ist der gesetzliche Vertreter ein Vormund, so kann die Ermächtigung, wenn sie von ihm verweigert wird, auf Antrag des Minderjährigen durch das Familiengericht ersetzt werden. Das Familiengericht hat die Ermächtigung zu ersetzen, wenn sie im Interesse des Mündels liegt. (4) Die für einen einzelnen Fall erteilte Ermächtigung gilt im Zweifel als allgemeine Ermächtigung zur Eingehung von Verhältnissen derselben Art.	Eine 16-Jährige kann auch ohne Zustimmung ihrer Eltern ein Girokonto bei einem Kreditinstitut eröffnen, wenn die Eltern dem Arbeitsvertrag zugestimmt haben.

Juristische Personen sind **geschäftsfähig**. Sie werden durch ihre Organe vertreten. So vertritt beispielsweise ein Geschäftsführer die GmbH und eine Vorständin die Aktiengesellschaft.

3.5   Nichtige und anfechtbare Rechtsgeschäfte

Die Rechtsordnung der Bundesrepublik Deutschland beruht auf dem Grundsatz der Vertragsfreiheit. Das bedeutet, dass jede Person in eigener Verantwortung darüber entscheiden kann, ob, wann, mit wem und zu welchen Bedingungen sie einen Vertrag abschließt.

Zum Schutz der sozial oder wirtschaftlich Schwächeren sieht das BGB einige Einschränkungen in der Vertragsfreiheit vor.

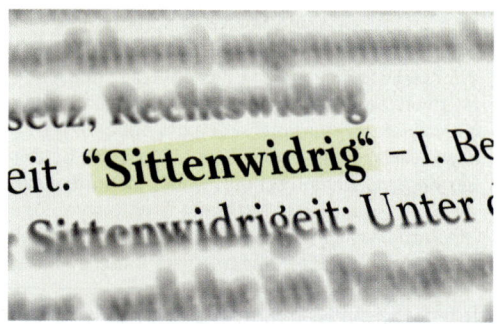

> **Rechtsgeschäfte** sind **nichtig** (ungültig), wenn sie aufgrund gesetzlicher Gründe von Anfang an unwirksam sind.

Gesetzliche Gründe für die Nichtigkeit von Rechtsgeschäften

BGB	Beispiel
BGB § 105 Nichtigkeit der Willenserklärung (bei Geschäftsunfähigen)	Siehe Kapitel 3.4 Geschäftsfähigkeit
BGB § 117 Scheingeschäft Wird eine Willenserklärung, die einem anderen gegenüber abzugeben ist, mit dessen Einverständnis nur zum Schein abgegeben, so ist sie nichtig.	Um dem Gerichtsvollzieher zu entgehen, schenkt Hugo seiner Freundin zum Schein seine wertvolle Münzsammlung. Als der Gerichtsvollzieher weg ist, verlangt er die Münzsammlung zurück. Die Freundin muss ihm diese aushändigen, da es sich nur um ein Scheingeschäft gehandelt hat.
BGB § 118 Mangel der Ernstlichkeit (Scherzgeschäft) Eine nicht ernstlich gemeinte Willenserklärung, die in der Erwartung abgegeben wird, der Mangel der Ernstlichkeit werde nicht verkannt werden, ist nichtig.	Am 1. April sagt Herr Last zu seinen drei Söhnen: „Wer zuerst sein Zimmer aufgeräumt hat, bekommt mein Motorrad geschenkt!" Klaus ist bereits nach 30 Minuten fertig und verlangt das versprochene Motorrad. Der Vater verweist auf das Datum. Das Motorrad bleibt auch weiterhin sein Eigentum.
BGB § 125 Nichtigkeit wegen Formmangels Ein Rechtsgeschäft, welches der durch Gesetz vorgeschriebenen Form ermangelt, ist nichtig. Der Mangel der durch Rechtsgeschäft bestimmten Form hat im Zweifel gleichfalls Nichtigkeit zur Folge.	Ein Ausbildungsvertrag kann nicht mündlich geschlossen werden.
BGB § 134 Gesetzliches Verbot Ein Rechtsgeschäft, das gegen ein gesetzliches Verbot verstößt, ist nichtig, wenn sich nicht aus dem Gesetz ein anderes ergibt.	Ein Drogenabhängiger kauft von einem Dealer Drogen.

BGB	Beispiel
BGB § 138 Sittenwidriges Rechtsgeschäft; Wucher (1) Ein Rechtsgeschäft, das gegen die guten Sitten verstößt, ist nichtig. (2) Nichtig ist insbesondere ein Rechtsgeschäft, durch das jemand unter Ausbeutung der Zwangslage, der Unerfahrenheit, des Mangels an Urteilsvermögen oder der erheblichen Willensschwäche eines anderen sich oder einem Dritten für eine Leistung Vermögensvorteile versprechen oder gewähren lässt, die in einem auffälligen Missverhältnis zu der Leistung stehen.	Ein Elektro-Fachgeschäft berechnet seinen Kunden bei Ratenzahlungskäufen 1 ‰ Zinsen pro Tag.

Unter besonderen Umständen kann ein rechtswirksam zustande gekommener Vertrag durch eine Anfechtung rückwirkend außer Kraft gesetzt werden. Die Vertragsparteien werden dann so gestellt, als ob kein Vertrag geschlossen worden wäre.

> Die **Anfechtung** ist ein **einseitiges empfangsbedürftiges Rechtsgeschäft**, das zur **Nichtigkeit des Rechtsgeschäfts** führt.

Rechtsgeschäfte sind anfechtbar, wenn sie aufgrund gesetzlicher Gründe angefochten werden können. Wird ein anfechtbares Rechtsgeschäft nicht angefochten, ist es wirksam.

Gesetzliche Gründe für die Anfechtbarkeit von Rechtsgeschäften

BGB	Beispiel
BGB § 119 Anfechtbarkeit wegen Irrtums (1) Wer bei der Abgabe einer Willenserklärung über deren Inhalt im Irrtum war oder eine Erklärung dieses Inhalts überhaupt nicht abgeben wollte, kann die Erklärung anfechten, wenn anzunehmen ist, dass er sie bei Kenntnis der Sachlage und bei verständiger Würdigung des Falles nicht abgegeben haben würde. (2) Als Irrtum über den Inhalt der Erklärung gilt auch der Irrtum über solche Eigenschaften der Person oder der Sache, die im Verkehr als wesentlich angesehen werden.	Der Geschäftsführer eines Elektro-Fachgeschäfts stellt eine neue Buchhalterin ein. Erst nach einigen Wochen erfährt er, dass sie wegen Unterschlagung vorbestraft ist. Er kann den Arbeitsvertrag daher wegen Irrtum über wesentliche Eigenschaften in der Person anfechten. Herr Meier bestellt für seine Küche einen neuen Einbauschrank. Als der Schrank geliefert wird, stellt er fest, dass dieser die falsche Farbe hat, da er versehentlich die falsche Bestellnummer angegeben hatte. Er kann den Kaufvertrag wegen eines Irrtums in der Erklärung anfechten.

BGB	Beispiel
BGB § 120 Anfechtbarkeit wegen falscher Übermittlung Eine Willenserklärung, welche durch die zur Übermittlung verwendete Person oder Einrichtung unrichtig übermittelt worden ist, kann unter der gleichen Voraussetzung angefochten werden wie nach § 119 eine irrtümlich abgegebene Willenserklärung.	Frau Müller schickt ihre 10-jährige Tochter Sarah zum Bäcker, um fünf Brötchen zu kaufen. Unterwegs trifft Sarah eine Freundin. Als sie endlich beim Bäcker ankommt, kauft sie fünf Brote. Die Mutter kann den Kaufvertrag anfechten und die Brote zurückgeben.
BGB § 123 Anfechtbarkeit wegen Täuschung oder Drohung (1) Wer zur Abgabe einer Willenserklärung durch arglistige Täuschung oder widerrechtlich durch Drohung bestimmt worden ist, kann die Erklärung anfechten. (2) Hat ein Dritter die Täuschung verübt, so ist eine Erklärung, die einem anderen gegenüber abzugeben war, nur dann anfechtbar, wenn dieser die Täuschung kannte oder kennen musste. Soweit ein anderer als derjenige, welchem gegenüber die Erklärung abzugeben war, aus der Erklärung unmittelbar ein Recht erworben hat, ist die Erklärung ihm gegenüber anfechtbar, wenn er die Täuschung kannte oder kennen musste.	Eine 18-jährige Schülerin kauft für 4 000,00 € einen gebrauchten Golf. Der Wagen ist nach Aussage des Verkäufers und laut Kaufvertrag unfallfrei. Einen Monat später trifft sie einen Bekannten, der ihr erzählt, dass er den Vorbesitzer kennt und dass dieser mit dem Golf einen schweren Auffahrunfall hatte. Die Schülerin kann den Kaufvertrag wegen arglistiger Täuschung anfechten.

3.6   Verträge

Ein **Vertrag** ist eine **übereinstimmende Willenserklärung** zweier oder mehrerer Personen über einen bestimmten Gegenstand oder über ein Recht.

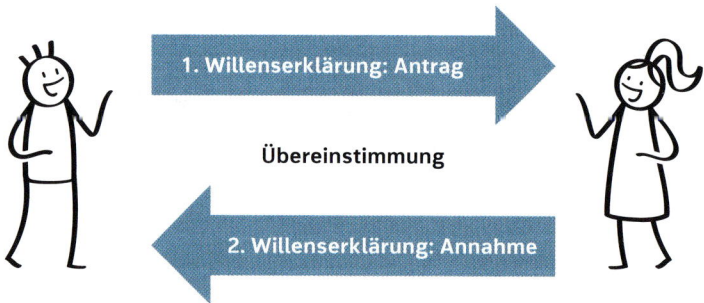

Eine der Vertragsparteien macht ein Vertragsangebot. Diesen Vorgang nennt man **Antrag**. Damit der Vertrag zustande kommt, muss der Antrag von der anderen Vertragspartei angenommen werden. Dieser Schritt heißt **Annahme**.

Das BGB bietet unterschiedliche schuldrechtliche Vertragstypen an. Die Vertragspartner/ -innen können jedoch auch eigene Vertragstypen konstruieren (**Vertragsgestaltungsfreiheit**).

Wichtige im BGB geregelte Vertragsarten

Bezeichnung		BGB	Vertrags-parteien	Inhalt	Beispiel
Veräuße-rungsverträge	Kauf-vertrag	§§ 433 ff.	Verkäufer/-in, Käufer/-in	Veräußerung von Sachen oder Rechten gegen Entgelt	Verkauf eines Notebooks
	Schen-kung	§§ 516 ff.	Schenkende/-r, Beschenkte/-r	Unentgeltliche Zuwendung von Sachen oder Rechten	Verschenken von Lehrbüchern an Auszubildende
Gebrauchs-überlassungs-verträge	Miet-vertrag	§§ 535 ff.	Vermieter/-in, Mieter/-in	Entgeltliche Überlassung von Sachen zum Gebrauch	Vermietung einer Wohnung
	Pacht-vertrag	§§ 581 ff.	Verpächter/-in, Pächter/-in	Entgeltliche Überlassung von Sachen oder Rechten zum Gebrauch sowie Überlassung der Erträge (= Frucht-genuss)	Pachten eines Gartens
	Leih-vertrag	§§ 598 ff.	Verleiher/-in, Leihende/-r	Unentgeltliche Überlassung von Sachen zum Gebrauch	Ausleihen eines Buchs aus der Bibliothek als Jugendliche/-r (häufig sind Mitgliedschaften bei Bibliotheken dann kostenfrei)
	Darle-hens-vertrag	§§ 607 ff.	Darlehens-geber/-in (Gläubiger/-in), Darlehens-nehmer/-in (Schuldner/-in)	Entgeltliche oder unentgeltliche Überlassung von Geld oder anderen vertretbaren Sachen	Gewährung eines Überziehungskre-dits
Tätigkeits-verträge	Dienst-vertrag	§§ 611 ff.	Dienstberech-tigte/-r, Dienstver-pflichtende/-r; Sonderfall Arbeitsvertrag: Arbeitgeber/-in, Arbeitneh-mer/-in	Entgeltliche Leistung von Diens-ten, unabhängig davon, ob es sich um eine selbstständige oder unselbstständige Tätigkeit handelt. (Die Arbeitsleistung wird ohne Erfolgs-garantie geschul-det.)	Ein Fachinforma-tiker hat einen Arbeitsvertrag mit einem IT-Systemhaus. Abschluss eines Service-Level-Agreements für IT-Dienstleistun-gen.

3

Bezeichnung		BGB	Vertrags-parteien	Inhalt	Beispiel
	Werk-ver-trag	§§ 631 ff.	Unter-nehmer/-in, Besteller/-in	Erstellen eines Werks aus Material des Kunden gegen Entgelt. Das Arbeitsergebnis wird mit Erfolgsga-rantie geschuldet.	Prüfung der Bücher durch einen Wirt-schaftsprüfer

Schwarzarbeit

Bei Schwarzarbeit handelt es sich um ein nich-tiges Rechtsgeschäft. Eine Arbeitsleistung am Finanzamt vorbei kann erhebliche negative Fol-gen für Auftraggebende und Auftragnehmende haben. So entschieden die Richter des Bundes-gerichtshofes z. B., dass ein Unternehmer, der bewusst gegen das Schwarzarbeitsbekämp-fungsgesetz verstoßen hat, keine Bezahlung ver-langen kann. Ein anderes Urteil beschäftigt sich mit Privatleuten, die Schwarzarbeit beauftragt haben. Diese konnten bei anschließend fest-gestellten Mängeln (Pfusch am Bau) keinen Schadenersatz geltend machen.

Schwarzarbeit
Ausmaß der Schattenwirtschaft in Deutschland
in Milliarden Euro (Schätzung)

2000   2005   2010   2015   2020 22 23

443
322 370 346 348 339 339 383
Mrd. €

In Prozent der Wirtschaftsleistung*

15,2 16,7
%   15,0
13,5
11,2
10,1 9,4 10,2

*Bruttoinlandsprodukt
Quelle: Institut für angewandte Wirtschaftsforschung, Prof. Schneider
Globus 0159224

AUFGABEN

1. In welchen der folgenden Fälle liegt ein Rechtsgeschäft vor? Begründen Sie.

   a) Der Getränkehändler verteilt Gratisproben an seine Kundschaft.

   b) Frau Sohn ruft im Reisebüro an und erkundigt sich nach Last-Minute-Angeboten.

   c) Herr Manke wirft Geld in einen Zigarettenautomaten.

2. Stellen Sie fest, ob es sich bei den unten stehenden Rechtsgeschäften jeweils um [1] ein einseitiges oder [2] ein zweiseitiges Rechtsgeschäft handelt.

   a) Kündigung   d) Schenkung

   b) Mietvertrag   e) Testament

   c) Arbeitsvertrag   f) Kaufvertrag

3. In welcher Form müssen folgende Verträge abgeschlossen werden?

   a) Berufsausbildungsvertrag

   b) Grundstückskauf

   c) Kaufvertrag

   d) Werkvertrag

   e) Mietvertrag über ein Appartement (für zwei Jahre befristet)

   f) Testament

4. Viele Verträge können formlos abgeschlossen werden. Nehmen Sie Stellung, warum es trotzdem sinnvoll ist, bei wichtigen Vertragsabschlüssen die Schriftform zu wählen.

5. Geben Sie jeweils an, ob die Elektro Bach OHG, die NetCom Rabe GmbH und der Sportverein TUS Höven e. V. rechtsfähig und/oder geschäftsfähig sind.

6. Begründen Sie, warum der Gesetzgeber das Konstrukt der beschränkten Geschäftsfähigkeit vorgesehen hat.

7. Prüfen Sie, ob in den folgenden Fällen ein rechtswirksamer Vertrag zustande gekommen ist. Begründen Sie Ihre Antwort.

   a) Die 5-jährige Sarah kauft von ihrem Taschengeld für 50 Cent am Kiosk Bonbons.

   b) Die 8-jährige Julia kauft für sich und ihre Freundin ein Eis für je 1,00 €.

   c) Der 17-jährige Max, Auszubildender in einem Elektrofachhandel, verkauft einem Kunden ein Radio für 60,00 €.

   d) Die Oma schenkt gegen den Willen der Eltern dem 7-jährigen Enkelkind ein Sparbuch mit einem Guthaben von 100,00 €.

8. Sind nachfolgende Rechtsgeschäfte gültig, nichtig oder anfechtbar?

   a) Ein Betrunkener verkauft im Rausch sein Auto.

   b) Um die Einkommenssteuer zu sparen, wird der Arbeitsvertrag zu einem niedrigeren Lohn abgeschlossen als tatsächlich vereinbart.

   c) Ein Vermieter verlangt von einem ausländischen Studierenden für ein einfaches, 25 m² großes 1-Raum-Appartement 1 000,00 € Kaltmiete.

   d) Ein Briefmarkensammler kauft eine Briefmarke, da er davon ausgeht, dass der Preis steigt. Stattdessen verliert die Marke sogar an Wert.

   e) Ein Kleid wurde irrtümlich für 6,90 € statt für 69,00 € ausgezeichnet. Als die Kundin das Geschäft gerade verlassen will, bemerkt die Verkäuferin ihren Irrtum.

   f) Um die Notarkosten zu sparen, besiegeln zwei Freunde den Grundstücksverkauf nur per Handschlag.

   g) Jemand möchte ein Auto mieten, unterschreibt jedoch keinen Miet-, sondern einen Kaufvertrag.

h) Die 18-jährige Farina kauft einen Gebrauchtwagen. Der Händler verschweigt ihr, dass es sich um einen Unfallwagen handelt.

i) Der 6-jährige Max bekommt von seinen Eltern einen Zettel mit dem Text „4 Brötchen" und abgezähltes Geld. Der Bäckereifachverkäufer händigt ihm die Brötchen aus.

9. Grenzen Sie folgende Vertragsarten jeweils voneinander ab:

a) Leih- und Darlehensvertrag

b) Werk- und Dienstvertrag

10. Stellen Sie jeweils fest, um welche Vertragsart es sich handelt.

a) Vermietung einer Datenverarbeitungsanlage

b) Die Schülerin Frauke borgt ihrer Freundin das Mathematikbuch.

c) Ein Autofahrer borgt sich von einem Freund zehn Liter Benzin. Am nächsten Tag bringt er den gefüllten Kanister wieder zurück.

d) Der Schneider fertigt für seinen Kunden einen Maßanzug. Der Kunde hat den Stoff selbst mitgebracht.

e) Herr Colak stellt die Architektin Frau Groß als Bauleiterin zur Beaufsichtigung der Baustelle ein.

11. Sie arbeiten in der Serviceabteilung eines großen EDV-Fachgeschäfts. Da aufgrund von zahlreichen Erkrankungen nicht mehr genügend Mitarbeitende für den Verkauf im Verkaufsraum zur Verfügung stehen, werden Sie gebeten, einen Tag auszuhelfen. Erläutern Sie, wie die beschriebenen Vorgänge weitergehen könnten. Gehen Sie dabei auf folgende Fragestellungen ein:

a) Welche Vertragsart liegt jeweils vor?

b) Gibt es für diese Vertragsart Formvorschriften?

c) Ist das Rechtsgeschäft gültig, schwebend unwirksam, anfechtbar oder nichtig?

d) Welche Lösung sieht das BGB ggf. für die Vorgänge vor?

e) Gibt es auch andere sinnvolle Lösungsmöglichkeiten?

9:30 Uhr

Ihre ersten Kunden sind ein 5-jähriger und ein 8-jähriger Junge, die jeweils von ihrem Taschengeld ein reduziertes Spiel für 4,99 € kaufen möchten. Sie verkaufen beiden Kindern die Spiele. Eine halbe Stunde später steht die erboste Mutter der beiden vor Ihnen und verlangt, dass Sie die Spiele zurücknehmen.

12:00 Uhr

Nachdem der weitere Morgen relativ ruhig verlaufen ist, kommt eine 16-jährige Schülerin gemeinsam mit ihrem Vater zu Ihnen. Die Schülerin möchte einen Komplett-PC für 980,00 € kaufen. Sie hat darüber hinaus gelesen, dass das EDV-Fachgeschäft eine Ratenzahlung über sechs Monate zu einem Effektivzinssatz von 2,9 % anbietet. Sie möchte gerne von diesem Angebot Gebrauch machen. Der Vater ist einverstanden.

14:00 Uhr

Sie erhalten die Aufgabe, neu eingetroffene Konsolenspiele auszuzeichnen. Die Spiele sollen jeweils 19,99 € kosten. Aus Versehen zeichnen Sie diese allerdings mit 9,99 € aus. Als der erste Kunde mit einem Spiel an der Kasse steht, bemerkt die Kassiererin den Fehler.

15:30 Uhr

In der Nachbarschaft eröffnet eine neue Zahnarztpraxis. Sie erhalten von dem Zahnarzt den Auftrag, die Praxis mit der entsprechenden Hard- und Software auszustatten. Der Zahnarzt möchte die Ware in zwei Wochen in betriebsbereitem Zustand in seiner Praxis übernehmen. Sie sagen die Lieferung sowie Installation der Hard- und Software zu.

16:00 Uhr

Herr Bach, ein langjähriger Kunde, hatte in der vergangenen Woche 5 000 Blatt Druckerpapier zum Preis von 45,00 € bestellt, die er um 14:00 Uhr abholen wollte. Da das Paket mit dem Druckerpapier Ihnen im Weg ist, rufen Sie Herrn Bach an und fragen nach, wann er kommen wird. Herr Bach teilt Ihnen mit, dass er die 5 000 Blatt bei einem anderen Händler für 40,00 € erstanden hat und daher nicht mehr an dem Papier interessiert ist.

16:10 Uhr

Sie suchen schon seit Längerem eine Mietwohnung in der Nähe Ihres Arbeitsplatzes. Sie haben deshalb einen Aushang ans schwarze Brett gehängt. Ein Kunde spricht Sie an, dass er ca. 500 Meter von Ihrem Arbeitsplatz entfernt eine 3-Zimmer-Wohnung zu vermieten hat. Nach Arbeitsende schauen Sie sich die Wohnung an und werden auch direkt mit dem Vermieter einig. Da Sie sich auf Anhieb gut mit dem Vermieter verstehen, verzichten Sie auf einen schriftlichen Mietvertrag und besiegeln das Mietverhältnis per Handschlag. Drei Tage später steht der Vermieter vor Ihnen und teilt Ihnen mit, dass seine Tochter in die Wohnung einziehen möchte und Sie die Wohnung daher doch nicht mieten können.

4.1 Anfrage

Mit einer Anfrage wird der Kontakt zu einem möglichen Lieferanten aufgenommen.

Eine **Anfrage**
1. dient der **Geschäftsanbahnung** und **Einholung von Informationen**,
2. ist im Gegensatz zu Angeboten **rechtlich nicht bindend**, d. h., der Käufer bzw. die Käuferin geht keine rechtliche Verpflichtung ein,
3. unterliegt **keinen Formvorschriften**, d. h., es spielt keine Rolle, ob die Anfrage mündlich oder schriftlich erfolgt.

Anfragen werden unterteilt in **spezielle** (bestimmte) und **allgemeine** (unbestimmte) Anfragen.

Anfragenarten

Spezielle Anfrage	Allgemeine Anfrage
Bitte nach gezielten Informationen über die Lieferung von bestimmten Artikeln. Dabei ist es sinnvoll auf folgende Inhalte einzugehen: – Grund der Anfrage, Artikelbezeichnungen und Spezifikation der gewünschten Artikel – Erforderliche Menge – Erfragen der Preise, Lieferungs- und Zahlungsbedingungen – Ggf. Zeitangabe, bis wann ein Angebot zu dieser Anfrage vorliegen soll	Bitte um einen Vertreterbesuch oder die Zusendung von Katalogen, Prospekten, Preislisten

Erhält man von einem Kunden oder einer Kundin eine Anfrage, kann es erforderlich sein zunächst herauszufinden, welche genaue Bedarfssituation vorliegt, um zielgerichtet ein Angebot erstellen zu können. Oft ist daher eine Kontaktaufnahme notwendig.

4.2 Beschaffungsplanung

Wurden die Kundenwünsche ermittelt, kann es sein, dass nicht die gesamte Ware vor Ort verfügbar ist. Bei der Abwicklung von Kundenaufträgen muss daher oft auch selbst zunächst Ware beschafft werden. Eine wesentliche Basis von Beschaffungsentscheidungen sind die Absatz- und Umsatzpläne.

Bei der Beschaffungsplanung muss sich der Einkäufer bzw. die Einkäuferin folgende Fragen stellen:

1. Was soll beschafft werden? (Materialplanung)

2. Wie viel soll beschafft werden? Soll Einzelbeschaffung oder Vorratsbeschaffung erfolgen? (Mengenplanung)

3. Wann soll die Ware zur Verfügung stehen? (Zeitplanung)

4. Wie hoch darf der maximal akzeptierte Einkaufspreis sein? (Preisplanung)

5. Zu welchen Konditionen soll eingekauft werden? (Planung der Lieferungs- und Zahlungsbedingungen)

6. Welche Lieferanten kommen infrage, und sollen die Aufträge gebündelt oder gestreut werden? (Bezugsquellenplanung)

4.3   Angebot

4.3.1   Zustandekommen eines Angebots

Um einen Kaufvertrag abschließen zu können, benötigt man **zwei übereinstimmende Willenserklärungen**. Die erste Willenserklärung nennt man auch **Antrag**, die zweite Willenserklärung **Annahme**.

Das **Angebot** ist ein Antrag an eine bestimmte Person, eine Ware oder eine Dienstleistung zu den angegebenen Bedingungen zu verkaufen.

Im Gegensatz zur Anfrage ist das Angebot **rechtlich verbindlich**, wenn es **gegenüber einer bestimmten Person** abgegeben wird. Es verpflichtet den Verkäufer, die betreffende Ware zu dem angebotenen Preis und in der angegebenen Qualität zu liefern. Wenn ein Anbieter bzw. eine Anbieterin sich nicht binden will, muss das Angebot entweder zeitlich befristet sein oder sog. Freizeichnungsklauseln enthalten.

Von dem Angebot wird die **Anpreisung** unterschieden. Anpreisungen von Waren in Zeitungsanzeigen, Rundschreiben, Preislisten oder auch im Schaufenster richten sich an die Allgemeinheit und sind daher keine Vertragsangebote im rechtlichen Sinne. Sie dienen vielmehr dazu, Kundinnen und Kunden zu motivieren, einen Kaufantrag abzugeben.

In einem Angebot werden in der Regel nur die wichtigsten Punkte genannt. Wenn ein Sachverhalt nicht ausdrücklich im Angebot genannt wird, treten die gesetzlichen Regelungen in Kraft. Diese finden sich im Bürgerlichen Gesetzbuch (BGB) und darüber hinaus für Kaufleute im Handelsgesetzbuch (HGB).

Für das Angebot gelten **keine Formvorschriften**. Mündliche oder telefonische Angebote werden allerdings i.d.R. schriftlich bestätigt, damit Irrtümer durch Verhören, Versprechen oder Übermittlungsfehler vermieden werden und bei Rechtsstreitigkeiten schriftliche Unterlagen vorhanden sind.

4.3.2   Die wichtigsten Bestandteile eines Angebots

Bestandteil	Erläuterung
Grund für die Angebots-erstellung	Beziehen Sie sich auf die eingegangene Anfrage (bei einem verlangten Angebot) oder schreiben Sie kurz etwas über Ihr Unternehmen.
Art der Ware	Die Art der Ware wird durch handelsübliche Bezeichnungen festgelegt. Die Beschaffenheit und Güte der Ware kann z. B. durch Handelsklassen, Muster, Proben, Standards, Normen, Augenschein, Abbildungen und genaue Beschreibungen festgelegt werden.
Menge	Angabe der lieferbaren Menge
Preis	Der Preis wird je Mengeneinheit angegeben, i. d. R. werden unter Geschäfts-leuten Nettopreise (ohne Mehrwertsteuer) angegeben.
Rabatt	Der Rabatt ist ein Preisnachlass. Es gibt verschiedene Rabattarten. – Mengenrabatt wird gewährt, wenn eine größere Menge bestellt wird. – Treuerabatt erhält man, wenn man über einen längeren Zeitraum beim selben Lieferer bestellt. – Sonderrabatt wird z. B. anlässlich eines Geschäftsjubiläums gewährt. – Bonus ist ein nachträglich gewährter Rabatt bei Erreichen einer bestimmten Umsatzgrenze.
Verpackungs- und Beförde-rungskosten	Die Kosten der Verkaufsverpackung trägt der/die Verkäufer/-in, die Kosten der Versandverpackung der/die Käufer/-in. Werden im Angebot keine Regelungen zu den Beförderungskosten getroffen, gilt folgender Grundsatz: Warenschul-den sind Holschulden, d. h., der/die Käufer/-in muss ab dem Erfüllungsort die Versandkosten tragen. Allerdings werden in den Verträgen oft andere Vereinbarungen getroffen. Die wichtigsten sind: – „Ab Werk": Der Lieferer stellt die Ware ab Werk zur Verfügung, d. h., die Beförderungskosten gehen voll zulasten des Käufers bzw. der Käuferin. – „Unfrei" (ab hier, ab Bahnhof hier): Der Lieferer stellt die Ware ab Versand-station (Spedition, Bahnhof, Post am Wohnort) zur Verfügung. Die Beförde-rungskosten bis zur Versandstation trägt der Verkäufer bzw. die Verkäuferin.
Freizeich-nungsklauseln	Ein Lieferer kann die Verbindlichkeit seines Angebots einschränken. | Freizeichnungsklauseln	Verbindlich	Unverbindlich
---	---	---
Solange der Vorrat reicht	Preis, Lieferzeit	Menge
Freibleibend	nichts	alles
Ohne Gewähr, ohne Obligo	nichts	alles
Preis freibleibend	Lieferzeit, Menge	Preis
Lieferzeit freibleibend	Preis, Menge	Lieferzeit	

Bestandteil	Erläuterung
Lieferzeit	Wird nichts im Angebot angegeben, ist die Lieferung sofort fällig. Andere Vereinbarungsmöglichkeiten sind: – Termin- oder Zeitkauf (Die Lieferung erfolgt innerhalb einer vereinbarten Frist.) – Fixkauf (Die Lieferung erfolgt zu einem bestimmten Zeitpunkt.) – Kauf auf Abruf (Der Zeitpunkt der Lieferung ist in das Ermessen des Käufers bzw. der Käuferin gestellt.) Möglich ist hier auch die Verpflichtung des Verkäufers/der Verkäuferin zur Zahlung einer Konventionalstrafe (Vertragsstrafe), wenn die Lieferung verspätet erfolgt.
Zahlungs-bedingungen	Zu den wichtigsten Zahlungsbedingungen gehören: – Bestimmung von Zahlungsfristen, z. B. der Skontofrist. Dabei versteht man unter Skonto den Nachlass für eine vorzeitige Zahlung. – Regelung der Zahlungsweise (z. B. bare oder unbare Zahlung) und der Zahlungsabwicklung (Zahlung vor der Lieferung, Zahlung bei Lieferung, Zahlung nach der Lieferung oder Ratenzahlung). Eine Forderung gilt als rechtzeitig bezahlt, wenn die Gutschrift auf dem Konto des Gläubigers erfolgt ist.
Eigentums-vorbehalt	Durch den Eigentumsvorbehalt bleibt der Lieferant bis zur vollständigen Bezahlung Eigentümer der Ware, der Käufer/die Käuferin wird lediglich Besitzer/-in. Falls der Käufer/die Käuferin den Zahlungsverpflichtungen nicht nachkommt, kann der Verkäufer die Rückgabe der Ware verlangen. Der einfache Eigentumsvorbehalt erlischt, wenn der Käufer/die Käuferin die Ware verbraucht bzw. verarbeitet hat oder sie vernichtet, mit einer unbeweglichen Sache fest verbunden oder an eine/-n gutgläubige/-n Dritte/-n veräußert hat. Für diese Fälle muss ein erweiterter Eigentumsvorbehalt vereinbart werden. Es gibt mehrere Arten des erweiterten Eigentumsvorbehalts. Beim verlängerten Eigentumsvorbehalt tritt der Käufer/die Käuferin seine Forderungen aus Einnahmen, die er/sie z. B. durch den Weiterverkauf der Ware oder durch die Verarbeitung hatte, an den Verkäufer ab. Beim nachgeschalteten Eigentums-vorbehalt darf er/sie die Ware ebenfalls nur unter Eigentumsvorbehalt weiterverkaufen. Sein/ihr Lieferer erhält dann die Rechte aus diesem neuen Eigentumsvorbehalt. Beim Kontokorrentvorbehalt erlischt der Eigentumsvor-behalt erst, wenn alle Forderungen aus der Geschäftsbeziehung beglichen worden sind.
Erfüllungsort und Gerichts-stand	Der Erfüllungsort ist der Wohn- und Geschäftssitz des Schuldners/der Schuld-nerin. Beim Platzkauf ist der Erfüllungsort für Warenschulden die Wohnung bzw. das Geschäftslokal, beim Versendungskauf der Ort der Übergabe an die Beförderungsanstalt. Am Erfüllungsort geht die Gefahr der zufälligen Beschä-digung, Verschlechterung oder Vernichtung der Ware auf den Käufer/die Käuferin über, sofern nichts anderes vereinbart wurde. Der Erfüllungsort bestimmt gleichzeitig auch den Gerichtsstand. Bei Rechtsstreitigkeiten muss die Klage beim zuständigen Gericht des Erfüllungsortes eingereicht werden.

4

Bestandteil	Erläuterung
AGB	Im Angebot erfolgt ein Hinweis auf die Geltung der allgemeinen Geschäfts-bedingungen. Dies sind vorformulierte Vertragsbedingungen, die eine Vertragspartei der anderen Vertragspartei bei Abschluss eines Vertrages stellt. Werden Vertragsbedingungen zwischen den Vertragsparteien direkt ausge-handelt, haben diese gegenüber den Regelungen der AGB Vorrang. Um die Vertragsparteien zu schützen, sieht das BGB einige Einschränkungen bei der Verwendung von AGB vor (siehe §§ 305–310 BGB). Verboten sind beispiels-weise Klauseln, die eine Vertragspartei unangemessen benachteiligen. Ebenfalls nicht erlaubt sind überraschende Klauseln, mit denen der Käufer/die Käuferin nicht rechnen konnte. Zum Schutz von Nichtkaufleuten (Verbrauche-rinnen und Verbraucher) sind folgende Bestandteile unwirksam: – Möglichkeit der Preiserhöhung innerhalb von vier Monaten nach Vertrags-abschluss – Vereinbarung einer Vertragsstrafe, die von den Verbraucher/-innen zu zahlen wäre – Ausschluss des Rücktritts bzw. des Rechts auf Schadenersatz beim Lieferungsverzug – Verkürzung der gesetzlichen Gewährleistungsrechte bei neu hergestellten Sachen oder Werkleistungen Darüber hinaus müssen Verbraucher/-innen ausdrücklich auf die AGB hingewiesen worden sein und die Möglichkeit gehabt haben, sie zu lesen.
Abschluss	Hier sollte die Hoffnung auf eine Bestellung ausgedrückt werden.

4.3.3   Bindung an ein Angebot

Angebote sind solange **gültig**, wie **unter normalen Umständen** eine Antwort erwartet werden kann. Ein mündliches oder telefonisches Angebot gilt daher für die Dauer des Gesprächs und muss sofort angenommen werden. Bei einem schriftlichen Angebot ist der Lieferer so lange an sein Angebot gebunden, wie er unter verkehrsüblichen Umständen mit einer Nachricht rechnen kann. Bei einem Brief geht man beispielsweise von einer Bindungsfrist von ca. einer Woche aus. Darüber hinaus kann der Anbieter bzw. die Anbie-terin für die Annahme des Angebots eine bestimmte Frist setzen. Die Bindung an ein Angebot erlischt, wenn es vom Empfänger bzw. der Empfängerin abgelehnt, abgeändert oder nicht rechtzeitig angenommen wird. Widerruft der Lieferer sein Angebot und er-reicht der Widerruf den Kunden oder die Kundin spätestens gleichzeitig mit dem Ange-bot, so erlischt die Bindung ebenfalls.

4.4   Quantitativer und qualitativer Angebotsvergleich

Beim Angebotsvergleich wird zwischen einem quantitativen und einem qualitativen Ver-gleich unterschieden. Bei dem **quantitativen Angebotsvergleich** werden die Bezugs-preise der angebotenen Ware oder Dienstleistung berechnet und miteinander verglichen.

Berechnung des Bezugspreises

Preisberechnung
Listeneinkaufspreis – Rabatt
= Zieleinkaufspreis – Skonto
= Bareinkaufspreis + Verpackungskosten + Transportkosten
= Bezugspreis

Beispiel	
Listeneinkaufspreis – Rabatt (3 %)	1 000,00 € – 30,00 €
= Zieleinkaufspreis – Skonto (2 %)	970,00 € – 19,40 €
= Bareinkaufspreis + Verpackungskosten + Transportkosten	950,60 € 10,00 € 15,00 €
= Bezugspreis	975,60 €

Beim **qualitativen Angebotsvergleich** steht die Qualität der angebotenen Leistung im Vordergrund. Kriterien sind z. B. der Service, die Zuverlässigkeit des Lieferers, eine Garantie, Umweltschutz oder die Lieferbedingungen.

Ein Instrument zur differenzierten Entscheidungsfindung im Beschaffungsbereich ist die **Nutzwertanalyse**. Dabei geht man davon aus, dass sowohl quantitative als auch qualitative Kriterien zur Beurteilung der Alternativen herangezogen werden. Dazu kann man den Kriterien eine unterschiedliche Gewichtung geben, da üblicherweise z. B. der Preis wichtiger sein wird als die Lieferbedingungen. Anschließend muss ein Punktesystem zur Bewertung der einzelnen Alternativen festgelegt werden. Ein Beispiel für eine Nutzwertanalyse zur Auswahl eines Notebooks könnte folgendermaßen aussehen:

Beispiel
Nutzwertanalyse zur Auswahl eines Notebooks

Kriterien	Gewich- tung (G)	Alternative 1		Alternative 2		Alternative 3	
		Punkte (P)	P · G	Punkte (P)	P · G	Punkte (P)	P · G
Preis	50 %	5	2,5	4	2,0	3	1,5
Service	10 %	3	0,3	3	0,3	5	0,5
Qualität	30 %	2	0,6	4	1,2	5	1,5
Lieferbedingungen	10 %	2	0,2	2	0,2	5	0,5
Summe			3,6		3,7		4
Rangfolge			**3**		**2**		**1**

Punkteskala: 0 bis 5 Punkte (0 = kein Nutzenbeitrag, 5 = besonders guter Nutzenbeitrag)

Aufgrund einer Vielzahl an Angeboten kann es hilfreich sein, nicht alle Angebote so detailliert auf ihren Nutzen hin zu prüfen. Um bereits im Vorfeld eine Entscheidung zu treffen, kann eine **ABC-Analyse** durchgeführt werden (auch Pareto-Analyse genannt).

Die ABC-Analyse stellt eine einfache Methode zur Klassifizierung im Hinblick auf Wert und Menge dar. Es werden beispielsweise Lieferanten oder Artikel in drei Klassen A, B und C eingeteilt.

Beispiel
Es liegt folgende Angebotsliste vor, aus der die Jahresverbrauchsmenge sowie der Einstandspreis für jedes Material entnommen werden können:

Artikel-Nr.	Menge	Einkaufspreis
101	840	0,50 €
102	20	1,00 €
103	65	2,30 €
104	120	5,00 €
105	90	14,30 €
106	45	45,00 €
107	500	0,85 €

Artikel-Nr.	Menge	Einkaufspreis
108	100	35,20 €
109	350	25,00 €
110	500	2,30 €
111	200	15,80 €
112	500	1,60 €
113	5	175,00 €

Diese Liste wird um den wertmäßigen Jahresverbrauch der jeweiligen Artikel (Menge · Einkaufspreis) sowie um den prozentualen Anteil des Verbrauchs der einzelnen Artikel am Gesamtverbrauch erweitert.

Artikel-Nr.	Menge	Einkaufspreis	Verbrauch (wertmäßig)	Anteil (wertmäßig)
101	840	0,50 €	420,00 €	1,8 %
102	20	1,00 €	20,00 €	0,1 %
103	65	2,30 €	149,50 €	0,6 %
104	120	5,00 €	600,00 €	2,5 %
105	90	14,30 €	1 287,00 €	5,5 %
106	45	45,00 €	2 025,00 €	8,6 %
107	500	0,85 €	425,00 €	1,8 %
108	100	35,20 €	3 520,00 €	14,9 %
109	350	25,00 €	8 750,00 €	37,2 %
110	500	2,30 €	1 150,00 €	4,9 %
111	200	15,80 €	3 160,00 €	13,4 %
112	500	1,60 €	800,00 €	3,4 %
113	5	175,00 €	875,00 €	3,7 %
Summe	**3335**		**23 181,50 €**	**100 %**

Im nächsten Schritt wird die Liste nach der Höhe des Verbrauchs sortiert, beginnend mit dem wertmäßig höchsten Angebot. Der prozentuale Anteil der Artikel am Gesamtverbrauch wird kumuliert. Dabei sollte die A-Gruppe ca. 75 % des Wertes ausmachen, die B-Gruppe ca. 20 % und die C-Gruppe ca. 5 %.

Artikel-Nr.	Menge	Einkaufs-preis	Verbrauch (wertmäßig)	Anteil (wertmäßig)	Kumul. Anteil (wertmäßig)	ABC-Klassifi-kation
109	350	25,00 €	8 750,00 €	37,7 %	37,7 %	A
108	100	35,20 €	3 520,00 €	15,2 %	52,9 %	A
111	200	15,80 €	3 160,00 €	13,6 %	66,6 %	A
106	45	45,00 €	2 025,00 €	8,7 %	75,3 %	A
105	90	14,30 €	1 287,00 €	5,6 %	80,8 %	B
110	500	2,30 €	1 150,00 €	5,0 %	85,8 %	B
113	5	175,00 €	875,00 €	3,8 %	89,6 %	B
112	500	1,60 €	800,00 €	3,5 %	93,0 %	B
104	120	5,00 €	600,00 €	2,6 %	95,6 %	C
107	500	0,85 €	425,00 €	1,8 %	97,4 %	C
101	840	0,50 €	420,00 €	1,8 %	99,3 %	C
103	65	2,30 €	149,50 €	0,6 %	99,9 %	C
102	20	1,00 €	20,00 €	0,1 %	100 %	C
Summe	**3 335**		**23 181,50 €**	**100,0 %**		

Wie die Tabelle unten zeigt, machen die A-Güter zwar 75,3 % des Gesamtverbrauchs, aber nur 20,8 % des mengenmäßigen Verbrauchs aus. Bei den C-Gütern stehen 4,4 % des Gesamtverbrauchs 42,7 % der verbrauchten Menge gegenüber.

Artikel-Nr.	Kumul. Anteil (wertmäßig)	ABC-Klassifikation	Kumul. Anteil (mengenmäßig)
109	37,7 %	A	10,5 %
108	52,9 %	A	13,5 %
111	66,6 %	A	19,5 %
106	75,3 %	A	20,8 %
105	80,8 %	B	23,5 %
110	85,8 %	B	38,5 %

Artikel-Nr.	Kumul. Anteil (wertmäßig)	ABC-Klassifikation	Kumul. Anteil (mengenmäßig)
113	89,6 %	B	38,7 %
112	93,0 %	B	53,7 %
104	95,6 %	C	57,3 %
107	97,4 %	C	72,3 %
101	99,3 %	C	97,5 %
103	99,9 %	C	99,4 %
102	100 %	C	100,0 %

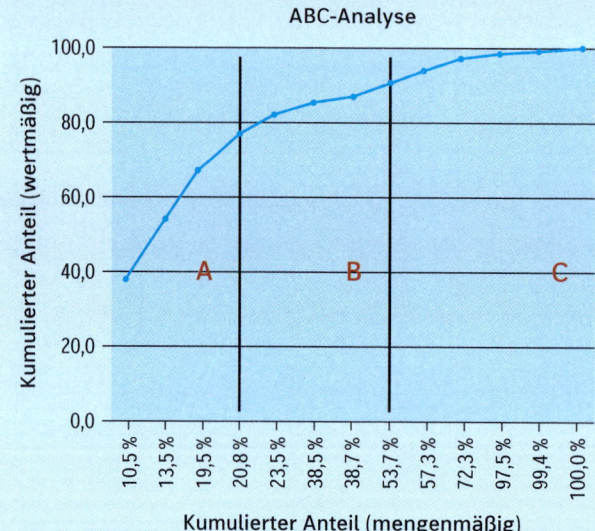

ABC-Analyse

Dieses Analyseverfahren findet auch bei weiteren Entscheidungsprozessen Anwendung, z. B. bei der Materialbedarfsplanung oder bei der Eingruppierung von Kundinnen und Kunden.

4.5   Verkaufskalkulation

Im Rahmen der Verkaufskalkulation wird der Preis berechnet, der den Kundinnen und Kunden mitgeteilt wird. Dabei müssen zum einen die **eigenen Kosten** (Materialeinsatz, Lohnkosten, allgemeine Verwaltungs- und Vertriebskosten), zum anderen die **Preise der Konkurrenz** und die eigenen **Gewinnziele** (z.B. Ausweitung des Marktvolumens, Gewinnmaximierung) berücksichtigt werden.

Die Verkaufspreise müssen regelmäßig überprüft und ggf. angepasst werden.

Die Vorgehensweise bei der Berechnung der Verkaufspreise hängt auch davon ab, ob es sich um einen Fertigungsauftrag, eine Dienstleistung oder ein Handelsgeschäft handelt.

Handelskalkulation

4

Ein Einzelhandelsunternehmen verkauft seine Ware deutlich teurer, als die Produkte bei der Produktion gekostet haben. Es geht bei der Kalkulation des Verkaufspreises vom Bezugspreis aus, den es selbst für die Ware gezahlt hat. Auf den Bezugspreis müssen anteilige Handlungskosten und der zu erwartende Stückgewinn aufgeschlagen werden. Die nachfolgende Tabelle bildet das grundsätzliche Kalkulationsschema ab.

Kalkulationsschema

Kalkulationsschema	Rechenweg		
Listeneinkaufspreis – Lieferrabatt	100 % a %		
= Zieleinkaufspreis – Lieferskonto	100 % – a %	100 % b %	
= Bareinkaufspreis + Bezugskosten		100 % – b %	
= Bezugspreis + Handlungskosten			100 % c %
= Selbstkosten + Gewinn	100 % d %		100 % + c %
= Barverkaufspreis + Kundenskonto	100 % + d %	100 % – e % e %	
= Zielverkaufspreis + Kundenrabatt		100 %	100 % – f % f %
= Listenverkaufspreis			100 %

Bei der Preisfestsetzung für ein Produkt sind folgende Situationen denkbar:

Fall 1: Vorwärtskalkulation

Der Bezugspreis für ein Produkt (auch Einstandspreis genannt) wird vom liefernden Unternehmen (Hersteller, Großhandel) festgelegt und ist nicht veränderbar.

Ausgehend vom Bezugspreis soll nun der Verkaufspreis kalkuliert werden, was als **Vorwärtskalkulation** bezeichnet wird.

Die Kalkulation des Listenverkaufspreises geschieht in mehreren Schritten.

1. Die Gemeinkosten des Händlers werden durch einen Handlungskostenzuschlag abgedeckt.

> Der **Handlungskostenzuschlag** gibt das prozentuale Verhältnis der Handlungskosten zum Wareneinsatz an.

2. Berechnung des Gewinns in Prozent von den Selbstkosten

3. Kundenskonto und Vertreterprovision werden vom Zielverkaufspreis gewährt. Da dieser aber noch unbekannt ist, müssen Kundenskonto und Vertreterprovision vom Barverkaufspreis als vermindertem Grundwert berechnet werden.

4. Der Kundenrabatt wird vom Listenverkaufspreis gewährt. Da dieser ebenfalls noch nicht bekannt ist, muss der Kundenrabatt vom Zielverkaufspreis als vermindertem Grundwert berechnet werden.

Beispiel

Vorwärtskalkulation zur Berechnung des Verkaufspreises für ein Notebook, wenn der Bezugspreis 457,55 € beträgt:

	%	€	Rechenweg
Bezugspreis		457,55 €	
+ Handlungskostenzuschlag	43 %	196,75 €	
= Selbstkosten		654,30 €	
+ Gewinnzuschlag	15 %	98,15 €	
= Barverkaufspreis		752,45 €	
+ Kundenskonto	1 %	7,68 €	
+ Vertreterprovision	1 %	7,68 €	
= Zielverkaufspreis		767,81 €	
+ Kundenrabatt	10 %	85,31 €	
= Listenverkaufspreis (netto)		853,12 €	
+ Umsatzsteuer	19 %	162,09 €	
= **Listenverkaufspreis (brutto)**		**1 015,21 €**	

Der Betrag von 853,12 € ist somit die Netto-Preisuntergrenze für den Verkauf des Notebooks, wobei 98,15 € Gewinnanteil enthalten sind.

Um die Kalkulation zu vereinfachen, kann man die Zuschlagssätze für
- die Handlungskosten,
- den Gewinn,
- den Kundenskonto und
- den Kundenrabatt

zum **Kalkulationszuschlagssatz** zusammenfassen.

> Der **Kalkulationszuschlag** gibt die **Höhe des Rohgewinns im Verhältnis zum Bezugspreis** an.

Um den Kalkulationszuschlag berechnen zu können, muss zunächst der Rohgewinn ermittelt werden.

> Der **Rohgewinn** stellt die **Differenz** zwischen **Bezugspreis** und **Listenverkaufspreis** (netto) dar.

$$\text{Kalkulationszuschlag} = \frac{\text{Rohgewinn} \cdot 100}{\text{Bezugspreis}}$$

Für das Notebook aus dem vorangegangenen Beispiel ergibt sich folgende Berechnung des **Kalkulationszuschlags**:

$$\text{Kalkulationszuschlag} = \frac{\text{Rohgewinn} \cdot 100}{\text{Bezugspreis}} = \frac{(853{,}12 - 457{,}55) \cdot 100}{457{,}55} = 86{,}45\,\%$$

Wenn man auf den Bezugspreis also 86,45 % aufschlägt, erhält man den Listenverkaufspreis.

Aus dem Kalkulationszuschlag lässt sich leicht der Kalkulationsfaktor ableiten.

> Der **Kalkulationsfaktor** ist der Wert, mit dem man den Bezugspreis multiplizieren muss, um den Netto-Angebotspreis zu erhalten.

$$\text{Kalkulationsfaktor} = \frac{\text{Listenverkaufspreis (netto)}}{\text{Bezugspreis}}$$

Beispiel
Für das Notebook-Beispiel bedeutet das wiederum:

$$\text{Kalkulationsfaktor} = \frac{\text{Listenverkaufspreis (netto)}}{\text{Bezugspreis}} = \frac{853{,}12}{457{,}55} = 1{,}8645$$

Nimmt man nicht, wie bei der Berechnung des Kalkulationszuschlags, den Bezugspreis, sondern den Listenverkaufspreis (netto) als Nenner, so erhält man die Handelsspanne.

Die **Handelsspanne** gibt die Höhe des Rohgewinns im Verhältnis zum Listenverkaufspreis (netto) an.

$$\text{Handelsspanne} = \frac{\text{Rohgewinn} \cdot 100}{\text{Listenverkaufspreis (netto)}}$$

Beispiel
Im Notebook-Beispiel:

$$\text{Handelsspanne} = \frac{\text{Rohgewinn} \cdot 100}{\text{Listenverkaufspreis (netto)}} = \frac{(853,12 - 457,55) \cdot 100}{853,12} = 46,37\,\%$$

Fall 2: Rückwärtskalkulation

Der Verkaufspreis ist durch die Marktverhältnisse vorgegeben. Ausgehend vom Verkaufspreis soll nun kalkuliert werden, zu welchem Bezugspreis maximal beschafft werden kann, um die Handlungskosten und die Gewinnerwartungen decken zu können. Es liegt eine **Rückwärtskalkulation** vor.

Beispiel
Rückwärtskalkulation zur Berechnung des Bezugspreises für ein Notebook, wenn der Listenverkaufspreis (brutto) maximal 1 000,00 € betragen darf:

	%	€	Rechenweg
Bezugspreis		450,71 €	
+ Handlungskostenzuschlag	43 %	193,80 €	
= Selbstkosten		644,51 €	
– Gewinnzuschlag	15 %	96,68 €	
= Barverkaufspreis		741,19 €	
– Kundenskonto	1 %	7,56 €	
– Vertreterprovision	1 %	7,56 €	
= Zielverkaufspreis		756,31 €	
– Kundenrabatt	10 %	84,03 €	
= Listenverkaufspreis (netto)		840,34 €	
– Umsatzsteuer	19 %	159,66 €	
= **Listenverkaufspreis (brutto)**		**1 000,00 €**	

Der Bezugspreis darf also bei einem angestrebten Listenverkaufspreis von 1 000,00 € brutto maximal 450,71 € betragen.

Fall 3: Differenzkalkulation

Sowohl der Bezugspreis als auch der Verkaufspreis sind vorgegeben. Ausgehend von diesen beiden Preisen soll nun kalkuliert werden, ob die eigenen Handlungskosten gedeckt und die Gewinnerwartungen erfüllt werden können. Dafür zieht man die Differenz zwischen Listenverkaufspreis und Selbstkostenpreis heran, was als **Differenzkalkulation** bezeichnet wird.

Beispiel

Differenzkalkulation zur Berechnung des Gewinnzuschlags für ein Notebook, wenn der Listenverkaufspreis (brutto) maximal 1 000,00 € betragen darf und der Bezugspreis bei 457,55 € liegt.

	%	€	Rechenweg
Bezugspreis		**457,55 €**	
+ Handlungskostenzuschlag	43 %	196,75 €	
= Selbstkosten		654,30 €	
− Gewinnzuschlag	**13,28 %**	**86,89 €**	
= Barverkaufspreis		741,19 €	
− Kundenskonto	1 %	7,56 €	
− Vertreterprovision	1 %	7,56 €	
= Zielverkaufspreis		756,31 €	
− Kundenrabatt	10 %	84,03 €	
= Listenverkaufspreis (netto)		840,34 €	
− Umsatzsteuer	19 %	159,66 €	
= **Listenverkaufspreis (brutto)**		**1 000,00 €**	

4

4.6   Bestellung

> Die **Bestellung** ist eine **empfangsbedürftige Willenserklärung** des Käufers oder der Käuferin, bestimmte Waren zu den in der Bestellung angegebenen Bedingungen zu kaufen.

Der Besteller bzw. die Bestellerin ist an seine/ihre Bestellung gebunden. Diese **Bindung** tritt mit Zugang der Bestellung beim Verkäufer ein. Eine Bestellung kann **formfrei** erfolgen, allerdings empfiehlt sich hier ebenfalls die Schriftform.

Rechtswirkung einer Bestellung

Handelt es sich bei der Bestellung erst um die erste Willenserklärung, kommt ein Kaufvertrag zustande, wenn der Verkäufer eine Auftragsbestätigung schickt oder unverzüglich liefert. Sendet ein Verkäufer unbestellte Ware, gelten für Kaufleute und Privatpersonen unterschiedliche Regelungen.

Zusendung unbestellter Ware an:			
Empfänger	Kaufleute mit bestehender Geschäftsverbindung	Kaufleute ohne bisherige Geschäftsverbindung	Privatperson
Wirkung bei Stillschweigen	Annahme	Ablehnung	Ablehnung
Pflichten des Empfängers/ der Empfängerin bei Ablehnung	Mitteilung, Aufbewahrung, später Rücksendung	Aufbewahrung, keine Rücksendung	Aufbewahrung, keine Rücksendung

4.7 Kaufvertrag

Die Parteien des Kaufvertrags sind Käufer/-in und Verkäufer/-in. Sie können ihrer rechtlichen Stellung nach Unternehmer (Kaufleute) oder Privatpersonen (Nichtkaufleute bzw. Verbraucher/-innen) sein. Nach der rechtlichen Stellung der Vertragsparteien und dem Zweck des Vertragsabschlusses sind demnach Privatkauf und Handelskauf zu unterscheiden:

		Verkäufer/-in ist	
		ein Kaufmann/eine Kauffrau	eine Privatperson
Käufer/-in ist	ein Kaufmann/ eine Kauffrau	Zweiseitiger Handelskauf	Sonstiger einseitiger Handelskauf
	eine Privatperson	Verbrauchsgüterkauf (einseitiger Handelskauf)	Privatkauf

Im Bereich des Handelsgewerbes vorgenommene Handelsgeschäfte unterliegen den allgemeinen Regeln des BGB. Darüber hinaus gelten die §§ 343–372 HGB mit einigen Ergänzungen und Änderungen:

- Verkehrssitten unter Kaufleuten sind als sog. Handelsbräuche zu beachten.
- Bürgschaften dürfen auch mündlich erteilt werden.
- Für Kaufmannstätigkeiten gilt eine Vergütung nach ortsüblichen Sätzen stillschweigend als vereinbart.
- Schweigen auf Anträge gilt u. U. als Zustimmung.
- Der Kaufmann bzw. die Kauffrau unterliegt strengeren Prüfungs- und Rügeobliegenheiten bei mangelhafter Ware.

Bei einem Kaufvertrag handelt es sich um ein **zweiseitiges Rechtsgeschäft**. Durch den Abschluss des Vertrages werden beide Teile verpflichtet, den Vertrag zu erfüllen. Der Kaufvertrag ist daher ein **verpflichtendes Rechtsgeschäft**.

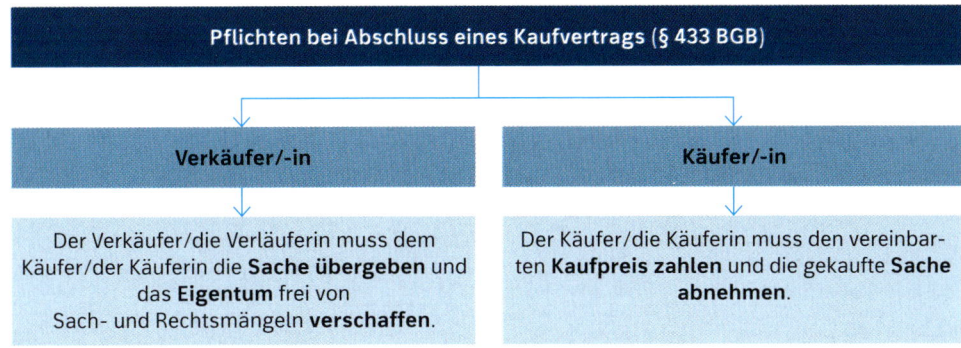

Pflichten bei Abschluss eines Kaufvertrags

4

Das durch den Abschluss des Kaufvertrags entstandene Schuldverhältnis erlischt, wenn die geschuldeten Leistungen an die Gläubiger geleistet worden sind, d. h., wenn Verkäufer/ -in und Käufer/-in ihre Pflichten erfüllt haben (**Erfüllungsgeschäft**). Werden die Pflichten nicht erfüllt, spricht man von Störungen des Kaufvertrags.

Eigentumserwerb

Die Eigentumsübertragung

- … an beweglichen Sachen erfolgt durch die Einigung über die Eigentumsübertragung und die Übergabe der Sache.

- … bei Grundstücken und Gebäuden erfolgt durch die Auflassung (= Erklärung der Vertragsparteien vor einem Notar bzw. einer Notarin) und die Eintragung ins Grundbuch (= Übergabe).

- … an Rechten erfolgt durch die Abtretung des Rechts an den Erwerber bzw. die Erwerberin.

Grundsätzlich darf nur der Eigentümer bzw. die Eigentümerin einer Sache das Eigentum an ihr rechtsgültig übertragen. Von diesem Grundsatz kann nur dann abgewichen werden, wenn der/die Erwerber/-in **gutgläubig** ist, d. h. der ehrlichen Meinung ist, dass die andere Vertragspartei rechtmäßige/-r Eigentümer/-in ist. Dann geht das Eigentum an der Sache auf den Erwerber bzw. die Erwerberin über.

> **Beispiel**
> Max leiht Dilara ein Buch. Dilara verkauft das Buch an Emilio. Wenn Emilio nicht weiß, dass das Buch gar nicht Dilara gehört, hat er das Buch gutgläubig erworben und ist damit rechtmäßiger Eigentümer. Er muss das Buch nicht an Max zurückgeben.

Ein gutgläubiger Erwerb an gestohlenen Sachen ist allerdings grundsätzlich nicht möglich.

> **Beispiel**
> Hätte Dilara das Buch von Max gestohlen und es dann an Emilio verkauft, kann Emilio nicht Eigentümer des Buchs werden. Max kann daher die Herausgabe des Buches verlangen.

Von dem Begriff **Eigentum** muss der Begriff **Besitz** abgegrenzt werden. Von Eigentum spricht man, wenn eine Person die rechtliche Verfügungsgewalt über eine Sache hat. Besitzt sie diese Sache, so hat sie die tatsächliche Verfügungsgewalt.

> **Beispiel**
> Ein Mieter besitzt seine Mietwohnung, er ist aber nicht Eigentümer.

Kaufvertragsarten

Nach der Ausgestaltung der jeweiligen Vertragsinhalte kann man verschiedene Arten von Kaufverträgen unterscheiden.

Arten von Kaufverträgen

Unterscheidung	Kaufvertragsart	Erläuterung
Art und Güte der Ware	Gattungskauf	Kauf einer vertretbaren Sache (Der Kaufgegenstand ist eine Sache, die in mehreren gleichen Ausführungen hergestellt und daher wiederbeschafft werden kann.)
	Kauf nach Besicht	Der Käufer bzw. die Käuferin hat vor Vertragsabschluss Gelegenheit, die Ware zu besichtigen, nach Vertragsabschluss können dann keine Mängel mehr geltend gemacht werden.
	Kauf auf Probe	Der Käufer bzw. die Käuferin hat ein Rückgaberecht innerhalb eines vereinbarten Zeitraums.
	Kauf nach Probe	Der Kauf erfolgt aufgrund früher bezogener Ware oder nach einem Muster.
	Kauf zur Probe	Kauf einer kleinen Menge zum Ausprobieren der Ware
	Kauf mit Umtauschrecht	Der Käufer bzw. die Käuferin kann verlangen, dass eine andere Ware gleichen Wertes geliefert wird, wenn die Ware nachträglich nicht zusagt.
	Ramschkauf	Kauf in „Bausch und Bogen" ohne nähere Spezifikation der Ware.
	Spezifikationskauf	Im Kaufvertrag wird die Menge einer Gattungsware festgelegt. Der Käufer bzw. die Käuferin hat aber das Recht, innerhalb einer bestimmten Frist die zu liefernde Ware nach Maß, Form oder Farbe näher zu bestimmen.
	Stückkauf	Kauf einer nicht vertretbaren (einmaligen) Sache, die nicht noch einmal beschafft werden kann
Lieferzeit	Fixkauf	Die Lieferung muss an oder bis zu einem bestimmten Zeitpunkt erfolgen.
	Kauf auf Abruf	Der Lieferzeitpunkt wird vom Käufer bzw. der Käuferin nachträglich festgelegt.
	Sofortkauf	Die Lieferung erfolgt unmittelbar.
	Teillieferungskauf	Die Lieferung erfolgt in Teilmengen.
	Terminkauf	Die Lieferung hat zu einem vereinbarten Termin oder innerhalb einer vereinbarten Frist zu erfolgen.
Zahlung	Barkauf	Die Ware wird sofort bezahlt.
	Kauf gegen Vorauszahlung	Die Zahlung erfolgt vor der Lieferung.
	Ratenkauf	Der Kaufpreis wird in Teilbeträgen vor, bei oder nach der Lieferung gezahlt.
	Ziel- oder Kreditkauf	Die Zahlung ist einige Zeit nach der Lieferung fällig.

4

4.8   Warenannahme

Bei Eingang von Ware müssen sofort die **Warenbegleitpapiere** und die **Verpackung** geprüft werden. Das wichtigste Begleitpapier ist der Lieferschein. Dieser gibt Auskunft über die gelieferte Ware und dient der Dokumentation der Übergabe. Er enthält Informationen zu Sender/-in und Empfänger/-in der Lieferung, der Ware, der Stückzahl oder Menge, dem Lieferdatum, der Versandart und ggf. dem Gewicht und zu beachtenden Besonderheiten (z. B. bei zerbrechlicher oder verderblicher Ware). Bei Unstimmigkeiten oder Beschädigungen sollte man sich diese bescheinigen lassen und ggf. auch die Annahme verweigern. Nimmt man die Ware an, sollte sie unverzüglich ausgepackt und geprüft werden. Beim **zweiseitigen Handelskauf** ist der Käufer bzw. die Käuferin zur **unverzüglichen Prüfung** der Ware und ggf. **unverzüglichen Rüge des Mangels** verpflichtet. Kommt er dieser Pflicht nicht nach, kann er/sie keine Gewährleistungsansprüche geltend machen (§ 377 HGB).

4.9   Serviceverträge

Im Anschluss an einen Kundenauftrag werden oft Serviceverträge abgeschlossen.

> Der **Servicevertrag** ist ein Vertrag, in dem der Schuldner eine Serviceleistung anbietet.

In der IT-Branche findet man eine Vielzahl von unterschiedlichen Serviceverträgen. Die Inhalte können im Rahmen der gesetzlichen Vorschriften frei zwischen den Vertragspartner ausgehandelt werden. Serviceverträge unterliegen keiner Formvorschrift, allerdings empfiehlt sich aus Beweisgründen die Schriftform.
Typische Serviceverträge sind Wartungsverträge, Verträge über die Behebung von Störungen oder der Bereitstellung von Ersatzteilen sowie das Anbieten von Dienstleistungen wie z. B. einem 24-Stunden-Service.

4.10   Fakturierung

> **Fakturierung** bezeichnet den Vorgang, bei dem ein Unternehmen für seine Kundinnen und Kunden eine Rechnung erstellt.

Diese Rechnung (auch Faktura genannt) muss nach § 14 Umsatzsteuergesetz (UstG) folgende Bestandteile enthalten:

- vollständigen Namen
- Anschrift des leistenden Unternehmens
- Anschrift des Leistungsempfängers/der Leistungsempfängerin
- Steuernummer oder Umsatzsteuer-Identifikationsnummer des leistenden Unternehmens

- Ausstellungsdatum
- Rechnungsnummer
- Menge und Art der Lieferung bzw. Beschreibung der Leistung
- Lieferzeitpunkt
- Entgelt der Lieferung und Leistung
- Mehrwertsteuersatz und Mehrwertsteuerbetrag

4.11 Zahlungsarten

Einziges **gesetzliches Zahlungsmittel** ist **Bargeld**. Für Banknoten, die auf Euro lauten, gilt ein Annahmezwang. Münzen müssen von Händlern allerdings nur bis zu einem Gesamtwert von maximal 100,00 € bzw. höchstens 50 Stück angenommen werden. Auf Verlangen muss eine Empfangsbestätigung (Quittung) ausgestellt werden.

Bei der **halbbaren Zahlung** hat entweder der/die Zahler oder der/die Empfänger/-in ein Konto. Im letzteren Fall, kann die Zahlung per Zahlschein oder Nachnahme erfolgen. Bei Verwendung des Zahlscheins zahlt der Schuldner bzw. die Schuldnerin Bargeld bei einem Kreditinstitut ein, das dann den Betrag dem Konto des Gläubigers bzw. der Gläubigerin gutschreibt. Wird eine Ware durch den Lieferer nur gegen Barzahlung ausgehändigt, handelt es sich um eine Nachnahme. Der Absender der Ware erhält eine Gutschrift auf sein Konto. Hat lediglich der oder die Zahlende ein Konto, kann die Rechnung mit einer Zahlungsanweisung oder einem Barscheck beglichen werden.

Verwenden beide Parteien (Schuldner/-in und Gläubiger/-in) ein Konto, spricht man von **bargeldloser Zahlung**. Herkömmliche Arten des bargeldlosen Zahlungsverkehrs sind die Überweisung, der Dauerauftrag, das Lastschriftverfahren und der Verrechnungsscheck. Eine einfache Zahlungsmöglichkeit ist die **Überweisung**. Der Schuldner bzw. die Schuldnerin gibt dem Kreditinstitut die Anweisung, einen bestimmten Betrag von sei-

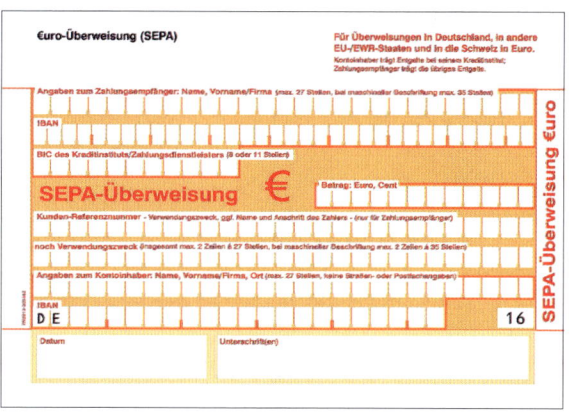

nem bzw. ihrem Konto abzubuchen und dem Konto des Empfängers oder der Empfängerin gutzuschreiben. Beim **Dauerauftrag** wird an bestimmten Terminen immer der gleiche Betrag an den gleichen Empfänger bzw. die gleiche Empfängerin gezahlt. Wechseln die Beträge oder die Termine, kann man das **Lastschriftverfahren** verwenden. Dabei unterscheidet man zwischen dem Einzugsermächtigungsverfahren und dem Abbuchungsverfahren.

Lastschriftverfahren

Einzugsermächtigungsverfahren	Abbuchungsverfahren
Ein/-e Schuldner/-in erteilt die Ermächtigung, Zahlungen durch eine Lastschrift vom Konto einzuziehen. Er oder sie kann innerhalb von sechs Wochen nach Belastung Widerspruch bei der Bank einlegen, der Betrag wird dann wieder gutgeschrieben.	Ein/-e Schuldner/-in ermächtigt die Bank, eine Lastschrift einzulösen. Es besteht kein nachträgliches Widerspruchsrecht.

Erhalten Gläubiger/-innen einen Verrechnungsscheck, können sie den Betrag auf ihrem Konto gutschreiben lassen. Ein Scheck wird nur eingelöst, wenn das Konto des Schuldners bzw. der Schuldnerin gedeckt ist. Die gesetzliche Einlösefrist beträgt acht Tage.

Moderne Zahlungssysteme haben die herkömmlichen Zahlungsarten mittlerweile größtenteils ersetzt. Statt Bargeld, Scheck oder Überweisung wird eine Plastikkarte mit Magnetstreifen und ggf. integriertem Chip benutzt. Derzeit setzen sich digitale Bezahlmethoden vermehrt durch, z.B. PayPal, Apple Pay, Google Pay oder Klarna.

Am weitesten verbreitet sind Bankkarten. Diese haben sich zu wahren Multifunktionskarten entwickelt. Neben der Fähigkeit, den Kontostand abzurufen und auszudrucken, kann man die Bankkarte vor allem auch für die bargeldlose Zahlung an der Kasse verwenden. Anhand der Logos kann man erkennen, welche Funktionalitäten die jeweilige Karte hat. Im Folgenden wird eine Auswahl der wichtigsten Logos vorgestellt.

Logo	Verfahren	Legitimation	Zahlungsgarantie	Erläuterung
girocard	girocard-System	PIN	Ja, durch die ausgebende Bank	Die girocard ist die meist verbreitete Zahlungskarte in Deutschland. Kundinnen und Kunden erhalten sie in der Regel automatisch zu ihrem Girokonto. Die girocard und die zugehörige PIN (Personal Identification Number) sind der Schlüssel für das Bezahlen mit girocard im Handel und das Geldabheben am Automaten (deutsches Geldautomatensystem), was zusammen das girocard-System bildet. Da die girocard eine Debitkarte ist, wird nach dem Kauf das Girokonto des Karteninhabers bzw. der Karteninhaberin sofort oder innerhalb kürzester Zeit belastet. Außerhalb des girocard-Systems, zum Beispiel im Ausland muss die Karte zusätzlich eine Marke bzw. Funktion eines anderen Zahlungsanbieters aufweisen. Zu diesen sogenannten Co-Badge-Varianten auf der girocard gehören u.a. Maestro, Debit Mastercard, V Pay, Visa Debit oder JCB.

Logo	Verfahren	Legiti- mation	Zahlungs- garantie	Erläuterung
Maestro®	PIN oder Unter- schrift	Ja, durch die aus- gebende Bank	Für Zahlungen außerhalb des girocard-Akzeptanznetzes wird die Karte meist mit einem sog. Co-Bran- ding eines internationalen Debit-Sys- tems ausgestattet, z. B. Maestro oder V Pay. Seit dem 01.07.2023 werden keine neuen Karten ausgegeben, die alten Karten behalten aber ihre Gültigkeit.
V Pay	PIN	Durch das kartenaus- gebende Kreditinsti- tut	V Pay ist ein Zahlungssystem von VISA für die Verwendung in den meisten Ländern Europas. Bei Zahlungen über V Pay wird das Konto des Kunden bzw. der Kundin sofort belastet. Sie basiert auf der EMV-Technologie (Chiptechno- logie).
Kreditkar- te	PIN oder Unter- schrift	In der Regel durch die Kredit- karten- organisa- tion	Der oder die Inhaber/-in kann weltweit mit der Karte zahlen und mit einer Geheimnummer auch Bargeld abheben. Zwischen der Abhebung bzw. Bezahlung mit der Karte und der Abbuchung vom Konto vergeht i. d. R. einige Zeit, oft wird z. B. einmal im Monat abgerechnet.

4

Wer seine Geldgeschäfte bequem von zu Hause aus abwickeln möchte, kann **Homebanking** nutzen. Darüber hinaus haben sich im Zuge des E-Commerce zahlreiche **Online-Bezahlsysteme** entwickelt, z. B. cybercash oder PayPal.

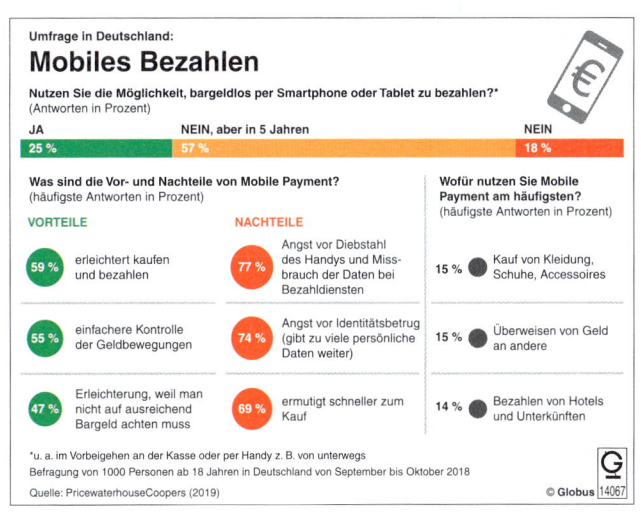

4.12   Außerhalb von Geschäftsräumen geschlossene Verträge

Der Onlinehandel in Deutschland ist immer weiter auf dem Vormarsch. Welche Produkte besonders stark nachgefragt werden und welche Entwicklung sich zuletzt abgezeichnet hat, zeigt die nebenstehende Grafik.

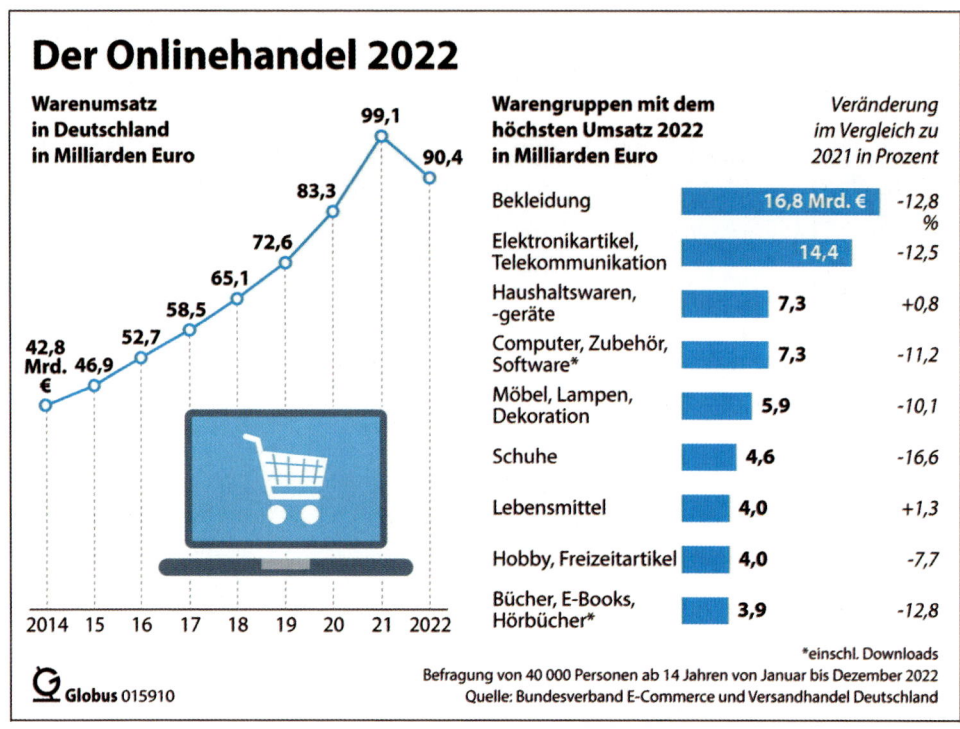

Onlinehandel – Zahlen und Entwicklung

Bestellt man Ware über einen Versandhandel oder kauft online im Internet, spricht man auch von **E-Commerce**. Der Begriff E-Commerce umfasst sämtliche elektronischen kaufmännischen Aktivitäten zwischen Unternehmen, Behörden und Privatpersonen mittels verschiedener Formen der elektronischen Datenübertragung (Telefon, Datennetze, Internet, Fernsehen, etc.).

Es wird zwischen verschiedenen Arten des E-Commerce unterschieden (siehe Tabelle unten). Die wichtigsten sind:

- B2B, Business to Business (zweiseitiges Handelsgeschäft)
- B2C, Business to Consumer (einseitiges Handelsgeschäft)
- C2C, Consumer to Consumer (Geschäft zwischen Privatpersonen)

Beteiligte im E-Commerce

	Unternehmen (Business)	Privatleute (Customer)	Behörden (Government)
Unternehmen (Business)	B2B	B2C	B2G
Privatleute (Customer)	C2B	C2C	C2G
Behörden (Government)	G2B	G2C	G2G

Um **Verbraucherinnern und Verbraucher** zu schützen, hat der Gesetzgeber besondere Regelungen für Rechtsgeschäfte erlassen, die nicht in den Geschäftsräumen des Unternehmens abgeschlossen wurden.

---

§ 312b BGB Außerhalb von Geschäftsräumen geschlossene Verträge

(1) Außerhalb von Geschäftsräumen geschlossene Verträge sind Verträge,
1. die bei gleichzeitiger körperlicher Anwesenheit des Verbrauchers und des Unternehmers an einem Ort geschlossen werden, der kein Geschäftsraum des Unternehmers ist,
2. für die der Verbraucher unter den in Nummer 1 genannten Umständen ein Angebot abgegeben hat,
3. die in den Geschäftsräumen des Unternehmers oder durch Fernkommunikationsmittel geschlossen werden, bei denen der Verbraucher jedoch unmittelbar zuvor außerhalb der Geschäftsräume des Unternehmers bei gleichzeitiger körperlicher Anwesenheit des Verbrauchers und des Unternehmers persönlich und individuell angesprochen wurde, oder
4. die auf einem Ausflug geschlossen werden, der von dem Unternehmer oder mit seiner Hilfe organisiert wurde, um beim Verbraucher für den Verkauf von Waren oder die Erbringung von Dienstleistungen zu werben und mit ihm entsprechende Verträge abzuschließen.
Dem Unternehmer stehen Personen gleich, die in seinem Namen oder Auftrag handeln.
(2) Geschäftsräume im Sinne des Absatzes 1 sind unbewegliche Gewerberäume, in denen der Unternehmer seine Tätigkeit dauerhaft ausübt, und bewegliche Gewerberäume, in denen der Unternehmer seine Tätigkeit für gewöhnlich ausübt. Gewerberäume, in denen die Person, die im Namen oder Auftrag des Unternehmers handelt, ihre Tätigkeit dauerhaft oder für gewöhnlich ausübt, stehen Räumen des Unternehmers gleich.

In § 312c BGB geht der Gesetzgeber noch besonders auf Fernabsatzverträge ein.

---

§ 312c BGB Fernabsatzverträge

(1) Fernabsatzverträge sind Verträge, bei denen der Unternehmer oder eine in seinem Namen oder Auftrag handelnde Person und der Verbraucher für die Vertragsverhandlungen und den Vertragsschluss ausschließlich Fernkommunikationsmittel verwenden, es sei denn, dass der Vertragsschluss nicht im Rahmen eines für den Fernabsatz organisierten Vertriebs oder Dienstleistungssystems erfolgt.

> **(2)** Fernkommunikationsmittel im Sinne dieses Gesetzes sind alle Kommunikations-
> mittel, die zur Anbahnung oder zum Abschluss eines Vertrags eingesetzt werden
> können, ohne dass die Vertragsparteien gleichzeitig körperlich anwesend sind,
> wie Briefe, Kataloge, Telefonanrufe, Telekopien, E-Mails, über den Mobilfunk-
> dienst versendete Nachrichten (SMS) sowie Rundfunk und Telemedien.

Sowohl bei außerhalb von Geschäftsräumen geschlossenen Verträgen als auch bei Fernabsatzverträgen haben Unternehmen eine **Informationspflicht**. Sie müssen Verbraucherinnen und Verbraucher vor Vertragsabschluss ausdrücklich über die genauen Vertragsinhalte
informieren. Unternehmen können von Verbraucherinnen und Verbrauchern Fracht-, Lie-
fer- oder Versandkosten und sonstige Kosten nur verlangen, soweit es diese über die Kosten informiert hat.

Verbraucherinnen und Verbrauchern steht bei außerhalb von Geschäftsräumen geschlossenen Verträgen und bei Fernabsatzverträgen ein **Widerrufsrecht** gemäß § 355 BGB zu.

---

§ 355 BGB Widerrufsrecht bei Verbraucherverträgen

(1) Wird einem Verbraucher durch Gesetz ein Widerrufsrecht nach dieser Vorschrift
eingeräumt, so sind der Verbraucher und der Unternehmer an ihre auf den Abschluss des Vertrags gerichteten Willenserklärungen nicht mehr gebunden, wenn
der Verbraucher seine Willenserklärung fristgerecht widerrufen hat. Der Widerruf erfolgt durch Erklärung gegenüber dem Unternehmer. Aus der Erklärung
muss der Entschluss des Verbrauchers zum Widerruf des Vertrags eindeutig hervorgehen. Der Widerruf muss keine Begründung enthalten. Zur Fristwahrung
genügt die rechtzeitige Absendung des Widerrufs.

(2) Die **Widerrufsfrist beträgt 14 Tage**. Sie beginnt mit Vertragsschluss, soweit
nichts anderes bestimmt ist.

(3) Im Falle des Widerrufs sind die empfangenen Leistungen unverzüglich zurückzugewähren. Bestimmt das Gesetz eine Höchstfrist für die Rückgewähr, so beginnt
diese für den Unternehmer mit dem Zugang und für den Verbraucher mit der
Abgabe der Widerrufserklärung. Ein Verbraucher wahrt diese Frist durch die
rechtzeitige Absendung der Waren. Der Unternehmer trägt bei Widerruf die Gefahr der Rücksendung der Waren.

---

§ 312g BGB Widerrufsrecht

(1) Dem Verbraucher steht bei außerhalb von Geschäftsräumen geschlossenen Verträgen und bei Fernabsatzverträgen ein Widerrufsrecht gemäß § 355 zu.

(2) Das Widerrufsrecht besteht, soweit die Parteien nichts anderes vereinbart haben,
nicht bei folgenden Verträgen:

1. Verträge zur Lieferung von Waren, die nicht vorgefertigt sind und für deren
    Herstellung eine individuelle Auswahl oder Bestimmung durch den Verbrau-
    cher maßgeblich ist oder die eindeutig auf die persönlichen Bedürfnisse des
    Verbrauchers zugeschnitten sind,

2. Verträge zur Lieferung von Waren, die schnell verderben können oder deren
    Verfallsdatum schnell überschritten würde,

3. Verträge zur Lieferung versiegelter Waren, die aus Gründen des Gesund-
    heitsschutzes oder der Hygiene nicht zur Rückgabe geeignet sind, wenn ihre
    Versiegelung nach der Lieferung entfernt wurde,

4. Verträge zur Lieferung von Waren, wenn diese nach der Lieferung auf Grund ihrer Beschaffenheit untrennbar mit anderen Gütern vermischt wurden,
5. Verträge zur Lieferung alkoholischer Getränke, deren Preis bei Vertragsschluss vereinbart wurde, die aber frühestens 30 Tage nach Vertragsschluss geliefert werden können und deren aktueller Wert von Schwankungen auf dem Markt abhängt, auf die der Unternehmer keinen Einfluss hat,
6. Verträge zur Lieferung von Ton- oder Videoaufnahmen oder Computersoftware in einer versiegelten Packung, wenn die Versiegelung nach der Lieferung entfernt wurde,
7. Verträge zur Lieferung von Zeitungen, Zeitschriften oder Illustrierten mit Ausnahme von Abonnement-Verträgen,
8. Verträge zur Lieferung von Waren oder zur Erbringung von Dienstleistungen, einschließlich Finanzdienstleistungen, deren Preis von Schwankungen auf dem Finanzmarkt abhängt, auf die der Unternehmer keinen Einfluss hat und die innerhalb der Widerrufsfrist auftreten können, insbesondere Dienstleistungen im Zusammenhang mit Aktien, mit Anteilen an offenen Investmentvermögen im Sinne von § 1 Absatz 4 des Kapitalanlagegesetzbuchs und mit anderen handelbaren Wertpapieren, Devisen, Derivaten oder Geldmarktinstrumenten,
9. Verträge zur Erbringung von Dienstleistungen in den Bereichen Beherbergung zu anderen Zwecken als zu Wohnzwecken, Beförderung von Waren, Kraftfahrzeugvermietung, Lieferung von Speisen und Getränken sowie zur Erbringung weiterer Dienstleistungen im Zusammenhang mit Freizeitbetätigungen, wenn der Vertrag für die Erbringung einen spezifischen Termin oder Zeitraum vorsieht,
10. Verträge, die im Rahmen einer Vermarktungsform geschlossen werden, bei der der Unternehmer Verbrauchern, die persönlich anwesend sind oder denen diese Möglichkeit gewährt wird, Waren oder Dienstleistungen anbietet, und zwar in einem vom Versteigerer durchgeführten, auf konkurrierenden Geboten basierenden transparenten Verfahren, bei dem der Bieter, der den Zuschlag erhalten hat, zum Erwerb der Waren oder Dienstleistungen verpflichtet ist (öffentlich zugängliche Versteigerung),
11. Verträge, bei denen der Verbraucher den Unternehmer ausdrücklich aufgefordert hat, ihn aufzusuchen, um dringende Reparatur- oder Instandhaltungsarbeiten vorzunehmen; dies gilt nicht hinsichtlich weiterer bei dem Besuch erbrachter Dienstleistungen, die der Verbraucher nicht ausdrücklich verlangt hat, oder hinsichtlich solcher bei dem Besuch gelieferter Waren, die bei der Instandhaltung oder Reparatur nicht unbedingt als Ersatzteile benötigt werden,
12. Verträge zur Erbringung von Wett- und Lotteriedienstleistungen, es sei denn, dass der Verbraucher seine Vertragserklärung telefonisch abgegeben hat oder der Vertrag außerhalb von Geschäftsräumen geschlossen wurde, und
13. notariell beurkundete Verträge; dies gilt für Fernabsatzverträge über Finanzdienstleistungen nur, wenn der Notar bestätigt, dass die Rechte des Verbrauchers aus § 312d Absatz 2 gewahrt sind.

4

Verbraucherinnen und Verbraucher haben das Recht, den geschlossenen Vertrag innerhalb einer Frist von zwei Wochen ohne Angabe von Gründen zu widerrufen bzw. die Ware zurückzugeben. Die Frist beginnt erst, wenn die Verbraucherinnen und Verbraucher ausdrücklich über ihr Widerrufsrecht bzw. Rückgaberecht informiert worden sind. Kommt der Händler seiner Informationspflicht nicht nach, verlängert sich die Frist auf zwölf Monate und 14 Tage. Bei der Lieferung von Waren beginnt die Frist nicht vor dem Erhalt der Waren. Innerhalb der Widerrufsfrist befindet sich der Vertrag in einem **Schwebezustand**. Widerrufen die Verbraucherinnen und Verbraucher, so sind sie nicht mehr an ihre Willenserklärung gebunden und der Vertrag wird nichtig. Der Widerruf kann telefonisch, schriftlich, auf einem dauerhaften Datenträger oder durch Rücksendung der Ware erfolgen. Der Händler kann ein Muster-Widerrufsformular zur Verfügung stellen. § 357 BGB regelt die Folgen eines Widerrufs.

---

§ 357 BGB Rechtsfolgen des Widerrufs von außerhalb von Geschäftsräumen geschlossenen Verträgen und Fernabsatzverträgen mit Ausnahme von Verträgen über Finanzdienstleistungen

(1) Die empfangenen Leistungen sind spätestens nach 14 Tagen zurückzugewähren.

(2) Der Unternehmer muss auch etwaige Zahlungen des Verbrauchers für die Lieferung zurückgewähren. Dies gilt nicht, soweit dem Verbraucher zusätzliche Kosten entstanden sind, weil er sich für eine andere Art der Lieferung als die vom Unternehmer angebotene günstigste Standardlieferung entschieden hat.

(3) Für die Rückzahlung muss der Unternehmer dasselbe Zahlungsmittel verwenden, das der Verbraucher bei der Zahlung verwendet hat. Satz 1 gilt nicht, wenn ausdrücklich etwas anderes vereinbart worden ist und dem Verbraucher dadurch keine Kosten entstehen.

(4) Bei einem Verbrauchsgüterkauf kann der Unternehmer die Rückzahlung verweigern, bis er die Waren zurückerhalten hat oder der Verbraucher den Nachweis erbracht hat, dass er die Waren abgesandt hat. Dies gilt nicht, wenn der Unternehmer angeboten hat, die Waren abzuholen.

(5) Der Verbraucher trägt die unmittelbaren Kosten der Rücksendung der Waren, wenn der Unternehmer den Verbraucher [...] von dieser Pflicht unterrichtet hat. Satz 1 gilt nicht, wenn der Unternehmer sich bereit erklärt hat, diese Kosten zu tragen.

(6) Der Verbraucher ist nicht verpflichtet, die empfangenen Waren zurückzusenden, wenn der Unternehmer angeboten hat, die Waren abzuholen.

(7) Bei außerhalb von Geschäftsräumen geschlossenen Verträgen, bei denen die Waren zum Zeitpunkt des Vertragsschlusses zur Wohnung des Verbrauchers geliefert worden sind, ist der Unternehmer verpflichtet, die Waren auf eigene Kosten abzuholen, wenn die Waren so beschaffen sind, dass sie nicht per Post zurückgesandt werden können.

(8) Für die Rechtsfolgen des Widerrufs von Verträgen über die Bereitstellung digitaler Produkte gilt ferner § 327p entsprechend.

Digitale Produkte und Aktualisierungspflicht

Für Waren mit digitalen Elementen wie Handys oder Laptops, die Kundinnen oder Kunden von einem Händler erwerben, gilt ab dem 01.01.2022 eine Aktualisierungspflicht mit Updates oder Versionswechseln (Upgrades; siehe § 327 ff. BGB und § 475 BGB).

> Eine Sache mit digitalen Elementen ist eine Sache, die in einer solchen Weise digitale Inhalte oder digitale Dienstleistungen enthält oder mit ihnen verbunden ist, dass sie ihre Funktionen ohne diese digitalen Inhalte oder digitalen Dienstleistungen nicht erfüllen kann.

Die Aktualisierungspflicht soll sicherstellen, dass die Technik auch dann noch funktionsfähig bleibt, wenn sich das digitale Umfeld – z.B. die Cloud-Infrastruktur – ändert. Darüber hinaus muss die IT-Sicherheit der Geräte gewährleistet sein und z.B. durch Sicherheits-Updates vor einem unberechtigten Zugriff auf Daten oder Funktionen durch Dritte geschützt werden.

Verbraucherinnen und Verbraucher müssen über anstehende Updates informiert werden. Jenseits von funktionserhaltenden Aktualisierungen ist das Unternehmen aber nicht dazu verpflichtet, verbesserte Versionen der digitalen Elemente zu Verfügung zu stellen.

Stellt der Verkäufer keine Updates bereit und informiert er die Kundinnen und Kunden nicht, liegt ein Sachmangel vor. Unterlassen es Verbraucherinnen und Verbraucher, eine Aktualisierung, die bereitgestellt wurde, innerhalb einer angemessenen Frist zu installieren, so haftet der Unternehmer nicht für einen Sachmangel, der allein auf das Fehlen dieser Aktualisierung zurückzuführen ist.

Die Dauer der Aktualisierungspflicht ist im BGB nicht festgelegt, sondern ist abhängig vom jeweiligen Produkt und den üblichen Erwartungen an ein solches Produkt. So wird z.B. ein Betriebssystem für einen Computer wegen seiner zentralen Bedeutung länger mit Aktualisierungen zu versorgen sein als die jeweilige Anwendungssoftware.

4.13 Leistungsstörungen bei der Erfüllung von Kaufverträgen

Das Schuldrecht kennt vier Fälle der Leistungsstörung.

Mögliche Störungen bei der Erfüllung von Kaufverträgen

Schlechtleistung	Nicht-Rechtzeitig-Lieferung	Nicht-Rechtzeitig-Zahlung	Gläubigerverzug
Die gelieferte Ware weist Mängel in der Art, Menge oder Qualität auf.	Die bestellte Ware trifft nicht termingerecht ein.	Die gelieferte Ware wird nicht vertragsgemäß bezahlt.	Der Käufer bzw. die Käuferin nimmt die ordnungsgemäß gelieferte Ware nicht an.

4.13.1 Schlechtleistung

Um eine Schlechtleistung geltend machen zu können, muss zunächst geklärt werden, ob ein **Sachmangel** oder ein **Rechtsmangel** im Sinne des BGB vorliegt.

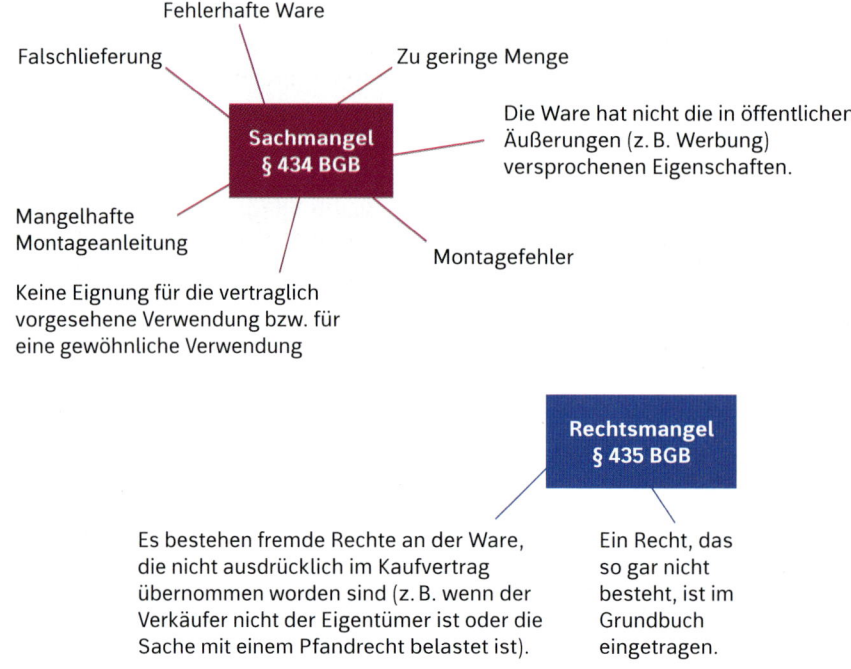

Die verschiedenen Arten von Sach- und Rechtsmängeln

Liegt eine Schlechtleistung nach § 434 oder § 435 BGB vor, können Käuferinnen und Käufer zwischen verschiedenen Vorgehensweisen wählen.

Rechte der Käufer/-innen bei Schlechtleistung

Nacherfüllung (§ 439 BGB)
= vorrangiges Recht
(1) Der Käufer kann als Nacherfüllung nach seiner Wahl die Beseitigung des Mangels oder die Lieferung einer mangelfreien Sache verlangen.
(2) Der Verkäufer hat die zum Zweck der Nacherfüllung erforderlichen Aufwendungen, insbesondere Transport-, Wege-, Arbeits- und Materialkosten, zu tragen. [...]
(4) Der Verkäufer kann die vom Käufer gewählte Art der Nacherfüllung [...] verweigern, wenn sie nur mit unverhältnismäßig hohen Kosten möglich ist. [...]

Der Anspruch auf Nacherfüllung ist verschuldensunabhängig. Liegt Verschulden vor, können Käuferinnen und Käufer Schadenersatz verlangen.

Nach § 440 BGB gilt die Nacherfüllung nach dem erfolglosen zweiten Versuch als fehlgeschlagen, wenn sich nicht insbesondeere aus der Art der Sache oder des Mangels oder den sonstigen Umständen etwas anderes ergibt. Ist beispielsweise ein Brautkleid gekauft worden, so muss dem Verkäufer nicht zweimal die Chance auf Nacherfüllung zugestanden werden, wenn die Hochzeit inzwischen längst stattgefunden hat.

Das Recht auf Nacherfüllung können Käuferinnen und der Käufer übergehen, wenn
– eine angemessene Frist zur Nacherfüllung gesetzt wurde und diese erfolglos verstrichen ist,
– der Verkäufer die Nacherfüllung verweigert,
– die Nacherfüllung für den Verkäufer oder Käufer unzumutbar ist,
– ein Fixgeschäft oder Zweckkauf vorliegt,
– besondere Umstände die sofortige Geltendmachung der Ansprüche rechtfertigen.

Nachrangige Rechte

Minderung des Kaufpreises

Rücktritt vom Vertrag
Voraussetzung: Der Mangel darf nicht geringfügig sein.

Schadenersatz statt Leistung
Voraussetzung: Verschulden des Verkäufers und der Mangel darf nicht geringfügig sein.

Ersatz vergeblicher Aufwendungen
Voraussetzung: Verschulden des Verkäufers und der Mangel darf nicht geringfügig sein.

Gleichzeitig anwendbar

Rechte von Käuferinnen und Käufern bei Schlechtleistung

4

§ 478 und § 479 BGB regeln die **Rückabwicklung** einer mangelhaft hergestellten Sache **entlang der Lieferkette**. Zwischen dem Händler, eventuellen Zwischenhändlern und dem Hersteller ist keine Nachfristsetzung notwendig, um die Rechte einzufordern. Jedem Händler bzw. Zwischenhändler bleiben für die Geltendmachung seiner Rechte unabhängig vom Kaufdatum noch mindestens zwei Monate Zeit, nachdem er in Anspruch genommen wurde, ohne dass sich ein Zwischenhändler oder der Hersteller auf eine Verjährung berufen kann. Alle Rückabwicklungskosten trägt der Hersteller.

Besonderheiten des Verbrauchsgüterkaufs

Die oben beschriebenen gesetzlichen Regelungen zur Schlechtleistung gelten sowohl beim Privatkauf als auch beim einseitigen oder zweiseitigen Handelskauf. Wenn es sich nicht um einen einseitigen Handelskauf (Verbrauchsgüterkauf) handelt, kann die Gewährleistung allerdings vertraglich ausgeschlossen werden.

Ist nur ein Vertragspartner Kaufmann (einseitiger Handelskauf), so hat der Gesetzgeber für den Kauf von Verbrauchsgütern besondere **Schutzvorschriften** für den Nichtkaufmann vorgesehen (§ 474 BGB ff.).

Nach § 475 BGB gilt für den Verbrauchsgüterkauf eine **eingeschränkte Vertragsfreiheit**. Das Unternehmen kann sich bei Mitteilung eines Mangels durch Kundinnen und Kunden nicht auf Vereinbarungen berufen, die abweichend von den gesetzlichen Bestimmungen individuell oder in den AGB vereinbart wurden und zum einseitigen Nachteil der Kundinnen und Kunden sind. Eine Ausnahme wird lediglich bei gebrauchten Sachen gemacht. Hier kann die Gewährleistungsfrist vertraglich auf ein Jahr verkürzt werden. Verboten sind Formulierungen wie „gekauft wie gesehen" oder „unter Ausschluss jeder Gewährleistung".

Die Verjährung bei digitalen Produkten im Verbrauchsgüterkauf wird in § 327j geregelt. Die Ansprüche verjähren nach zwei Jahren. Die Frist beginnt mit der Bereitstellung. Im Fall der dauerhaften Bereitstellung verjähren die Ansprüche nicht vor Ablauf von zwölf Monaten nach dem Ende des Bereitstellungszeitraums. Ansprüche wegen einer Verletzung der Aktualisierungspflicht verjähren nicht vor Ablauf von zwölf Monaten nach dem Ende des für die Aktualisierungspflicht maßgeblichen Zeitraums.

Während bei einem Handelskauf der Käufer bzw. die Käuferin ggf. beweisen muss, dass der Mangel beim Kauf bereits bestanden hat, gilt beim Verbrauchsgüterkauf die **Beweislastumkehr** (§ 327 und § 477 BGB). Bei Mängeln, die innerhalb von zwölf Monaten gerügt werden, wird unterstellt, dass der Mangel bereits bei der Übergabe bestand. Lehnt der Verkäufer die Mängelrüge ab, muss er nachweisen, dass der Käufer bzw. die Käuferin die Ware beschädigt hat. Nach Ablauf von sechs Monaten liegt die Beweislast dann aber beim Käufer bzw. bei der Käuferin.

Garantieerklärungen müssen nach § 479 BGB einfach und verständlich geschrieben sein. Sie müssen einen Hinweis enthalten, dass gesetzliche Rechte durch die Garantie nicht eingeschränkt sind. Ferner muss in der Garantieerklärung der genaue Inhalt der Garantie stehen und welche Angaben für die Geltendmachung erforderlich sind. Die Garantieerklärung muss Verbraucherinnen und Verbrauchern auch ohne entsprechendes Verlangen auf einem dauerhaften Datenträger zur Verfügung gestellt werden.

Verjährung bei Schlechtleistung

Verkäuferinnen und Verkäufer haben ein Leistungsverweigerungsrecht, wenn die Mängelansprüche verjährt sind. Das zur Befriedigung eines verjährten Anspruchs Geleistete kann allerdings nicht zurückgefordert werden, auch wenn in Unkenntnis der Verjährung geleistet worden ist. Bei Schlechtleistung gelten nach § 438 BGB folgende Gewährleistungsfristen:

Verjährung von Mängelansprüchen (§ 438 BGB)

Gegenstand	Verjährungsfrist	Beginn der Frist
Dingliche Rechte, aufgrund derer die Herausgabe der Sache verlangt werden kann (z. B. Diebstahl), und Rechte, die im Grundbuch eingetragen werden (z. B. Grundschuld)	30 Jahre	Mit Übergabe bzw. Ablieferung der Sache
Bauwerke	5 Jahre	Mit Übergabe bzw. Ablieferung der Sache
Arglistig verschwiegene Mängel	Mind. 3 Jahre (30 bzw. 5 Jahre, falls es sich um dingliche Rechte, Rechte, die im Grundbuch eingetragen werden, oder Bauwerke handelt)	31.12. des Jahres, in dem der Gläubiger/die Gläubigerin von den den Anspruch begründenden Umständen und der Person des Schuldners/der Schuldnerin Kenntnis erlangt hat oder ohne grobe Fahrlässigkeit erlangen müsste
Im Übrigen	2 Jahre (= regelmäßige kaufrechtliche Verjährungsfrist)	Mit Übergabe bzw. Ablieferung der Sache

Die Gewährleistung wird oft mit der Garantie verwechselt. Die Gewährleistung wird durch den Händler gewährt und ist gesetzlich geregelt. Die Garantie ist eine freiwillige Leistung des Herstellers.

Beispiel
Verkauft ein Gebrauchtwagenhändler einen Wagen, bei dem er gesehen hat, dass bestimmte Wagenteile nachlackiert worden sind, muss er diesem Hinweis auf einen möglichen Unfall nachgehen. Verkauft er das Fahrzeug, ohne dies überprüft zu haben und ohne den Käufer oder die Käuferin zu informieren, handelt er arglistig. Stellt sich nachträglich heraus, dass es sich um einen Unfallwagen handelt, kann der Kauf rückgängig gemacht werden.

Exkurs: Verjährung und Hemmung

Neben den in § 438 BGB beschriebenen Sonderregelungen für Mängelansprüche wird in den §§ 195 ff. BGB die Verjährung von Ansprüchen geregelt.

Verjährung (§ 195 ff. BGB)		
Gegenstand	**Verjährungsfrist**	**Beginn der Frist**
– Herausgabeansprüche aus Eigentum und anderen dinglichen Rechten – Familien- und erbrechtliche Ansprüche – Rechtskräftig festgestellte Ansprüche – Ansprüche aus vollstreckbaren Vergleichen oder vollstreckbaren Urkunden – Vollstreckbare Ansprüche aus Insolvenzverfahren – Schadenersatzansprüche, die auf der Verletzung des Lebens, des Körpers, der Gesundheit oder der Freiheit beruhen	30 Jahre	Mit Entstehung des Anspruchs bzw. mit Rechtskraft der Entscheidung
– Rechte an Grundstücken	10 Jahre	Mit Entstehung des Anspruchs
– Regelmäßig wiederkehrende Leistungen (auch, wenn sie zu den oben genannten Fällen gehören) – Die übrigen Ansprüche (trifft in den meisten Fällen zu)	3 Jahre (regelmäßige Verjährungsfrist)	31.12. des Jahres, in dem der Anspruch entstanden ist und der Gläubiger/die Gläubigerin davon Kenntnis erlangt hat

Das BGB sieht Möglichkeiten vor, die Verjährung für eine bestimmte Zeit auszusetzen und die Verjährungsfrist dann entsprechend zu verlängern (= **Hemmung**) bzw. die Verjährung ganz neu beginnen zu lassen.

Die Verjährung wird u. a. gehemmt
– bei Verhandlungen zwischen Schuldner/-in und Gläubiger/-in, ob der Anspruch berechtigt ist. Die Verjährung tritt frühestens drei Monate nach dem Ende der Hemmung ein.
– wegen Rechtsverfolgung wie
   – Erhebung der Klage auf Leistung,
   – Erlass des Vollstreckungsbescheids,
   – Zustellung des Mahnbescheids im Mahnverfahren,
   – Anmeldung von Ansprüchen im Insolvenzverfahren,
   – Veranlassung eines Schlichtungsverfahrens.

– solange der/die Schuldner/-in aus irgendeinem Grund vorübergehend berechtigt ist, die Leistung zu verweigern.
– solange der/die Gläubiger/-in durch Stillstand der Rechtspflege oder durch höhere Gewalt (z. B. Krieg, Überschwemmungskatastrophen oder Epidemien) innerhalb der letzten sechs Monate der Verjährungsfrist daran gehindert war, seine/ihre Rechte geltend zu machen.
Die Hemmung endet sechs Monate nach der rechtskräftigen Entscheidung oder anderweitigen Beendigung des eingeleiteten Verfahrens.

Die Verjährung beginnt erneut, wenn
– eine Nacherfüllung durch Lieferung einer mangelhaften Sache erfolgt.
– der/die Schuldner/-in seine/ihre Schuld anerkennt, indem er/sie z. B. um eine Stundung bittet, Zinsen zahlt, eine Sicherheitsleistung oder Teilzahlung vornimmt.
– der/die Gläubiger/-in einen gerichtlichen oder behördlichen Vollstreckungsbescheid beantragen oder vornehmen lässt. Dies kann z. B. ein Mahnbescheid sein, wenn auf diesen ein Vollstreckungsbescheid folgt.
Ein gewöhnliches Mahnschreiben bewirkt keinen Neubeginn der Verjährung.

4.13.2 Nicht-Rechtzeitig-Lieferung und Nicht-Rechtzeitig-Zahlung

Die **Nicht-Rechtzeitig-Zahlung** von Kundinnen und Kunden kann für ein Unternehmen sehr schnell existenzgefährdend sein. Müssen Unternehmen lange auf ausstehende Zahlungen warten, können sie mitunter ihre laufenden Kosten, etwa Gehälter für ihre Belegschaft, nicht weiter bedienen. Im schlimmsten Fall folgt die Insolvenz.

Die **Nicht-Rechtzeitig-Lieferung** und die Nicht-Rechtzeitig-Zahlung sind im BGB gemeinsam geregelt. Ist die Lieferung bzw. die Zahlung fällig, müssen Gläubiger/-innen zunächst eine **angemessene Nachfrist** setzen. Dies kann unterbleiben, wenn

- der/die Schuldner/-in die Leistung verweigert,

- die Leistung kalendermäßig bestimmt war,

- besondere Gründe vorliegen oder

- bei einer Geldschuld 30 Tage nach dem Rechnungszugang vergangen sind. (Ist der die Geldschuldner/-in allerdings ein/-e Verbraucher/-in und wurde nicht ausdrücklich auf die 30-Tage-Regelung hingewiesen, so gilt die Regelung nicht.)

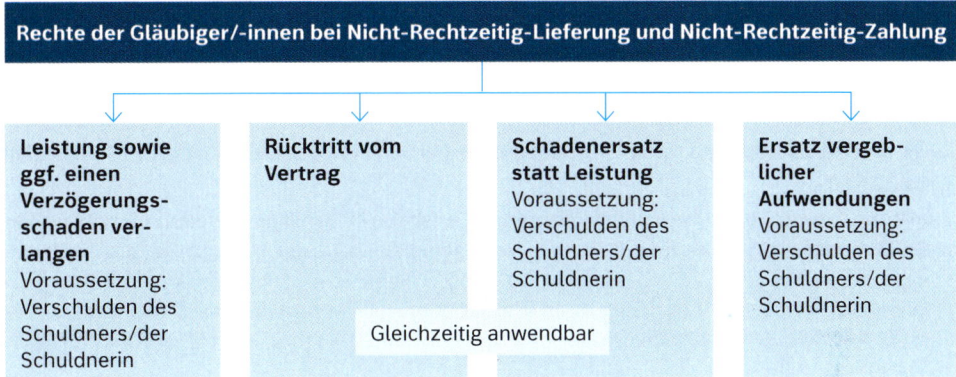

Rechte von Gläubigerinnen und Gläubigern

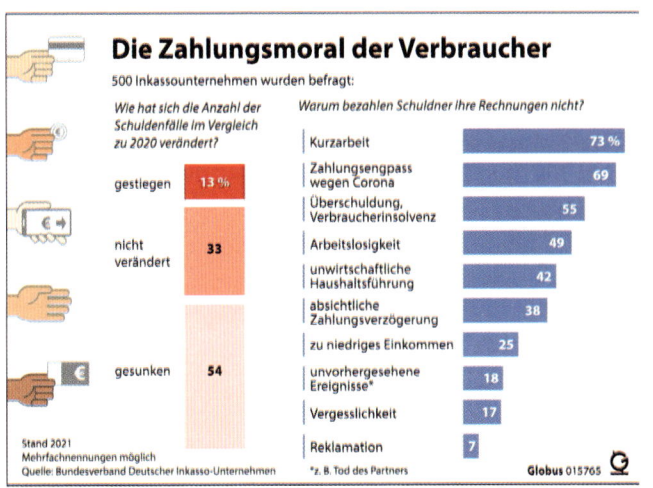

Die nebenstehende Abbildung zeigt die häufigsten Gründe, wegen denen Schuldnerinnen und Schuldner ihre Rechnungen nicht bezahlen konnten und in Zahlungsverzug geraten sind.

Zahlungsmoral von Verbraucherinnen und Verbrauchern

Eine Geldschuld muss während des Verzugs verzinst werden. Bei einem Privatkauf oder einseitigen Handelskauf beträgt der Verzugszins fünf Prozentpunkte, bei einem zweiseitigen Handelskauf acht Prozentpunkte über dem **Basiszinssatz**. Der Basiszinssatz ist ein Zinssatz, der zur Bewertung von Kapitaldienstleistungen dient und von der Deutschen Bundesbank nach Vorgaben der Europäischen Zentralbank berechnet wird.

Liegt der Basiszinssatz z. B. bei 2,8 %, muss ein Kaufmann bei einem zweiseitigen Handelskauf 10,8 % Verzugszinsen zahlen.

Mahnwesen

1. Das außergerichtliche Mahnverfahren
Der erste Schritt, wenn ein Kunde oder eine Kundin eine Rechnung nicht rechtzeitig bezahlt, ist eine höfliche Zahlungserinnerung. Sollte diese Erinnerung vergeblich sein, erfolgt im nächsten Schritt eine erste höfliche Mahnung. Sollte der Schuldner bzw. die Schuldnerin dann immer noch nicht zahlen, wird meist eine eindringlichere zweite Mahnung versendet. Sollte eine dritte Mahnung notwendig sein, wird diese in schärferer Form formuliert und auf die Möglichkeit der Einschaltung des Gerichts hingewiesen.

2. Das gerichtliche Mahnverfahren
War das außergerichtliche Mahnverfahren erfolglos, können Gläubiger/-innen beim Amtsgericht einen Antrag auf Erlass eines Mahnbescheids stellen. Schuldner/-innen haben dann drei Möglichkeiten:

1. Die Schuld bezahlen
2. Widerspruch einlegen; dies führt dann zu einer Verhandlung bei Gericht, um den Fall zu klären.
3. Weiterhin nicht reagieren; dann kann das Gericht auf Antrag des Gläubigers bzw. der Gläubigerin den Mahnbescheid für vollstreckbar erklären. Gegen diesen Vollstreckungsbescheid kann der Schuldner bzw. die Schuldnerin innerhalb von 14 Tagen Widerspruch einlegen. Dies führt dann wieder zu einer Gerichtsverhandlung. Reagiert er oder sie nicht, kann der Gläubiger bzw. die Gläubigerin einen Antrag auf Zwangsvollstreckung stellen.

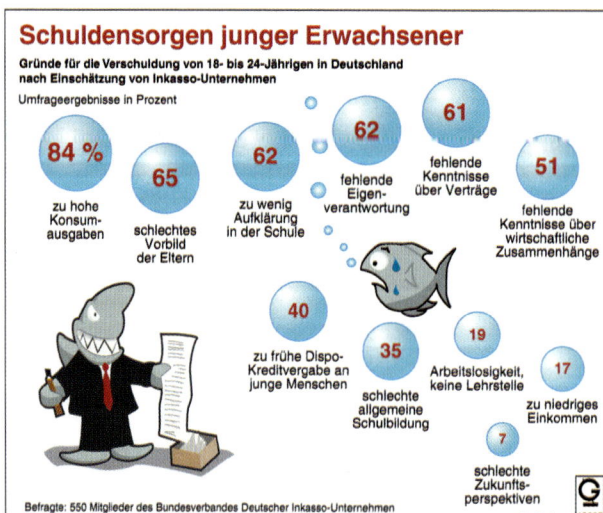

Hat der Schuldner bzw. die Schuldnerin keinen Erfolg mit einem etwaigen Widerspruch gegen die Forderung, trägt er bzw. sie die Kosten des Verfahrens.

Junge Erwachsene im Alter von 18 bis 24 Jahren geraten aus verschiedenen Gründen in die Verschuldung. Die nebenstehende Abbildung zeigt die wichtigsten Gründe hierfür.

Verschuldung junger Erwachsener

4.13.3 Gläubigerverzug

Ein Käufer bzw. eine Käuferin gerät in **Gläubigerverzug**, wenn er bzw. sie

- die ordnungsgemäß gelieferte Ware nicht zum vereinbarten Termin annimmt oder
- Mitwirkungshandlungen unterlässt, wodurch die Ausführung der Warenlieferung verhindert wird.

Ein Verschulden des Gläubigers bzw. der Gläubigerin ist nicht notwendig. Tritt ein Gläubigerverzug ein, haftet der Käufer bzw. die Käuferin für die Beschädigung oder Vernichtung der Ware. Der Lieferer haftet nur noch bei Vorsatz oder grober Fahrlässigkeit.

Rechte des Verkäufers

Klage auf Abnahme der Ware und Hinterlegung der Ware auf Kosten des Käufers/der Käuferin	Bei einem Handelskauf ist jede Art von Ware hinterlegungsfähig, beim bürgerlich-rechtlichen Kauf nur Geld, Wertpapiere, Urkunden und andere Wertgegenstände
Selbsthilfeverkauf	Beim Handelskauf kann jede Ware zum Selbsthilfeverkauf gebracht werden, beim bürgerlich-rechtlichen Kauf nur Ware, die sich nicht zur Hinterlegung eignet. Der Selbsthilfeverkauf muss angedroht werden. Die Ware muss öffentlich versteigert werden (Ausnahme: Waren mit einem Börsen- oder Marktpreis). Mindererlöse hat der Käufer zu ersetzen, Mehrerlöse müssen ihm ausgezahlt werden.
Kostenerstattung	Ersatz der Mehrkosten

4.13.4 Produkthaftung

Unter Produkthaftung im Sinne des Produkthaftungsgesetzes (ProdHaftG) versteht man die Haftung des Herstellers für Personen- und Sachschäden, die aus der Benutzung eines fehlerhaften Produkts resultieren. Diese Haftung ist verschuldensunabhängig (Gefährdungshaftung). Dabei gilt ein Produkt dann als fehlerhaft, wenn es nicht die Sicherheit bietet, die unter normalen Umständen erwartet werden kann. Die Beweislast liegt bei den Geschädigten. Sie müssen den ursächlichen Zusammenhang zwischen dem Produktfehler und dem Schaden beweisen. Bei Personenschäden liegt die Haftungshöchstgrenze bei 85 Mio. € (§ 10 ProdHaftG), bei Sachschäden haben Geschädigte einen Eigenanteil von 500,00 € (§ 11 ProdHaftG).

Die Produkthaftung des Herstellers darf im Voraus weder ausgeschlossen noch beschränkt werden. Entgegenstehende Vereinbarungen sind nichtig.

4.14   Kosten und Leistungen von IT-Projekten

Bei der Kalkulation von IT-Projekten muss im ersten Schritt berechnet werden, welche Kosten im Unternehmen entstanden sind und welche Leistungen diesen Kosten gegenüberstehen. Dies ist Aufgabe der Kosten- und Leistungsrechnung.

> Hauptbereiche der Kosten- und Leistungsrechnung sind die Kostenrechnung – mit den Modulen Kostenarten-, Kostenstellen- und Kostenträgerrechnung – sowie die Leistungsrechnung.

Die **Kostenartenrechnung** beantwortet die Frage, welche Kosten im Unternehmen entstanden sind. Ihre Aufgabe ist die systematische Erfassung aller Kosten.

Die Errechnung der Gesamtleistung erfolgt in der Leistungsrechnung. Dabei wird untersucht, bei welchen Erträgen aus der Gewinn- und Verlustrechnung es sich um Leistungen handelt. Dies wird in der Praxis oft gemeinsam mit der Kostenartenrechnung durchgeführt.

Aus der Differenz zwischen den Gesamtkosten aus der Kostenartenrechnung und der Gesamtleistung kann das Betriebsergebnis ermittelt werden:

> Gesamtleistung – Gesamtkosten = Betriebsergebnis

Die **Kostenstellenrechnung** beschäftigt sich mit der Frage, welche Abteilung welche Kosten verursacht hat bzw. an welchen Stellen die Kosten entstanden sind. Diese Zuordnung ist umso leichter, je detaillierter die Kosten in der Kostenartenrechnung erfasst worden sind.

Die **Kostenträgerrechnung** besteht aus der Kostenträgerstückrechnung und der Kostenträgerzeitrechnung. Die **Kostenträgerstückrechnung** zeigt auf, für welche Leistungen die Kosten entstanden sind. Aufgaben der Kostenträgerstückrechnung sind die Bestandsbewertung und die Preiskalkulation und damit die Schaffung von Entscheidungsgrundlagen für die Sortiments- und Absatzplanung.

Stellt man den Kosten der Erzeugnisse bzw. der Erzeugnisgruppen die zugehörigen Umsatzerlöse gegenüber, so erhält man das Betriebsergebnis je Erzeugnis bzw. je Erzeugnisgruppe. Eine solche Darstellung wird auch als **Kostenträgerzeitrechnung (Betriebsergebnisrechnung)** bezeichnet.

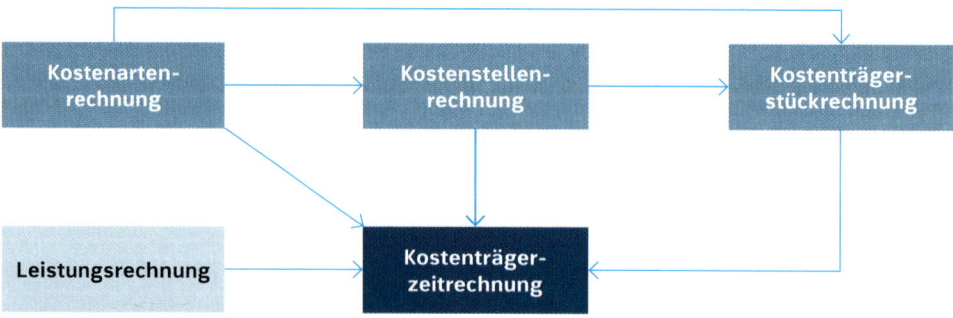

Überblick über die Module der Kosten- und Leistungsrechnung

In der **Leistungsrechnung** werden alle Leistungen möglichst detailliert erfasst, um sie später den entsprechenden Kosten (z.B. je Produkt) so genau wie möglich zuordnen zu können.

> Unter **Leistungen** versteht man die in Geldeinheiten bewerteten erfolgswirksamen Wertzuflüsse, die aus der **betrieblichen Leistungserstellung** resultieren.

Die Leistungsrechnung gibt Auskunft über die Höhe der

- **Absatzleistungen** (= Umsatzerlös aus dem Verkauf von Waren),
- **Lagerleistungen** (= Mehrbestände an unfertigen und fertigen Erzeugnissen),
- **aktivierten Eigenleistungen** (= selbst erstellte Anlagen, die im eigenen Betrieb Verwendung finden) und der
- **Gesamtleistungen** (= Summe aller Leistungen).

Bei internen IT-Projekten, die vor allem der Optimierung von Arbeitsprozessen dienen, ist es manchmal schwierig, eine direkte, in Euro quantifizierbare Leistung zuzuordnen, um die Sinnhaftigkeit des Projekts begründen zu können. Hier kann es sich z.B. anbieten, die Kostenersparnis durch die schnellere Abwicklung der Arbeitsprozesse oder die bessere Qualität der Arbeitsergebnisse und somit weniger Nachbesserungen herauszuarbeiten. Vergleicht man die Kosten des Projekts mit den Ersparnissen bzw. den Einnahmen des Projekts, kann man ausrechnen, ab wann das Projekt Gewinn abwirft (Break-even-Point).

Die **Amortisationszeit**, d.h. der Zeitraum, in dem es möglich ist, die Projektkosten wiederzugewinnen und die laufenden Kosten zu decken, wird oft zur Berechnung des Risikos verwendet. Je kürzer die Amortisationszeit, desto geringer das Risiko. Das ist vor allem bei Produkten wichtig, die schnell veralten, z.B. Software. So sollte ein Update erst dann auf den Markt gebracht werden, wenn sich die vorherige Version amortisiert hat.

Kostenartenrechnung

Die Kostenartenrechnung bildet die erste Stufe der Kostenrechnung und stellt somit das wesentliche Bindeglied zwischen der Finanzbuchhaltung und der Kosten- und Leistungsrechnung dar. In ihr werden alle anfallenden Kosten erfasst und für die jeweiligen Zwecke der Kosten- und Leistungsrechnung aufbereitet.

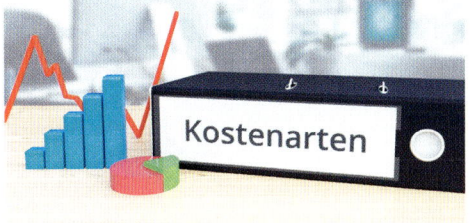

> Unter **Kosten** versteht man den in Geldeinheiten bewerteten mengenmäßigen Verbrauch an Gütern und Leistungen, der zur **betrieblichen Leistungserstellung** erforderlich ist.

Die Kostenartenrechnung versucht die Kosten bei ihrer Erfassung möglichst genau aufzusplitten und einzelnen Kostenarten zuzuordnen.

Einteilung der Kosten		
Kriterium	**Kosten**	**Beispiel**
Betriebliche Funktion	**Beschaffungskosten**	Einkauf von Bauteilen
	Produktionskosten	Lohnkosten
	Lagerkosten	Kosten für einen Gabelstapler
	Absatzkosten	Kosten für eine Werbeaktion
	Verwaltungskosten	Gehälter der Personalabteilung
Zurechenbarkeit auf die Kostenträger (Produkte)	**Einzelkosten** (Kosten, die direkt dem Kostenträger[1] zugerechnet werden können)	Fertigungsmaterial, Bauteile, Löhne, Verpackung, Werbung für ein konkretes Produkt, Vertreterprovision
	Gemeinkosten (Kosten, die nicht direkt, sondern nur mithilfe von Verteilungsschlüsseln den einzelnen Kostenträgern zugeordnet werden können)	Betriebsstoffe (z. B. Schmierstoffe), Gehälter, Energiekosten, Miete, Büromaterial, Steuern, Abschreibungen auf Gebäude, Abschreibungen auf Maschinen, Zinsen, Werbung für das Unternehmen
Von der Beschäftigung abhängige Kosten	**Fixe Kosten** (Kosten, die unabhängig von der Produktionsmenge anfallen)	Gehälter, Miete, Abschreibungen auf Gebäude oder Maschinen
	Variable Kosten (Kosten, die von der Produktionsmenge abhängig sind)	Verpackungsmaterial, Fertigungslöhne, Fertigungsmaterial, Vertreterprovision

Bei IT-Projekten wird auch oft zwischen Personalkosten und Kosten für die Hard- und Software unterschieden. Bei der Berechnung des **Personalkostensatzes** müssen neben dem Bruttogehalt noch weitere Kosten berücksichtigt werden:

- Arbeitgeberanteil zu den Sozialversicherungen
- Kosten des Arbeitsplatzes
- Allgemeine Kosten des Vertriebs und der Verwaltung, die auf die einzelnen Projekte umgelegt werden müssen
- Kosten für die Betreuung der Auszubildenden

Darüber hinaus muss auch berücksichtigt werden, dass Arbeitnehmer und insbesondere Auszubildende nicht an jedem Tag dem Betrieb zur Verfügung stehen. Durch Urlaub, Krankheit oder bei Auszubildenden durch den Schulbesuch bzw. anderweitige Ausbildungsmaßnahmen fallen produktive Tage weg.

Ein wichtiges Ergebnis der Kostenartenrechnung ist die Ermittlung aller Kosten (= Gesamtkosten), die im Betrieb anfallen.

---

1 *Kostenträger sind einzelne Kundenaufträge, Produkte, Dienstleistungen oder innerbetriebliche Leistungen.*

Beobachtet man den Verlauf der diversen Kostenarten in regelmäßigen Abständen, kann man die Wirtschaftlichkeit der Kostenarten kontrollieren und somit ggf. schnell Maßnahmen zur Kostensenkung ergreifen.

Um alle Kosten möglichst genau zu ermitteln, werden neben den Informationen aus der Finanzbuchhaltung Daten aus dem Betrieb benötigt, wie sie die Betriebsdatenerfassung und die Produktionsplanung und -steuerung liefern. Beispielsweise kann so die genaue Produktionsmenge der einzelnen Maschinen ermittelt werden. Wichtig sind auch interne Belege, z.B. über die Reparaturzeiten für eine Maschine und die Rechnungen an Kundinnen und Kunden, aus denen etwaige Rabatte hervorgehen.

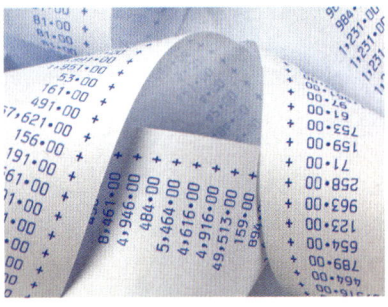

Werden bei IT-Projekten z.B. Server, PCs oder Laptops benötigt, werden diese bei der Kostenkalkulation oft nicht in einer Summe berücksichtigt, sondern mit dem Abschreibungswert.

Wertminderungen von Anlagegütern werden durch jährliche Abschreibungen erfasst. Dabei werden die Anschaffungs- bzw. Herstellkosten auf die Jahre der Nutzung verteilt. Das Steuerrecht spricht hier von einer **Absetzung für Abnutzung (AfA)**. Wertminderungen können auf unterschiedliche Weise entstehen.

Ursache der Wertminderung	Abschreibung
– Nutzung (technischer Verschleiß) – Natürlicher Verschleiß durch zeitabhängige Faktoren (z.B. Verrosten) – Technischer Fortschritt	Planmäßig
Außergewöhnliche Ereignisse (z.B. Feuer, Veränderung der Marktsituation)	Außerplanmäßig

Abschreibungen **vermindern den Gewinn** eines Unternehmens und damit auch die Steuerschuld. Daher gibt es für das externe Rechnungswesen Vorschriften, wie die Abschreibungen durchgeführt werden sollen. Grundsätzlich kann man zwischen linearer und degressiver Abschreibung wählen.

Beispiel

Methoden der planmäßigen Abschreibung am Beispiel des Kaufs eines Lkw für 50 000,00 € bei einer erwarteten Nutzungsdauer von zehn Jahren	
Lineare Abschreibung	**Degressive Abschreibung**
Es werden **jährlich gleichbleibende Abschreibungsbeträge** von den Anschaffungskosten abgeschrieben.	Es werden **jährlich sinkende Abschreibungsbeträge** vom Buchwert abgeschrieben. Der degressive Abschreibungssatz darf zur Zeit **max. das 2,5-Fache des linearen AfA-Satzes** betragen, **höchstens jedoch 25 %** des Buchwertes.

Beispiel

Lineare Abschreibung	Degressive Abschreibung
Berechnung: **Jährlicher Abschreibungsbetrag** $$= \frac{\text{Anschaffungskosten}}{\text{betriebsgewöhnliche Nutzungsdauer}}$$ $$= \frac{50\,000,00\ €}{10} = 5\,000,00\ €$$	**Berechnung:** **Jährlicher Abschreibungsbetrag** **= Buchwert · Abschreibungssatz** $50\,000,00 \cdot 25\,\% = 12\,500,00\ €$ (max. Betrag) $\Rightarrow$ max. Abschreibungssatz 25 %
Abschreibungssatz $$= \frac{100\,\%}{\text{betriebsgewöhnliche Nutzungsdauer}}$$ $$= \frac{100\,\%}{10} = 10\,\%$$	
Ein Wechsel zur degressiven Abschreibung ist nicht möglich.	Ein Wechsel zur linearen Abschreibung ist möglich.

Buchwert in €	AfA[1] in €	Ende des Jahres	Buchwert in €	AfA in €
50 000,00		0	50 000,00	
45 000,00	5 000,00	1	37 500,00	12 500,00
40 000,00	5 000,00	2	28 125,00	9 375,00
35 000,00	5 000,00	3	21 093,75	7 031,25
30 000,00	5 000,00	4	15 820,31	5 273,44
25 000,00	5 000,00	5	11 865,23	3 955,08
20 000,00	5 000,00	6	8 898,93	2 966,31
15 000,00	5 000,00	7	6 674,19	2 224,73
10 000,00	5 000,00	8	4 449,46	2 224,73
5 000,00	5 000,00	9	2 224,73	2 224,73
0,00	5 000,00	10	0,00	2 224,73

Wird von vorneherein festgelegt, dass das Anschaffungsgut nach der geplanten Nutzungsdauer noch einen Restwert hat, berechnet sich der jährliche Abschreibungsbetrag bei der linearen Abschreibung, indem zunächst von den Anschaffungskosten der Restwert subtrahiert wird und dann erst durch die betriebsgewöhnliche Nutzungsdauer dividiert wird. Der Abschreibungssatz muss dann entsprechend angepasst werden.

---

1 Abschreibungstabellen

In der Kosten- und Leistungsrechnung (KLR) wird mit **kalkulatorischen Abschreibungen** gerechnet. Diese unterscheiden sich in folgenden Punkten von den Abschreibungen der Finanzbuchhaltung:

Externes Rechnungswesen	Internes Rechnungswesen
Die Abschreibungen werden nach **steuerlichen Gesichtspunkten** durchgeführt. Daher wird i. d. R. in den ersten Nutzungsjahren die degressive Abschreibungsmethode verwendet. Die Nutzungsdauer wird aus steuerlichen Gründen möglichst gering gewählt (in den zulässigen Grenzen), um den zu versteuernden Gewinn möglichst gering zu halten.	Die Abschreibungen sollen den **tatsächlichen Werteverzehr** widerspiegeln. Es wird daher von der tatsächlichen Nutzungsdauer ausgegangen und linear abgeschrieben.
Es gilt das **Nominalprinzip**, d. h., die Abschreibungen werden von den Anschaffungs- bzw. Herstellkosten berechnet.	Es gilt das **Substanzerhaltungsprinzip**. Die KLR geht davon aus, dass am Ende der Nutzungsdauer wieder ein gleichwertiges Anlagegut angeschafft werden muss. Diese Wiederbeschaffungskosten müssen zuvor über die verkauften Produkte erwirtschaftet werden. Bei der Berechnung der jährlichen Abschreibungsbeträge werden daher die Wiederbeschaffungskosten zugrunde gelegt.
Abschreibungen erfolgen für alle Anlagegüter, die noch nicht in vollem Umfang abgeschrieben sind.	Abschreibungen erfolgen nur für betriebsnotwendige Anlagegüter.

Die Auswirkungen der unterschiedlichen Vorgehensweise kann man gut am Beispiel des Lkw-Kaufs sehen. Hier soll mit einer Teuerung des Lkw von jährlich 3% und einer Nutzungsdauer von zwölf Jahren gerechnet werden. Es soll die lineare kalkulatorische Abschreibung verwendet werden.

Beispiel
Vergleich der kalkulatorischen Abschreibung mit der Abschreibung nach dem HGB und der Abgabenordnung

Abschreibungsplan
Die Wiederbeschaffungskosten nach zwölf Jahren betragen:
$50\,000{,}00\ € \cdot 1{,}03^{12} = 71\,288{,}05\ €$

Ende des Jahres	GuV		KLR	
	Buchwert	Abschreibung	Buchwert	Abschreibung
0	50 000,00 €		71 288,05 €	
1	37 500,00 €	12 500,00 €	65 347,38 €	5 940,67 €
2	28 125,00 €	9 375,00 €	59 406,71 €	5 940,67 €
3	21 093,75 €	7 031,25 €	53 466,04 €	5 940,67 €
4	15 820,31 €	5 273,44 €	47 525,37 €	5 940,67 €
5	11 865,23 €	3 955,08 €	41 584,70 €	5 940,67 €

Beispiel

Ende des Jahres	GuV		KLR	
	Buchwert	Abschreibung	Buchwert	Abschreibung
6	8 898,93 €	3 955,08 €	35 644,03 €	5 940,67 €
7	6 674,19 €	2 224,73 €	29 703,36 €	5 940,67 €
8	2 224,73 €	2 224,73 €	23 762,69 €	5 940,67 €
9	2 224,73 €	2 224,73 €	17 822,02 €	5 940,67 €
10	0,00 €	2 224,73 €	11 881,35 €	5 940,67 €
11	0,00 €	0,00 €	5 940,68 €	5 940,67 €
12	0,00 €	0,00 €	0,00 €	5 940,68 €

Kostenstellenrechnung

Aufgabe der Kostenstellenrechnung ist eine möglichst verursachungsgerechte Zuordnung der Gemeinkosten auf die einzelnen Kostenstellen des Unternehmens.

> Eine **Kostenstelle** ist der **Ort, an dem die Kosten** entstehen. Dabei kann es sich um einen Arbeitsplatz, eine Unterabteilung, eine Abteilung oder einen aus den betrieblichen Funktionen abgeleiteten Betriebsbereich handeln.

Kostenstellen können nach verschiedenen Kriterien gebildet werden. Die Einteilung kann z. B. aufgrund von räumlichen, funktionellen oder organisatorischen Gesichtspunkten erfolgen. Bei Industriebetrieben hat sich die Bildung von Kostenstellen nach Funktionsbereichen durchgesetzt.

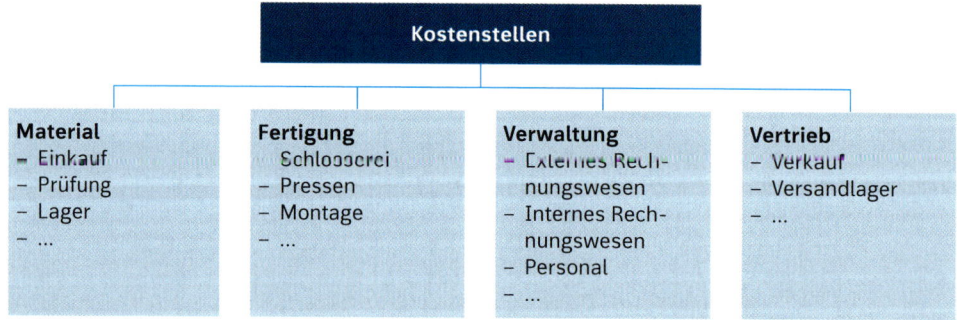

Die Informationen über die Höhe der Gemeinkosten erhält die Kostenstellenrechnung aus der Kostenartenrechnung. Die Aufteilung der Kosten wird mithilfe eines **Betriebsabrechnungsbogens (BAB I)** vorgenommen.

Beispiel

Betriebsabrechnungsbogen I						
Gemein-kosten	Summe der Gemeinkos-ten in €	Vertei-lungs-grundlage	Kostenstellen			
			Material in €	Fertigung in €	Verwal-tung in €	Vertrieb in €
Gehälter	160 000,00	Gehaltsliste	26 000,00	57 000,00	35 000,00	42 000,00
Energie	30 000,00	Fläche in m²	5 000,00	10 000,00	8 000,00	7 000,00
Miete	60 000,00	Fläche in m²	2 500,00	5 000,00	4 000,00	3 500,00
...		...				
Summe in €	400 000,00		50 000,00 Material-gemein-kosten	150 000,00 Fertigungs-gemein-kosten	90 000,00 Verwal-tungs-gemein-kosten	110 000,00 Vertriebs-gemein-kosten

Die Erstellung des Betriebsabrechnungsbogens erfolgt in drei Schritten:

1. Schritt: BAB erstellen

Das Formular „Betriebsabrechnungsbogen" zur Erfassung der Gemeinkosten je Kosten-stelle wird erstellt.

2. Schritt: Verteilung der Gemeinkosten auf die Kostenstellen

Soweit dies möglich ist, erhält man aus der Kostenartenrechnung eine Aufschlüsselung der Gemeinkosten nach den Abteilungen, in denen sie angefallen sind. So sollte die Kos-tenartenrechnung z. B. Informationen darüber liefern, in welchen Abteilungen die Ge-haltskosten entstanden sind. Diese können dann direkt in den Betriebsabrechnungsbogen übernommen werden.

Gemeinkosten, die **direkt einer Kostenstelle zugeordnet werden können**, nennt man **Kostenstelleneinzelkosten**.

Andere Gemeinkosten (z. B. die Energiekosten) lassen sich nicht direkt einer einzelnen Kostenstelle zuordnen. Sie werden aufgrund von internen Belegen, Rechnungen oder In-formationen aus der Betriebsdatenerfassung (BDE) und dem Produktions-, Planungs- und Steuerungssystem (PPS) mithilfe von Schlüsselzahlen auf die einzelnen Kostenstellen ver-teilt. Nach welchen Kriterien die Kosten jeweils den Kostenstellen zugeordnet werden, legt i. d. R. die Unternehmensleitung fest.

Können die Gemeinkosten nur **indirekt über Verteilungsschlüssel** den Kostenstellen zugeordnet werden, handelt es sich um **Kostenstellengemeinkosten**.

3. Schritt: Ermittlung der Gemeinkostensumme

Nachdem alle Gemeinkosten auf die Kostenstellen verteilt worden sind, kann für jede Kostenstelle durch Addition der Gemeinkostenbeiträge eine Gemeinkostensumme gebildet werden.

Ergebnisse der Kostenstellenrechnung

Wichtigstes Ergebnis der Kostenstellenrechnung ist die Zuordnung der Gemeinkosten auf die Kostenstellen. Wird der Betriebsabrechnungsbogen monatlich aufgestellt, erhält man eine Kontrolle über den Kostenverlauf der einzelnen Kostenstellen und damit über die Wirtschaftlichkeit der Kostenstellen.

Kostenträgerrechnung

Die Kostenträgerrechnung baut auf den Ergebnissen der Kostenarten- und der Kostenstellenrechnung auf. In der Kostenträgerrechnung werden die Einzelkosten und die Kosten der einzelnen Kostenstellen möglichst verursachungsgerecht auf die Kostenträger verteilt.

> Als **Kostenträger** werden einzelne Kundenaufträge, Produkte, Dienstleistungen oder innerbetriebliche Leistungen bezeichnet.

Die Kostenträgerrechnung hat folgende Aufgaben:

- Ermittlung aller Kosten der einzelnen Kostenträger
- Ermittlung der Daten für die Bestandsbewertung an fertigen und unfertigen Erzeugnissen
- Überprüfung der Wirtschaftlichkeit des Herstellungsprozesses
- Lieferung von Informationen für den Einkauf, die Konstruktion, die Fertigung und den Vertrieb
- Kalkulation der Verkaufspreise

Entsprechend ihrer Aufgaben besteht die Kostenträgerrechnung aus zwei Komponenten, der Kostenträgerzeitrechnung (Betriebsanalyse) und der Kostenträgerstückrechnung (Kalkulation).

Kostenträgerzeitrechnung

In der Kostenträgerzeitrechnung werden alle für einen Kostenträger anfallenden Kosten innerhalb eines bestimmten Zeitraums erfasst. Ziel der Kostenträgerzeitrechnung ist die Kontrolle der Wirtschaftlichkeit der einzelnen Kostenträger. Die Wirtschaftlichkeit wird durch die Gegenüberstellung der jeweiligen Kosten und der Leistungen, die auf die einzelnen Kostenträger entfallen, ermittelt. Dies geschieht zum einen absolut, indem festgestellt wird, ob jeder einzelne Kostenträger Gewinn erwirtschaftet hat, und zum anderen im Zeitvergleich, um zu sehen, wie sich die einzelnen Kostenträger entwickelt haben.

Werden in einem Industriebetrieb unterschiedliche Produkte mit unterschiedlichen Produktionsgängen hergestellt, erfolgt die Kostenträgerzeitrechnung in Form der **Zuschlagskalkulation**. Dabei werden die in der Kostenstellenrechnung ermittelten Gemeinkosten je Kostenstelle in Form von Zuschlagssätzen zu den Einzelkosten der jeweiligen Kostenträger hinzugerechnet. Die Höhe der Gemeinkostenzuschlagssätze wird nach folgenden Formeln berechnet:

$$\text{Materialgemeinkostenzuschlag (MGKZ)} = \frac{\text{Materialgemeinkosten} \cdot 100}{\text{Fertigungsmaterial}}$$

$$\text{Fertigungsgemeinkostenzuschlag (FGKZ)} = \frac{\text{Fertigungsgemeinkosten} \cdot 100}{\text{Fertigungslöhne}}$$

Es wird unterstellt, dass sich die Materialgemeinkosten und die Fertigungsgemeinkosten proportional zum Fertigungsmaterial bzw. zu den Fertigungslöhnen verhalten. Bei den Vertriebs- und Verwaltungsgemeinkosten geht man davon aus, dass diese sich proportional zu den Herstellkosten des Umsatzes verhalten. Dieser errechnet sich wie folgt:

	Fertigungsmaterial
+	Materialgemeinkosten
+	Fertigungslöhne
+	Fertigungsgemeinkosten
=	**Herstellkosten der Erzeugung**
–	Bestandsmehrungen an unfertigen/fertigen Erzeugnissen
+	Bestandsminderung an unfertigen/fertigen Erzeugnissen
=	**Herstellkosten des Umsatzes**

Hinweis: Eine Bestandsmehrung liegt vor, wenn z. B. ein Unternehmen Ware nicht verkauft, sondern zunächst ins Lager nimmt. Wird Ware aus dem Lager verkauft, liegt eine Bestandsminderung vor.

Jetzt können auch die Verwaltungs- und Vertriebsgemeinkostenzuschlagssätze berechnet werden:

$$\text{Verwaltungsgemeinkostenzuschlagssatz (VwGKZ)} = \frac{\text{Verwaltungsgemeinkosten} \cdot 100}{\text{Herstellkosten des Umsatzes}}$$

$$\text{Vertriebsgemeinkostenzuschlagssatz (VtrGKZ)} = \frac{\text{Vertriebsgemeinkosten} \cdot 100}{\text{Herstellkosten des Umsatzes}}$$

Beispiel

Berechnung der Zuschlagssätze

Ein Unternehmen hat Materialkosten in Höhe von 90 000,00 € und zahlt Fertigungslöhne in Höhe von 250 000,00 €. Ware im Wert von 10 000,00 € wurde zunächst nicht verkauft, sondern ins Lager aufgenommen. Daraus ergeben sich folgende Zuschlagssätze:

$$\text{MGKZ} = \frac{50\,000,00\ € \cdot 100\,\%}{90\,000,00\ €} = 55,556\,\%$$

$$\text{FKGZ} = \frac{150\,000,00\ € \cdot 100\,\%}{250\,000,00\ €} = 60\,\%$$

Materialkosten	Fertigungskosten	Herstellkosten des Umsatzes
50 000,00 €	150 000,00 €	140 000,00 €
+ 90 000,00 €	+ 250 000,00 €	+ 400 000,00 €
= 140 000,00 €	= 400 000,00 €	− 10 000,00 €
		= 530 000,00 €

$$\text{VwGKZ} = \frac{90\,000,00\ € \cdot 100\,\%}{530\,000,00\ €} = 16,981\,\%$$

$$\text{VtrGKZ} = \frac{110\,000,00\ € \cdot 100\,\%}{530\,000,00\ €} = 20,755\,\%$$

Addiert man zu den Herstellkosten des Umsatzes die Verwaltungs- und die Vertriebsgemeinkosten sowie ggf. die Einzelkosten des Vertriebs (z. B. Vertreterprovision), so erhält man die Selbstkosten des Umsatzes für die jeweiligen Kostenträger. Diese Berechnung wird mithilfe des Kostenträgerblatts (Betriebsabrechnungsbogen II) durchgeführt.

Im **Kostenträgerblatt** werden alle Einzel- und Gemeinkosten einer Abrechnungsperiode auf die einzelnen Kostenträger verrechnet und den Umsatzerlösen gegenübergestellt.

Anhand des Kostenträgerblatts kann man erkennen, welchen Beitrag die Kostenträger 1 und 2 zum Betriebsergebnis beigetragen haben.

Beispiel
Kostenträgerblatt

Kostenträgerblatt (BAB II)		Zuschlags-sätze	Summe	Kostenträger 1	Kostenträger 2
1	Fertigungsmaterial		90 000,00 €	40 000,00 €	50 000,00 €
2	Materialgemeinkosten	55,556 %	50 000,40 €	22 222,40 €	27 778,00 €
3	**Materialkosten (1 + 2)**		**140 000,40 €**	**62 222,40 €**	**77 778,00 €**
4	Fertigungslöhne		250 000,00 €	100 000,00 €	150 000,00 €
5	Fertigungsgemeinkosten	60 %	150 000,00 €	60 000,00 €	90 000,00 €
6	**Fertigungskosten (4 + 5)**		**400 000,00 €**	**160 000,00 €**	**240 000,00 €**

Beispiel

		Zuschlags-sätze	Summe	Kostenträger 1	Kostenträger 2
7	Herstellkosten der Erzeugung (3 + 6)		540 000,40 €	222 222,40 €	317 778,00 €
8	Bestandsmehrungen an unfertigen/fertigen Erzeugnissen		10 000,00 €	6 000,00 €	4 000,00 €
9	Bestandsminderungen an unfertigen/fertigen Erzeugnissen		–	–	–
10	Herstellkosten des Umsatzes (7 – 8 + 9)		530 000,40 €	216 222,40 €	313 778,00 €
11	Verwaltungsgemeinkosten	16,981 %	89 999,37 €	36 716,73 €	53 282,64 €
12	Vertriebsgemeinkosten	20,755 %	110 001,58 €	44 876,96 €	65 124,62 €
13	Selbstkosten des Umsatzes (10 + 11 + 12)		730 001,35 €	297 816,09 €	432 185,26 €
14	Umsatzerlöse		865 050,00 €	364 530,00 €	500 520,00 €
15	Betriebsergebnis (14 – 13)		135 048,65 €	66 713,91 €	68 334,74 €

4

Verwendung von Normal-Gemeinkostenzuschlagssätzen

Die in einem Unternehmen anfallenden Kosten sind i.d.R. nicht konstant, sondern ändern sich jeden Monat. Dies würde dazu führen, dass monatlich neue Zuschlagssätze ausgerechnet und in der Kalkulation berücksichtigt werden müssten. Um dies zu verhindern und eine Stetigkeit in der Kalkulation zu erreichen, wird mit Normal-Gemeinkostenzuschlagssätzen gerechnet.

> **Normal-Gemeinkostenzuschlagssätze** ergeben sich als **Durchschnittswerte von Ist-Gemeinkostenzuschlagssätzen** mehrerer vergangener Abrechnungsperioden unter Berücksichtigung von erwarteten Veränderungen der Gemeinkosten.

Das Kostenträgerblatt kann dann mit den Normal-Gemeinkostenzuschlagssätzen berechnet werden. Stellt man die Ist-Gemeinkosten den Normal-Gemeinkosten gegenüber, so kann man die Entwicklung der tatsächlichen Kosten überwachen.

> Eine **Kostenüberdeckung** liegt vor, wenn die Normal-Gemeinkosten größer als die Ist-Gemeinkosten sind. Von einer **Kostenunterdeckung** spricht man, wenn die Normal-Gemeinkosten kleiner als die Ist-Gemeinkosten sind.

Kostenträgerstückrechnung (Kalkulation)

Die Kalkulation von Fertigungsaufträgen ist der Handelskalkulation sehr ähnlich. Da jetzt der Bezugspreis als Grundlage fehlt, geht man von den Selbstkosten aus. Das unten stehende Kalkulationsschema gibt den Ablauf zur Berechnung der Selbstkosten wieder. Man nennt das Verfahren auch **Zuschlagskalkulation**.

Die **Zuschlagskalkulation** wird angewandt, wenn in einem Betrieb unterschiedliche Produkte mit unterschiedlichen Produktionsgängen hergestellt werden. Bei der Zuschlagskalkulation wird die gleiche Vorgehensweise wie bei der Kostenträgerzeitrechnung angewandt. Ausgehend von den Einzelkosten werden dem Kostenträger die Gemeinkosten mithilfe der im BAB I ermittelten Gemeinkostenzuschlagssätze hinzugerechnet.

Beispiel
Berechnung der Selbstkosten mithilfe der Zuschlagskalkulation

Ein Unternehmen berechnet die Selbstkosten für ein Produkt. Dieser hat Fertigungsmaterial in Höhe von 48,76 € und Fertigungslöhne in Höhe von 121,89 € verursacht. Die Selbstkosten für den Kostenträger können dann nach folgendem Schema berechnet werden:

1	Fertigungsmaterial		48,76 €
2	+ Materialgemeinkosten	55,56 %	27,09 €
3	= **Materialkosten (1 + 2)**		**75,85 €**
4	Fertigungslöhne		121,89 €
5	+ Fertigungsgemeinkosten	60,00 %	73,13 €
6	= **Fertigungskosten (4 + 5)**		**195,02 €**
7	= **Herstellkosten (3 + 6)**		**270,87 €**
8	+ Verwaltungsgemeinkosten	16,98 %	45,99 €
9	+ Vertriebsgemeinkosten	20,76 %	56,23 €
10	= **Selbstkosten**		**373,12 €**

Bei der **Preiskalkulation von Dienstleistungen** fallen i.d.R. nur geringe oder keine Material- und Fertigungskosten an, sondern die Personalkosten stehen im Vordergrund. Diese werden oft durch Stundensätze berücksichtigt. In den Stundensätzen sind dann schon die Gemeinkosten (z.B. der Arbeitsplatz) enthalten.

Beispiel

Zur Erstellung einer Software benötigen ein Programmierer und eine Programmiererin je 120 Stunden. Beide werden mit einem Stundensatz von 100,00 € kalkuliert. Dann betragen die Selbstkosten dieser Dienstleistung 24 000,00 €.

Die Durchführung der Verkaufskalkulation wurden schon in Kapitel 4.5 erläutert. Ausgehend von den Selbstkosten werden Kundenskonto, ggf. eine Vertreterprovision sowie der Kundenrabatt hinzuaddiert und der der Netto-Listenverkaufspreis ermittelt.

Exkurs: Deckungsbeitragsrechnung

Bei der Deckungsbeitragsrechnung werden nicht mehr die vollen Kosten, sondern nur ein Teil der Kosten, nämlich die variablen Kosten, auf die Kostenträger umgelegt. Man spricht daher auch von der **Teilkostenrechnung**. Der Deckungsbeitrag berechnet sich aus der Differenz aus dem Netto-Stückerlös und den variablen Stückkosten. Er leistet einen Beitrag zur Deckung der fixen Kosten.

Netto-Verkaufserlös	Netto-Verkaufserlöse der Periode
− variable Stückkosten	− variable Kosten der Periode
= Deckungsbeitrag pro Stück	= Deckungsbeitrag pro Periode

Ist die Summe aller Deckungsbeiträge gleich der Summe der fixen Kosten, hat ein Unternehmen die Gewinnschwelle, auch **Break-even-Point** genannt, erreicht. Jeder darüber hinaus erzielte Deckungsbeitrag stellt einen Gewinn dar.

Am **Break-even-Point** gilt:

1. Summe der Deckungsbeiträge = Summe der fixen Kosten
2. Kosten = Erlöse
   ($K_{fix} + K_{var} \cdot$ Menge = Nettoverkaufspreis $\cdot$ Menge)

Der Betriebserfolg kann nach folgender Formel berechnet werden:

Summe der Deckungsbeiträge aller Kostenträger pro Periode
− Fixkosten
= Betriebsgewinn/Betriebsverlust

Die wichtigsten Anwendungsmöglichkeiten der Deckungsbeitragsrechnung sind die Produktionsprogrammplanung und die Wahl zwischen Eigenfertigung und Fremdfertigung.
Verfügt ein Unternehmen über eine ausreichende Kapazität, können bei der Produktion alle Produkte mit einem positiven Deckungsbeitrag eingeplant werden. Reicht die Kapazität nicht aus, sollten nur die Produkte in das Produktionsprogramm aufgenommen werden, die die knappen Kapazitäten möglichst optimal nutzen.

Bei IT-Projekten stellt sich immer wieder auch die Frage, ob diese mit eigenen Ressourcen oder mithilfe einer Fremdfirma abgewickelt werden. Hier gilt folgende Faustregel: Sind die variablen Kosten im Unternehmen größer als die Kosten für die Fremdfertigung, ist die Fremdfertigung günstiger, sonst die Eigenfertigung.

AUFGABEN

1. Welche der nachfolgenden Aussagen zur Anfrage ist zutreffend? Die Anfrage ist im rechtlichen Sinne ...

   a) ... eine formfreie Willenserklärung des Käufers bzw. der Käuferin.

   b) ... nur gültig, wenn sie in Schriftform erfolgt.

   c) ... keine Willenserklärung.

2. Erklären Sie, welche rechtlichen Voraussetzungen erfüllt sein müssen, damit ein Angebot eine Willenserklärung (Vertragsantrag) ist.

3. Begründen Sie die Notwendigkeit der gesetzlichen Annahmefrist des BGB und erklären Sie, bis zu welchem Zeitpunkt der Anbieter an sein Angebot unter Anwesenden bzw. Abwesenden und bei einer bestimmten Annahmefrist rechtlich gebunden ist.

4. Erläutern Sie die Rechtswirkung, wenn der Anbieter sein Angebot nach Zugang beim Empfänger bzw. bei der Empfängerin widerruft.

5. Die Firma Müller Papier OHG aus Stuttgart unterbreitet der Jurasoft GmbH am 2. Mai ein schriftliches Angebot über 10 000 Blatt Papier, Format DIN A4, zu einem Gesamtpreis von 150,00 €.

   a) Wie lange ist die Müller Papier OHG an dieses Angebot gebunden?

   b) Durch welche Zusätze könnte die Bindung an ein solches Angebot eingeschränkt oder ausgeschlossen werden?

   c) Die Jurasoft GmbH bestellt am 6. Mai 5 000 Blatt Papier zum Gesamtpreis von 75,00 €. Muss die Müller Papier OHG liefern? Begründen Sie.

6. Die Jurasoft GmbH stellt bei der Überprüfung eines Angebotes, das am Vortag per Brief an die Müller OHG versandt wurde, fest, dass der Preis für die Software „Jurahelp" versehentlich mit 890,00 € statt mit 990,00 € angegeben wurde.

   a) Wann muss das korrigierte Angebot spätestens bei der Müller OHG eintreffen, um das andere zu ersetzen?

   b) Welches Kommunikationsmittel sollte hierbei gewählt werden?

7. Sie sind Mitarbeiter/-in des Softwarehauses Jurasoft GmbH. Dieses hat sich auf die Erstellung von Software für Rechtsanwalts- und Notarbüros spezialisiert. In Zukunft möchte die Jurasoft GmbH ihr Leistungsspektrum erweitern und auch spezielle Schulungen für den Umgang mit ihren Produkten anbieten. Daher muss ein Schulungsraum eingerichtet werden. In diesem Raum sollen maximal acht Teilnehmer/-innen gleichzeitig geschult werden. Jede/-r Teilnehmer/-in soll dabei an einem eigenen PC sitzen. Der Dozent benötigt ebenfalls einen PC sowie einen Beamer. Alle Computer sollen miteinander vernetzt sein und den Zugang zum Internet ermöglichen. Ebenfalls wichtig ist ein netzwerkfähiger Laserdrucker.

   Beschaffen Sie die notwendige Hardware. Bilden Sie für die Bearbeitung der Aufgabe Arbeitsgruppen.

a) Führen Sie die Beschaffungsplanung durch. Gehen Sie dabei auf die folgenden Fragen ein:

   1. Was soll bestellt werden? (Materialplanung)

   2. Wie viel soll bestellt werden? (Mengenplanung)

   3. Wann soll bestellt werden? (Zeitplanung)

   4. Wie hoch darf der maximal akzeptierte Einkaufspreis sein? (Preisplanung)

   5. Zu welchen Konditionen soll eingekauft werden? (Planung der Lieferungs- und Zahlungsbedingungen)

   6. Welche Lieferanten kommen infrage? (Bezugsquellenplanung)

b) Welche internen und externen Informationsquellen über mögliche Lieferanten stehen Ihnen ggf. zur Verfügung?

c) Erstellen Sie eine schriftliche Anfrage, um die geplante Hardware zu beschaffen.

d) Wie viele Anfragen sollten Ihrer Meinung nach verschickt werden?

e) Welche Rechtswirkung hat eine Anfrage?

f) Stellen Sie Ihre Anfrage in der Klasse vor und beurteilen Sie die Anfragen der übrigen Gruppen anhand der folgenden Tabelle. Vergeben Sie für jedes Kriterium Punkte (entsprechend den Schulnoten 1–6) und ermitteln Sie die beste Anfrage.

	Gruppe 1	Gruppe 2	Gruppe 3	Gruppe 4	Gruppe 5
Alle benötigten Hardwarekomponenten sind aufgeführt.					
Die wesentlichen Inhalte einer bestimmten Anfrage sind enthalten.					
Die Form des Briefes ist ansprechend.					
Die Anfrage ist gut formuliert.					
Summe					

8. Visualisieren Sie mithilfe einer ereignisgesteuerten Prozesskette einen typischen Ablauf in Ihrem Ausbildungsbetrieb, beginnend mit der Anfrage eines Kunden bis zur Erstellung eines Angebots für den Kunden.

9. Gegeben ist nebenstehende Verbrauchs-
    liste. Führen Sie eine ABC-Analyse durch.
    Die A-Güter sollen einen Anteil von 70 %,
    die B-Güter von 25 % und die C-Güter von
    5 % am Gesamtverbrauch haben. Stellen
    Sie das Verhältnis von mengenmäßigem
    Anteil zum wertmäßigen Anteil am Ge-
    samtverbrauch grafisch dar.

Artikel-Nr.	Menge	Einkaufspreis
101	500	0,50 €
102	20	1,00 €
103	55	2,30 €
104	320	3,60 €
105	80	12,50 €
106	35	40,00 €
107	640	0,85 €
108	50	35,20 €
109	35	23,50 €
110	1200	2,30 €
111	150	12,50 €
112	300	1,60 €
113	3	120,00 €

10. Für ein Produkt beträgt der Bezugspreis
    für Ihr Unternehmen 650,00 €. Sie kalku-
    lieren mit einem Handlungskostenzu-
    schlag von 80 % und einem Gewinnzu-
    schlag von 15 %. Ermitteln Sie den
    Rechnungspreis (brutto).

11. Ihre Mitbewerber bieten ein Produkt für
    1 198,00 € (brutto) an. Sie arbeiten in Ih-
    rem Unternehmen mit einem Handlungs-
    kostenzuschlag von 95 % und möchten
    12 % Gewinn erwirtschaften. Ermitteln
    Sie den maximalen Bezugspreis für die-
    ses Produkt (Preisobergrenze für Be-
    schaffung).

12. Ihnen liegt ein Angebot eines Lieferers für ein Produkt vor. Der Bezugspreis für
    dieses Produkt beträgt 300,00 €. Sie arbeiten mit einem Handlungskostenzuschlag
    von 80 %. Ihre Mitbewerber bieten das Produkt für 450,00 € (brutto) an. Sie erwarten
    einen Gewinn von 15 %. Entscheiden Sie, ob unter diesen Bedingungen Ihre Ge-
    winnerwartungen erfüllt werden können.

13. Das Softwarehaus Fastsoft GmbH hat durch seinen Vertreter Geschäftsbeziehungen
    zu einer großen Handelskette geknüpft. Um sich die Aufträge dieses neuen Kunden
    zu sichern, sollen 3 % Kundenskonto und 5 % Mengenrabatt bei einer Abnahme von
    mehr als 100 Softwarepaketen gewährt werden. Außerdem ist die Vertreterprovision
    in Höhe von 7 % in die Berechnung des Verkaufspreises einzubeziehen.

    Das Softwarehaus hat Selbstkosten in Höhe von 500,00 € für ein Softwarepaket
    ermittelt. Der Geschäftsinhaber möchte einen Gewinn von 12,5 % der Selbstkosten
    als Verzinsung des Eigenkapitals, als Entgelt für seine Unternehmertätigkeit und als
    Risikoprämie ansetzen.

    Berechnen Sie

    a) den Barverkaufspreis,

    b) den Zielverkaufspreis,

    c) den Listenverkaufspreis (Netto).

14. Erstellen Sie für die Verkaufspreiskalkulation (Vorwärts-, Rückwärts-, Differenzkal-
    kulation) eine Mappe mithilfe eines Tabellenkalkulationsprogramms.

15. Ihr Unternehmen kalkuliert mit folgenden Daten: Handlungskostenzuschlag 85 %, Gewinnzuschlag 29 %. Für einen Auftrag ergibt sich ein Angebotspreis (brutto) von 11 600,00 €. Ein langjähriger Stammkunde (gem. ABC-Analyse ein A-Kunde) ist bereit, den Auftrag an Sie zu vergeben. Allerdings verlangt er einen deutlichen Preisnachlass. Sie sind durch die Geschäftsleitung angewiesen, das Angebot nochmals zu überarbeiten. Die Geschäftsleitung sagt Ihnen: „Gehen Sie notfalls bis auf eine Gewinnmarge von 0 % herunter. Wir müssen diesen Auftrag unbedingt haben, weil sich daraus Folgeaufträge ergeben." Ermitteln Sie vor diesem Hintergrund die Preisuntergrenze.

16. Geben Sie Gründe an, weshalb es wirtschaftlich sinnvoll sein kann, bisweilen einzelne Aufträge auch ohne Gewinnspanne auszuführen.

17. Welche der nachstehenden Aussagen über das Zustandekommen eines Kaufvertrags trifft zu? Ein Kaufvertrag kommt zustande durch

  a) ... ein unverbindliches Angebot, dem eine Bestellung folgt.

  b) ... eine Bestellung, die auf eine Anfrage und ein unverbindliches Angebot erfolgt ist.

  c) ... eine Auftragsbestätigung, die aufgrund einer Bestellung erfolgt ist.

18. Stellen Sie fest, ob es sich bei den nachfolgenden Vorgängen um

  [1] den Antrag des Käufers,

  [2] den Antrag des Verkäufers,

  [3] die Annahme des Käufers,

  [4] die Annahme des Verkäufers oder

  [5] weder um den Antrag noch um die Annahme durch eine Vertragspartei

  handelt.

19. Beim Kaufvertrag wird zwischen dem Verpflichtungsgeschäft und dem Erfüllungsgeschäft unterschieden. Welche Aussage beschreibt ein Erfüllungsgeschäft? Begründen Sie.

  a) Der Verkäufer schickt ein schriftliches Angebot, der Käufer bestellt daraufhin.

  b) Der Käufer bestellt ohne vorheriges Angebot, der Verkäufer schickt eine Auftragsbestätigung.

  c) Der Käufer begleicht eine Rechnung über 500,00 €, die aufgrund einer Warenlieferung ausgestellt wurde.

20. Stellen Sie den Prozess der Warenannahme in Ihrem Ausbildungsbetrieb als ereignisgesteuerte Prozesskette dar.

21. Ihre Chefin hat Waren im Wert von 10 000,00 € mit folgenden Zahlungsbedingungen gekauft: „Zahlbar innerhalb von 10 Tagen mit 2 % Skonto oder in 30 Tagen ohne Abzug." Berechnen Sie:

  a) Wie hoch ist der Skonto in Euro?

  b) Ihre Chefin entscheidet sich dafür, den Skonto auszunutzen und einen Kontokorrentkredit aufzunehmen. Wie viel Euro Zinsbelastung muss sie bei einem Zinssatz von 12 % p. a. für die 20 Tage bezahlen?

22. Welche Kaufvertragsarten werden hier beschrieben? Erläutern Sie.

    a) Das Hochzeitskleid soll am 1. September geliefert werden.

    b) Der Gastwirt kauft zunächst nur eine Kiste eines teuren Weins. Kommt der Wein bei seinen Gästen gut an, will er eine größere Menge bestellen.

    c) Die Schule kauft 10 000 Blatt Kopierpapier, die sie in den nächsten drei Monaten in maximal drei Lieferungen abrufen kann.

23. Welche Daten auf einer Rechnung sind Stamm-, Bewegungs- und Ordnungsdaten? Erläutern Sie.

24. Sie haben den Internetprovider gewechselt und überlegen, ob Sie die Kosten per Dauerauftrag oder per Lastschrift bezahlen sollen. Erläutern Sie anhand dieses Beispiels kurz die Unterschiede zwischen den beiden Verfahren.

25. Ennis Brock zahlt seine Rechnung mit einem Barscheck.

    a) Um welche Zahlungsart handelt es sich?

    b) Ist der Gläubiger verpflichtet, einen Barscheck anzunehmen? Begründen Sie Ihre Antwort.

26. Julia Hoff hat gerade einen Ausbildungsvertrag unterschrieben. Sie lädt daher einen Versicherungsvertreter zu sich nach Hause ein, um sich beraten zu lassen, welche Versicherungen für sie wichtig sind. Bei diesem Gespräch lässt sie sich überreden, eine Berufsunfähigkeitsversicherung abzuschließen.

    Kann Julia den Vertrag innerhalb von zwei Wochen widerrufen? Begründen Sie Ihre Antwort.

27. Lukas Eiling hat sich bei einem Online-Versandhandel eine Skijacke für 89,90 € zuzüglich Versandkosten bestellt. Zwei Tage später entdeckt er bei einem Stadtbummel zufällig die gleiche Jacke für 85,90 €. Hat Lukas jetzt noch ein Widerrufsrecht? Begründen Sie Ihre Entscheidung.

28. Lina Beck hat bei einem Versandhandel einen Reiseführer für Ägypten zum Preis von 9,90 € (inkl. Versandkosten) bestellt. Bei Erhalt des Buches ist sie jedoch enttäuscht. Statt schöner Fotos von den Sehenswürdigkeiten Ägyptens liest sie seitenlange Artikel über die Geschichte des Landes.

    Sie möchte das Buch daher zurückgeben. Im Katalog liest sie in den AGB Folgendes: „Ihr Widerrufsrecht: Alle bei uns gekauften und noch nicht gebrauchten Artikel können Sie innerhalb von 21 Tagen zurücksenden und erhalten den Kaufpreis erstattet.

    Die Versandkosten werden Ihnen erstattet, wenn Sie innerhalb von 14 Tagen nach Erhalt der Ware den Kaufvertrag widerrufen haben oder die Ware an uns zurückgeschickt haben, vorausgesetzt der Wert der Rücksendung liegt über 40,00 €."

    a) Kann Lina Beck den Reiseführer zurückgeben?

    b) Wer trägt die Kosten der Rücksendung?

29. Dirk Mertens hat bei eBay von einem Händler eine originalverpackte und versiegelte Software erstanden. Er entfernt das Siegel und installiert die Software auf seinem PC. Leider entspricht diese nicht seinen Erwartungen. Kann er von seinem Widerrufsrecht Gebrauch machen? Erläutern Sie.

30. Sie kaufen über das Internet Jeans aus den USA. Die Jeans kosten dort 40,00 $. Das Wechselkursverhältnis von Euro zu Dollar beträgt 1 : 1,10, d. h., für 1,00 € erhalten Sie 1,10 $. Wie viel kostet die Jeans in Euro? Berechnen Sie.

31. Frau Meier kauft bei der Computer Fix & Fertig GmbH einen gebrauchten Tintenstrahldrucker. Bei dem Kauf wurde vertraglich vereinbart, dass die Gewährleistungsansprüche sechs Monate nach der Abholung des Druckers verjähren. Nach zehn Monaten stellt Frau Meier einen Mangel fest. Sind seine Gewährleistungsansprüche verjährt? Begründen Sie Ihre Antwort.

32. a) Frau Mertens verkauft ihrer Nachbarin Frau Yildiz einen gebrauchten PC für 50,00 € mit den Worten: „Ich übernehme aber keine Gewährleistung für etwaige Mängel. Du kaufst den PC so, wie du ihn jetzt siehst." Frau Yildiz stimmt zu. Nach drei Monaten geht der Lüfter kaputt. Frau Yildiz wendet sich erbost an ihre Nachbarin und verlangt, dass sie den PC repariert, schließlich habe man ja bei gebrauchten Gütern mindestens ein Jahr Gewährleistung. Frau Mertens lehnt dies ab. Wer hat Recht? Begründen Sie Ihre Meinung.

    b) Wie beurteilen Sie den Fall, wenn Frau Mertens und Frau Yildiz Kauffrauen im Sinne des HGB sind und das Geschäft im Rahmen ihres Handelsgewerbes abgeschlossen haben?

33. Welche Auswirkung haben die folgenden Aktionen auf die Verjährung? Geben Sie an, ob die Verjährung gehemmt wird, neu beginnt oder ob die Aktion keinen Einfluss auf die Verjährung hat.

    a) Eine Überschwemmung verhindert die Rechtsverfolgung kurz vor Ablauf der Verjährung.

    b) Der Schuldner zahlt Zinsen.

    c) Die Schuldnerin bittet um Stundung der Zahlung.

    d) Zustellung eines Mahnbescheids.

    e) Der Gläubiger fordert den Schuldner per Einschreiben zur Zahlung auf.

34. Die Computer Fix & Fertig GmbH kauft von einem Großhändler fünf Tintenstrahldrucker, die sie auch schon bezahlt hat. Die Drucker sind bereits von Kundinnen und Kunden vorbestellt. Bei der Warenannahme bemerkt der Geschäftsführer der Computer Fix & Fertig GmbH, dass drei Tintenstrahldrucker defekt sind. Er setzt eine angemessene Frist zur Nachbesserung, auf die der Großhändler aber nicht reagiert. Den Kundinnen und Kunden der Computer Fix & Fertig GmbH dauert es zu lange, sodass sie bei einem anderen Händler kaufen. Der Geschäftsführer der Computer Fix & Fertig GmbH möchte daher von der Großhandlung die Rückzahlung des Kaufpreises für die drei Tintenstrahldrucker sowie Schadenersatz in Höhe des ihm entgangenen Gewinns. Klären Sie die Rechtslage.

35. Die Computer Fix & Fertig GmbH bestellt bei dem Großhändler Compo AG 1000
     USB-Sticks. Die Compo AG bestätigt die Bestellung, liefert aber dann doch nicht
     zum vereinbarten Termin. Zwischenzeitlich sind die Preise für USB-Sticks deutlich
     gefallen. Die Computer Fix & Fertig GmbH kauft daher bei einem anderen Großhänd-
     ler und informiert die Compo AG. Diese verlangt die Abnahme und Zahlung der
     Sticks, da die Computer Fix & Fertig GmbH keine angemessene Nachfrist gestellt
     hat. Klären Sie die Rechtslage.

36. Die Compo AG liefert an die Computer Fix & Fertig GmbH zehn Notebooks. Die Com-
     puter Fix & Fertig GmbH erhält die Rechnung am 3. Juni. Die Computer Fix & Fertig
     GmbH zahlt nicht rechtzeitig. Ab wann kann die Compo AG in den folgenden Fällen
     Verzugszinsen in Rechnung stellen?

     a) Es wurde kein Zahlungsziel vereinbart. Die Compo AG hat keine Mahnung ver-
        schickt.

     b) Es wurde kein Zahlungsziel vereinbart. Die Compo AG hat am 25. Juni eine
        Mahnung verschickt.

     c) Vereinbartes Zahlungsziel: „Spätestens 10 Tage nach Erhalt der Rechnung."

     Wie viel Prozent Verzugszinsen kann die Compo AG verlangen, wenn der Basiszins-
     satz bei 2,6 % liegt?

37. Die Computer Fix & Fertig GmbH hat vor 30 Monaten an die Kontago GmbH einen
     Beamer geliefert. Die Zahlung war bereits vor 29 Monaten fällig. Die Kontago GmbH
     hat immer noch nicht gezahlt. Ist die Forderung inzwischen verjährt? Begründen Sie
     Ihre Entscheidung.

38. Paul Ebert hat eine Waschmaschine gekauft. Als Liefertermin wurde der 22. Oktober
     zwischen 14.00 Uhr und 15.00 Uhr vereinbart. Herr Ebert macht extra vorzeitig Feier-
     abend, um rechtzeitig zu Hause zu sein. Unterwegs hat er einen schweren Unfall.
     Die Spedition trifft daher niemanden an und nimmt die Waschmaschine wieder mit.
     Nachdem Herr Ebert wieder aus dem Krankenhaus entlassen worden ist, vereinbart
     er einen neuen Liefertermin. Dieses Mal kann er die Waschmaschine annehmen.
     Entsetzt ist er allerdings, dass er auch die Kosten der ersten Lieferung zahlen soll.
     Er weigert sich zu zahlen. Hat er Recht? Geben Sie eine Begründung an.

39. Ergänzen Sie den Betriebsabrechnungsbogen und errechnen Sie die Kosten für die einzelnen Kostenstellen. Die Verteilung soll aufgrund folgender Verteilungstabelle erfolgen.

Gemein-kostenart	Betrag in €	Vertei-lungsbasis	Kostenstellen			
			Material	Fertigung	Verwaltung	Vertrieb
Gehälter	350 000,00	Gehaltsliste	50 000,00 €	60 000,00 €	140 000,00 €	100 000,00 €
Hilfs-löhne	280 000,00	Lohnliste	44 000,00 €	180 000,00 €	–	56 000,00 €
Sozial-kosten	99 500,00	Lohn- und Gehaltslis-ten	Die Verteilung erfolgt entsprechend der Löhne und Gehälter der Kostenstellen.			
Miete	23 800,00	m²	400 m²	1 400 m²	500 m²	200 m²
Energie	50 500,00	Verteilungs-schlüssel	1	7	2	1
Abschrei-bungen	94 800,00	Anlagen-kartei	6 200,00 €	76 400,00 €	10 500,00 €	1 700,00 €

BAB I					
Gemeinkostenart	Betrag in €	Kostenstellen			
		Material	Fertigung	Verwaltung	Vertrieb
Gehälter	350 000,00				
Hilfslöhne	280 000,00				
Sozialkosten	99 500,00				
Miete	23 800,00				
Energie	50 500,00				
Abschreibungen	94 800,00				
Summe					

40. Aus dem BAB I eines Industriebetriebes ergeben sich folgende Gemeinkosten:
    - Materialgemeinkosten: 19 500,00 €
    - Fertigungsgemeinkosten: 140 000,00 €
    - Verwaltungsgemeinkosten: 54 900,00 €
    - Vertriebsgemeinkosten: 27 400,00 €

Für Material- und Fertigungseinzelkosten fielen 90 000,00 € bzw. 60 000,00 € an. Ermitteln Sie:

a) den Materialgemeinkostenzuschlagssatz

b) den Fertigungsgemeinkostenzuschlagssatz

c) den Verwaltungsgemeinkostenzuschlagssatz

d) den Vertriebsgemeinkostenzuschlagssatz

41. Eine Schreinerei stellt individuelle Computerschreibtische her. Berechnen Sie mithilfe der nachfolgenden Angaben den Netto-Angebotspreis (Listenverkaufspreis) für einen Computerschreibtisch.

– Materialeinzelkosten: 45,00 €

– Materialgemeinkostenzuschlag: 8 %

– Fertigungseinzelkosten: 28,00 €

– Fertigungsgemeinkostenzuschlag: 50 %

– Verwaltungsgemeinkostenzuschlag: 10 %

– Vertriebsgemeinkostenzuschlag: 5 %

– Gewinnzuschlag: 15 %

– Kundenskonto: 3 %

– Vertreterprovision: 2 %

– Rabatt: 3 %

42. Ein Fachinformatiker möchte ein Zusatzmodul für eine Anwendung zur Verwaltung von Kundeninformationen programmieren. Dabei rechnet er mit folgenden Kosten:Personalkosten: 50 Stunden, Stundensatz: 50,00 €, Sachkosten: 250,00 €. Durch dieses Modul kann der Preis der Anwendung von 450,00 € auf 455,00 € angehoben werden. Pro Monat werden durchschnittlich 110 Anwendungen verkauft. Wann hat sich die Investition amortisiert?

43. Sie sollen ein Angebot für eine Kundin kalkulieren. Die Kundin benötigt zwölf Workstations (á 1 850,00 €), einen Server zu 2 200,00 €, zwölf Monitore à 379,00 € sowie Kabel, Schalter, Stecker im Wert von 1 500,00 €. Eine spezielle Platine muss hergestellt und eingebaut werden (Kosten: 600,00 €). An Software wird benötigt: je Workstation 360,00 €, Server-Software 500,00 €. Die gesamte Hardware ist zu installieren, hierfür wird eine Montagezeit von 60 Arbeitsstunden (à 40,00 €) geplant. Sie arbeiten mit folgenden Daten: Materialgemeinkostenzuschlag 12 %, Fertigungsgemeinkostenzuschlag 90 %, Verwaltungsgemeinkostenzuschlag und Vertriebsgemeinkostenzuschlag jeweils 25 %, Gewinnzuschlag 15 %. Ermitteln Sie den Angebotspreis (brutto).

44. Ein Kunde benötigt eine maßgeschneiderte Software, ihm liegt hierfür ein Angebot eines Softwarehauses in Höhe von 16 000,00 € (brutto) vor. Für die Erstellung dieser Software kalkulieren Sie 100 Arbeitsstunden für Programmierer/-innen (à 90,00 €), 20 Arbeitsstunden für Systemanalyse (à 120,00 €) und 30 Arbeitsstunden für Hilfs-

kräfte (à 65,00 €). Ihr Gewinnzuschlagssatz beträgt 15 %. Ermitteln Sie den Angebotspreis und entscheiden Sie, ob Sie bereit sind, den Auftrag anzunehmen (Begründung).

45. Finden Sie Beispiele für typische Einzelkosten und Gemeinkosten bei IT-Projekten.

46. Welche Faktoren sind bei der Wahl zwischen Eigenfertigung und Fremdfertigung neben dem Vergleich der variablen Kosten mit dem Bezugspreis noch wichtig?

47. Eine Unternehmung, die nur ein einziges Produkt verkauft, erzielt einen Nettoverkaufspreis von 15,00 € je Stück. Die Kostensituation der Unternehmung stellt sich in einer Periode wie folgt dar: fixe Kosten: 190 000,00 €, variable Stückkosten: 8,00 €.

Berechnen Sie

a) den Deckungsbeitrag je Stück,

b) den Gewinn der Unternehmung bei einer Produktion von 70 000 Stück,

c) den Break-even-Point. (Runden Sie auf die nächst größere Zahl auf.)

4

Damit Arbeitnehmerinnen und Arbeitnehmer auf dem Arbeitsmarkt bestehen können, ist eine gute Ausbildung wichtig. Untersuchungen des Statistischen Bundesamtes haben ergeben: Je qualifizierter ein/-e Arbeitnehmer/-in ist, desto geringer ist das Risiko arbeitslos zu werden. Viele Schülerinnen und Schüler entscheiden sich daher nach der Beendigung der allgemeinbildenden Schule für eine Berufsausbildung. Sie haben dabei die Wahl zwischen einem Ausbildungsberuf im dualen System oder einer vollschulischen Ausbildung.

5.1   Das duale Ausbildungssystem

Die Berufsausbildung findet in Deutschland nicht nur in dem Betrieb statt, mit dem Auszubildende einen Ausbildungsvertrag abgeschlossen haben, sondern auch in der Berufsschule. Dieser Organisation der Ausbildung an zwei für die Ausbildung zuständigen Lernorten (= dual) hat das deutsche duale Ausbildungssystem seinen Namen zu verdanken.

Duales Ausbildungssystem

	Ausbildungsbetrieb	Berufsschule
Aufgabe	Einführung in die Arbeitswelt und Vermittlung des fachpraktischen Teils der Ausbildung	Vermittlung des fachtheoretischen Teils der Ausbildung und Vertiefung bzw. Erweiterung der allgemeinen Bildung
Aufsicht	Kammern	Kultusministerium/ Schulministerium
Gesetzliche Grundlage	Berufsbildungsgesetz	Schulgesetz

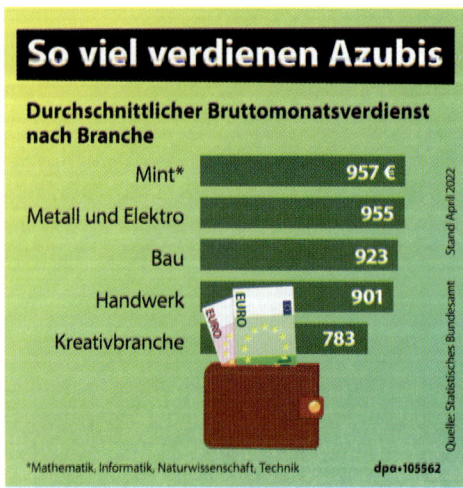

Durchschnittlicher Bruttoverdienst von Auszubildenden nach Branche

5.2 Rechtsrahmen während und unmittelbar nach der Ausbildung

Um eine qualifizierte und einheitliche Berufsausbildung zu gewährleisten, wurde die Vertragsfreiheit beim Abschluss eines Ausbildungsvertrages stark eingeschränkt. Ein Ausbildungsverhältnis, aber auch jedes andere Arbeitsverhältnis, unterliegt zahlreichen gesetzlichen Regelungen. Dazu zählen u. a.:

- das Berufsbildungsgesetz
- das Bundesurlaubsgesetz
- das Arbeitszeitgesetz
- das Jugendarbeitsschutzgesetz

- das Mutterschutzgesetz
- das Sozialgesetzbuch
- das Kündigungsschutzgesetz
- das Betriebsverfassungsgesetz

Für alle zugelassenen Ausbildungsberufe gibt es darüber hinaus eine Ausbildungsordnung, die die wesentlichen Inhalte der betrieblichen Ausbildung festlegt, sowie schulische Rahmenlehrpläne des Bundes und entsprechende Lehrpläne der einzelnen Länder. Auszüge der wichtigsten Gesetze werden im Folgenden kurz dargestellt. Den vollständigen Gesetzestext sowie die hier nicht näher beschriebenen Gesetze können z. B. bei www.gesetze-im-internet.de nachgelesen werden.

5.2.1 Berufsbildungsgesetz (BBiG)

Im **Berufsbildungsgesetz** ist festgelegt, welche Rechte und Pflichten Ausbildungsbetriebe und Auszubildende jeweils haben. Es gilt für die Berufsbildung, soweit sie nicht in berufsbildenden Schulen durchgeführt wird, die den Schulgesetzen der Länder unterstehen. Es gilt nicht für die Ausbildung in einem öffentlich-rechtlichen Dienstverhältnis.

§ 1 BBiG regelt die Ziele und Begriffe der Berufsbildung. Es wird zwischen vier Arten der Berufsbildung unterschieden:

1. Die **Berufsausbildungsvorbereitung** dient dem Ziel, durch die Vermittlung von Grundlagen für den Erwerb beruflicher Handlungsfähigkeit an eine Berufsausbildung in einem anerkannten Ausbildungsberuf heranzuführen.

2. Die **Berufsausbildung** hat die für die Ausübung einer qualifizierten beruflichen Tätigkeit in einer sich wandelnden Arbeitswelt notwendigen beruflichen Fertigkeiten, Kenntnisse und Fähigkeiten (berufliche Handlungsfähigkeit) in einem geordneten Ausbildungsgang zu vermitteln. Sie hat ferner den Erwerb der erforderlichen Berufserfahrungen zu ermöglichen.

3. Die **berufliche Fortbildung** soll es ermöglichen, 1. die berufliche Handlungsfähigkeit durch eine Anpassungsfortbildung zu erhalten und anzupassen oder 2. die berufliche Handlungsfähigkeit durch eine Fortbildung der höherqualifizierenden Berufsbildung zu erweitern und beruflich aufzusteigen.

4. Die **berufliche Umschulung** soll zu einer anderen beruflichen Tätigkeit befähigen.

Im Weiteren beschränken sich die Ausführungen in diesem Buch auf die wichtigsten Regelungen für die Berufsausbildung.

Für die betriebliche Ausbildung ist vor allem die **Ausbildungsordnung** wichtig. Diese wird i.d.R. auch auf den Webseiten der IHKs veröffentlicht. In der Ausbildungsordnung wird Folgendes festgelegt:

1. die Bezeichnung des Ausbildungsberufes, der anerkannt wird

2. die Ausbildungsdauer

3. die beruflichen Fertigkeiten, Kenntnisse und Fähigkeiten, die mindestens Gegenstand der Berufsausbildung sind, unter Beachtung der technologischen und digitalen Entwicklung

4. eine Anleitung zur sachlichen und zeitlichen Gliederung der Vermittlung der beruflichen Fertigkeiten, Kenntnisse und Fähigkeiten (Ausbildungsrahmenplan)

5. die Prüfungsanforderungen

Die normale **Ausbildungsdauer** für IT-Berufe im dualen System beträgt drei Jahre. Nach § 8 BBiG kann auf gemeinsamen Antrag der Auszubildenden und der Ausbildenden an die **zuständige Stelle** (hier IHK) die Ausbildungsdauer gekürzt werden, wenn zu erwarten ist, dass das Ausbildungsziel in der gekürzten Dauer erreicht wird. In Ausnahmefällen kann die zuständige Stelle auf Antrag der oder des Auszubildenden die Ausbildungsdauer verlängern, wenn die Verlängerung erforderlich ist, um das Ausbildungsziel zu erreichen. Vor der Entscheidung über die Verlängerung sind die Ausbildenden zu hören.

Der **Berufsausbildungsvertrag** muss schriftlich abgeschlossen werden, die elektronische Form ist ausgeschlossen. Er muss von dem Ausbildenden, dem/der Auszubildenden und dessen/deren gesetzlichem Vertreter unterschrieben werden und allen Beteiligten ausgehändigt werden. In dem Vertrag müssen folgende Mindestinhalte aufgeführt sein:

1. Art, sachliche und zeitliche Gliederung sowie Ziel der Berufsausbildung, insbesondere die Berufstätigkeit, für die ausgebildet werden soll

2. Beginn und Dauer der Berufsausbildung

3. Ausbildungsmaßnahmen außerhalb der Ausbildungsstätte

4. Dauer der regelmäßigen täglichen Ausbildungszeit

5. Dauer der Probezeit

6. Zahlung und Höhe der Vergütung

7. Dauer des Urlaubs

8. Voraussetzungen, unter denen der Berufsausbildungsvertrag gekündigt werden kann

9. ein in allgemeiner Form gehaltener Hinweis auf die Tarifverträge, Betriebs- oder Dienstvereinbarungen, die auf das Berufsausbildungsverhältnis anzuwenden sind

10. die Form des Ausbildungsnachweises

Eine Vereinbarung, die Auszubildende für die Zeit nach Beendigung des Berufsausbildungsverhältnisses in der Ausübung ihrer beruflichen Tätigkeit beschränkt, ist nichtig. Dies gilt nicht, wenn sich Auszubildende innerhalb der letzten sechs Monate des Berufsausbildungsverhältnisses dazu verpflichten, nach dessen Beendigung mit den Ausbildenden ein Arbeitsverhältnis einzugehen. Nichtig ist auch eine Vereinbarung über die Verpflichtung Auszubildender, für die Berufsausbildung eine Entschädigung zu zahlen, die Festlegung von Vertragsstrafen, der Ausschluss oder die Beschränkung von Schadenersatzansprüchen sowie die Festsetzung der Höhe eines Schadenersatzes in Pauschbeträgen (siehe § 11 BBiG).

In § 13 ff. BBiG werden die **Pflichten** der Auszubildenden bzw. der Ausbildenden beschrieben.

Pflichten der Auszubildenden	Pflichten der Ausbildenden
Auszubildende haben sich zu bemühen, die berufliche Handlungsfähigkeit zu erwerben, die zum Erreichen des Ausbildungsziels erforderlich ist. Sie sind insbesondere verpflichtet, 1. die ihnen im Rahmen ihrer Berufsausbildung aufgetragenen Aufgaben sorgfältig auszuführen, 2. an Ausbildungsmaßnahmen teilzunehmen, für die sie nach § 15 freigestellt werden, 3. den Weisungen zu folgen, die ihnen im Rahmen der Berufsausbildung von Ausbildenden, von Ausbildern oder Ausbilderinnen oder von anderen weisungsberechtigten Personen erteilt werden, 4. die für die Ausbildungsstätte geltende Ordnung zu beachten, 5. Werkzeug, Maschinen und sonstige Einrichtungen pfleglich zu behandeln, 6. über Betriebs- und Geschäftsgeheimnisse Stillschweigen zu wahren, 7. einen schriftlichen oder elektronischen Ausbildungsnachweis zu führen.	Ausbildende 1. müssen dafür sorgen, dass den Auszubildenden die berufliche Handlungsfähigkeit vermittelt wird, die zum Erreichen des Ausbildungsziels erforderlich ist, und die Berufsausbildung in einer durch ihren Zweck gebotenen Form planmäßig, zeitlich und sachlich gegliedert so durchführen, dass das Ausbildungsziel in der vorgesehenen Ausbildungszeit erreicht werden kann, 2. müssen selbst ausbilden oder einen Ausbilder oder eine Ausbilderin ausdrücklich damit beauftragen, 3. haben Auszubildenden kostenlos die Ausbildungsmittel, insbesondere Werkzeuge, Werkstoffe und Fachliteratur, zur Verfügung zu stellen, die zur Berufsausbildung und zum Ablegen von Zwischen- und Abschlussprüfungen, auch soweit solche nach Beendigung des Berufsausbildungsverhältnisses stattfinden, erforderlich sind, 4. sind verpflichtet, Auszubildende zum Besuch der Berufsschule anzuhalten, 5. müssen dafür sorgen, dass Auszubildende charakterlich gefördert sowie sittlich und körperlich nicht gefährdet werden, 6. müssen Auszubildende zum Führen der Ausbildungsnachweise anhalten und diese regelmäßig durchsehen. Den Auszubildenden ist Gelegenheit zu geben, den Ausbildungsnachweis am Arbeitsplatz zu führen. 7. dürfen nur Aufgaben an Auszubildende übertragen, die dem Ausbildungszweck dienen und deren körperlichen Kräften angemessen sind.

Konkretisiert wird die **Anrechnung von Berufsschulunterricht** auf die Ausbildungszeit in § 15 BBiG. Es gilt, dass Auszubildende vor einem vor 9 Uhr beginnenden Berufsschulunterricht nicht beschäftigt werden dürfen. Die Auszubildenden müssen von der betrieblichen Ausbildung u. a. für die Teilnahme am Berufsschulunterricht freigestellt werden. Darüber hinaus sieht das Berufsbildungsgesetz noch weitere Freistellungsgründe vor.

Freistellungsgründe

Gründe für eine Freistellung von der betrieblichen Ausbildung	Anrechnung auf die Ausbildungszeit
Teilnahme am Berufsschulunterricht	Berufsschulunterrichtszeit einschließlich Pausen
Berufsschultag mit mehr als fünf Unterrichtsstunden von mindestens je 45 Minuten, einmal in der Woche	Durchschnittliche tägliche Ausbildungszeit
Berufsschulwochen mit einem planmäßigen Blockunterricht von mindestens 25 Stunden an mindestens fünf Tagen. Betriebliche Ausbildungsveranstaltungen bis zu zusätzlich zwei Stunden wöchentlich sind zulässig.	Durchschnittliche wöchentliche Ausbildungszeit
Teilnahme an Prüfungen und Ausbildungsmaßnahmen, die aufgrund öffentlich-rechtlicher oder vertraglicher Bestimmungen außerhalb der Ausbildungsstätte durchzuführen sind.	Zeit der Teilnahme einschließlich Pausen
Arbeitstag, der der schriftlichen Abschlussprüfung unmittelbar vorangeht.	Durchschnittliche tägliche Ausbildungszeit

Für Auszubildende unter 18 Jahren gilt darüber hinaus noch das Jugendarbeitsschutzgesetz.

Ausbildende haben Auszubildenden bei Beendigung des Berufsausbildungsverhältnisses ein schriftliches **Zeugnis** auszustellen. Die elektronische Form ist ausgeschlossen. Haben Ausbildende die Berufsausbildung nicht selbst durchgeführt, so soll auch der Ausbilder oder die Ausbilderin das Zeugnis unterschreiben. Das Zeugnis muss Angaben enthalten über Art, Dauer und Ziel der Berufsausbildung sowie über die erworbenen beruflichen Fertigkeiten, Kenntnisse und Fähigkeiten des Auszubildenden. Auf Verlangen des Auszubildenden sind auch Angaben über Verhalten und Leistung aufzunehmen.

Auszubildende haben Anspruch auf eine **angemessene Vergütung**. Die Vergütung steigt mit fortschreitender Berufsausbildung an, mindestens jährlich. Dabei sieht das Berufsbildungsgesetzt eine monatliche Mindestvergütung vor. Die Angemessenheit der Vergütung ist ausgeschlossen, wenn sie folgende monatliche Mindestvergütung unterschreitet (§ 17 BBiG):

1. im ersten Jahr einer Berufsausbildung
   a) 515,00 €, wenn die Berufsausbildung im Zeitraum vom 1. Januar 2020 bis zum 31. Dezember 2020 begonnen wird,
   b) 550,00 €, wenn die Berufsausbildung im Zeitraum vom 1. Januar 2021 bis zum 31. Dezember 2021 begonnen wird,
   c) 585,00 €, wenn die Berufsausbildung im Zeitraum vom 1. Januar 2022 bis zum 31. Dezember 2022 begonnen wird, und
   d) 620,00 €, wenn die Berufsausbildung im Zeitraum vom 1. Januar 2023 bis zum 31. Dezember 2023 begonnen wird,

2. im zweiten Jahr einer Berufsausbildung den Betrag nach Nummer 1 für das jeweilige Jahr, in dem die Berufsausbildung begonnen worden ist, zuzüglich 18 Prozent,

3. im dritten Jahr einer Berufsausbildung den Betrag nach Nummer 1 für das jeweilige Jahr, in dem die Berufsausbildung begonnen worden ist, zuzüglich 35 Prozent und

4. im vierten Jahr einer Berufsausbildung den Betrag nach Nummer 1 für das jeweilige Jahr, in dem die Berufsausbildung begonnen worden ist, zuzüglich 40 Prozent.

Die Höhe der Mindestvergütung wird zum 1. Januar eines jeden Jahres, erstmals zum 1. Januar 2024, fortgeschrieben.

Das Berufsausbildungsverhältnis beginnt mit der **Probezeit**. Sie muss mindestens einen Monat und darf höchstens vier Monate betragen (§ 20 BBiG). Während der Probezeit kann das Berufsausbildungsverhältnis jederzeit ohne Einhalten einer Kündigungsfrist gekündigt werden. Nach der Probezeit kann das Berufsausbildungsverhältnis nur bei nachfolgenden Fällen gekündigt werden (§ 22 BBiG):

1. Aus einem wichtigen Grund ohne Einhalten einer Kündigungsfrist. Eine Kündigung aus einem wichtigen Grund ist unwirksam, wenn die ihr zugrunde liegenden Tatsachen dem zur Kündigung Berechtigten länger als zwei Wochen bekannt sind. Ist ein vorgesehenes Güteverfahren vor einer außergerichtlichen Stelle eingeleitet, so wird bis zu dessen Beendigung der Lauf dieser Frist gehemmt.

2. Von Auszubildenden mit einer Kündigungsfrist von vier Wochen, wenn sie die Berufsausbildung aufgeben oder sich für eine andere Berufstätigkeit ausbilden lassen wollen.

Wird das Berufsausbildungsverhältnis nach der Probezeit vorzeitig gelöst, so können Ausbildende oder Auszubildende Schadenersatz verlangen, wenn die andere Person den Grund für die Auflösung zu vertreten hat (§ 23 BBiG).

Das **Berufsausbildungsverhältnis** endet mit dem **Ablauf der Ausbildungsdauer**. Im Falle der Stufenausbildung endet es mit Ablauf der letzten Stufe. Bestehen Auszubildende vor Ablauf der Ausbildungsdauer die Abschlussprüfung, so endet das Berufsausbildungsverhältnis mit Bekanntgabe des Ergebnisses durch den Prüfungsausschuss. Bestehen Auszubildende die Abschlussprüfung nicht, so verlängert sich das Berufsausbildungsverhältnis **auf ihr Verlangen** bis zur nächstmöglichen Wiederholungsprüfung, höchstens um ein Jahr. Ohne ein aktives Handeln des Auszubildenden endet das Ausbildungsverhältnis.

Durch die **Abschlussprüfung** ist festzustellen, ob der oder die Auszubildende die berufliche Handlungsfähigkeit erworben hat. Er oder sie soll in der Prüfung nachweisen, dass er/sie die erforderlichen beruflichen Fertigkeiten beherrscht, die notwendigen beruflichen Kenntnisse und Fähigkeiten besitzt und mit dem Lehrstoff vertraut ist, der im Berufsschulunterricht vermittelt wurde und für die Berufsausbildung wesentlich ist. Die Abschlussprüfung kann im Falle des Nichtbestehens zweimal wiederholt werden. Sofern die Abschlussprüfung in zwei zeitlich auseinanderfallenden Teilen durchgeführt wird, ist der erste Teil der Abschlussprüfung nicht eigenständig wiederholbar. Der Absolvent bzw. die Absolventin erhält ein Zeugnis über die erzielten Leistungen.

Werden Auszubildende im Anschluss an das Berufsausbildungsverhältnis beschäftigt, ohne dass hierüber ausdrücklich etwas vereinbart worden ist, so gilt ein Arbeitsverhältnis auf unbestimmte Zeit als begründet.

5

Exkurs: Kosten der Ausbildung

Neben der Ausbildungsvergütung und den Kosten für die Sozialversicherungen kommen auf den Ausbildungsbetrieb noch weitere Kosten für die Ausbildung zu, wie die nachfolgende Grafik verdeutlicht. Bei der Berechnung eines Stundensatzes für einen Auszubildenden muss man darüber hinaus auch berücksichtigen, dass dieser dem Betrieb nicht immer zur Verfügung steht, sondern z. B. für den Besuch der Berufsschule freigestellt werden muss.

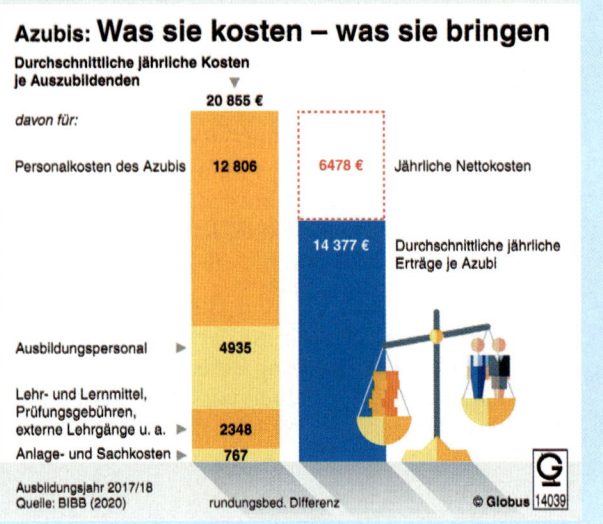

5.2.2   Arbeits-, Pausen-, Ruhe- und Krankenzeiten

Die meisten Regeln aus dem Arbeitsrecht gelten im gleichen Umfang auch für Auszubildende.

Das **Arbeitszeitgesetz** regelt, dass Beschäftigte pro Arbeitstag maximal acht Stunden tätig sein dürfen (§ 3 ArbZG). In Ausnahmefällen kann die Arbeitszeit allerdings auf bis zu zehn Stunden ausgeweitet werden. Zudem müssen im Voraus feststehende Ruhepausen eingehalten werden (§ 4 ArbZG). Bei einer Arbeitszeit von mehr als sechs Stunden sind 30 Minuten Pause vorgeschrieben. Wenn die Arbeitszeit neun Stunden übersteigt, erhöht sich die Pausenzeit auf 45 Minuten. Die Ruhepausen können in Zeitabschnitte von jeweils mindestens 15 Minuten aufgeteilt werden. Zwischen den Arbeitszeiten, also vom Arbeitsende bis zum nächsten Arbeitsbeginn, müssen im Regelfall mindestens elf Stunden Ruhezeit liegen.

Das **Bundesurlaubsgesetz** legt fest, dass jede/-r Arbeitnehmer/-in Anspruch auf bezahlten Erholungsurlaub hat. Da-

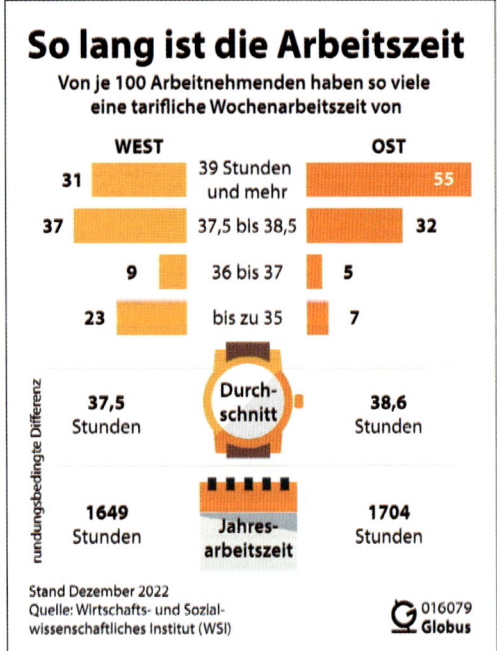

bei beträgt der jährliche Urlaubsanspruch 24 Werktage. Einen Anspruch auf die gesamten Urlaubstage gibt es erst nach mindestens sechsmonatigem Bestehen des Arbeitsverhältnisses. Bei der zeitlichen Festlegung des Urlaubs sind die Urlaubswünsche der Arbeitnehmer/-innen zu berücksichtigen, es sei denn, dass ihrer Berücksichtigung dringende betriebliche Belange oder Urlaubswünsche anderer Arbeitnehmer/-innen, die unter sozialen Gesichtspunkten den Vorrang verdienen, entgegenstehen. Der Urlaub soll möglichst zusammenhängend gewährt werden. Wenn es keine anderen Vereinbarungen gibt, muss der Urlaub im laufenden Kalenderjahr genommen werden. Nur unter bestimmten Voraussetzungen ist es möglich, Urlaub ins nächste Kalenderjahr zu übertragen. Dann muss der Urlaub in den ersten drei Monaten des folgenden Kalenderjahrs gewährt und genommen werden. Während des Urlaubs darf keiner anderen Erwerbstätigkeit nachgegangen werden, die dem Urlaubszweck entgegensteht. Bei einer Erkrankung während des Urlaubs werden die durch ärztliches Zeugnis nachgewiesenen Tage der Arbeitsunfähigkeit nicht auf die Urlaubstage angerechnet.

Wenn Arbeitnehmer/-innen z. B. durch Krankheit oder einen Unfall arbeitsunfähig werden, wird ihr Gehalt bis zu sechs Wochen weiterbezahlt. Voraussetzung dafür ist eine ununterbrochene Beschäftigungsdauer von mindestens vier Wochen im Unternehmen (§ 3 EntgFG). Bei Vorliegen einer **Arbeitsunfähigkeit** muss der Arbeitnehmer bzw. die Arbeitnehmerin sich unverzüglich beim Arbeitgeber abmelden. Sollte die Arbeitsunfähigkeit länger als drei Kalendertage dauern, muss spätestens am darauffolgenden Arbeitstag eine ärztliche Bescheinigung vorgelegt werden. Der Arbeitgeber darf aber verlangen, dass die Bescheinigung früher vorgelegt wird (§ 5 EntgFG).

5.2.3 Jugendarbeitsschutz

Auszubildende, die noch nicht 18 Jahre alt sind, werden über die oben dargestellten Gesetze hinaus durch das **Jugendarbeitsschutzgesetz** (JArbSchG) geschützt.

Die Beschäftigung von Kindern ist verboten. Kind im Sinne des Gesetzes ist, wer noch nicht 15 Jahre alt ist. Bei Jugendlichen, die noch der Vollzeitschulpflicht unterliegen, finden die für Kinder geltenden Vorschriften ebenfalls Anwendung. Eine Ausnahme vom Beschäftigungsverbot für Kinder ist u. a. eine Beschäftigung im Rahmen eines Betriebspraktikums während der Vollzeitschulpflicht.

Jugendlich im Sinne des Gesetzes ist, wer mindestens 15 Jahre, aber noch nicht 18 Jahre alt ist. Jugendliche dürfen nicht mehr als acht Stunden täglich und nicht mehr als 40 Stunden wöchentlich beschäftigt werden. Wenn an einzelnen Werktagen die **Arbeitszeit** auf weniger als acht Stunden verkürzt ist oder in Verbindung mit Feiertagen an Werktagen nicht gearbeitet wird, können Jugendliche an anderen Tagen bis zu 8,5 Stunden arbeiten. Auch im Jugendarbeitsschutzgesetz wird noch einmal aufgeführt, dass der Arbeitgeber die Jugendlichen für die **Teilnahme am Berufsschulunterricht** freistellen muss und sie nicht vor einem vor 9 Uhr beginnenden Unterricht beschäftigen darf. Diese Regelung gilt auch für Personen, die über 18 Jahre alt und noch berufsschulpflichtig sind. Ebenso wie im BBiG steht auch im Jugendarbeitsschutzgesetz, dass Jugendliche nicht an einem Berufsschultag mit mehr als fünf Unterrichtsstunden von mindestens je 45 Minuten beschäftigt werden dürfen. Gleiches gilt bei Berufsschulwochen mit einem planmäßigen Blockunterricht von mindestens 25 Stunden an mindestens fünf Tagen in der Woche. Ein Tag vor der Abschlussprüfung muss der oder die Jugendliche freigestellt werden (§ 15 BBiG und § 10 JArbSchG).

Die Regelungen für **Ruhepausen** gehen über die Vorschriften des Arbeitszeitgesetzes hinaus. Nach § 11 JArbSchG gilt, dass die Ruhepausen für Jugendliche mindestens 30 Minuten bei einer Arbeitszeit von mehr als viereinhalb bis zu sechs Stunden sowie 60 Minuten bei einer Arbeitszeit von mehr als sechs Stunden betragen müssen. Als Ruhepause gilt eine Arbeitsunterbrechung von mindestens 15 Minuten. Die Ruhepausen müssen frühestens eine Stunde nach Beginn und spätestens eine Stunde vor Ende der Arbeitszeit gewährt werden. Länger als viereinhalb Stunden hintereinander dürfen Jugendliche nicht ohne Pause beschäftigt werden.

Nach Beendigung der täglichen Arbeitszeit dürfen Jugendliche nicht vor Ablauf einer ununterbrochenen Freizeit von mindestens zwölf Stunden beschäftigt werden. Jugendliche dürfen nur in der Zeit von 6 bis 20 Uhr beschäftigt werden. Ausnahmen sind unter bestimmten Bedingungen möglich. Jugendliche dürfen nur an fünf Tagen in der Woche beschäftigt werden. Die beiden wöchentlichen Ruhetage sollen nach Möglichkeit aufeinander folgen.

An Samstagen, Sonntagen und Feiertagen sollen Jugendliche nicht beschäftigt werden. Allerdings gibt es hier einige Ausnahmeregelungen (§ 16 ff. JArbSchG).

§ 19 JArbSchG regelt den Urlaubsanspruch von jugendlichen Arbeitnehmenden. Der Anspruch auf einen bezahlten **Erholungsurlaub** beträgt jährlich

- mindestens 30 Werktage, wenn der oder die Jugendliche zu Beginn des Kalenderjahrs noch nicht 16 Jahre alt ist,

- mindestens 27 Werktage, wenn der oder die Jugendliche zu Beginn des Kalenderjahrs noch nicht 17 Jahre alt ist,

- mindestens 25 Werktage, wenn der oder die Jugendliche zu Beginn des Kalenderjahrs noch nicht 18 Jahre alt ist.

Der Urlaub soll Berufsschülerinnen und -schülern in der Zeit der Berufsschulferien gegeben werden. Soweit er nicht in den Berufsschulferien gegeben wird, ist für jeden Berufsschultag, an dem die Berufsschule während des Urlaubs besucht wird, ein weiterer Urlaubstag zu gewähren.

Das Jugendarbeitsschutzgesetz soll Jugendliche vor **gefährlichen Arbeiten** schützen (§ 22 JArbSchG). Jugendliche dürfen nicht beschäftigt werden

1. mit Arbeiten, die ihre physische oder psychische Leistungsfähigkeit übersteigen,

2. mit Arbeiten, bei denen sie sittlichen Gefahren ausgesetzt sind,

3. mit Arbeiten, die mit Unfallgefahren verbunden sind, von denen anzunehmen ist, dass Jugendliche sie wegen mangelnden Sicherheitsbewusstseins oder mangelnder Erfahrung nicht erkennen oder nicht abwenden können,

4. mit Arbeiten, bei denen ihre Gesundheit durch außergewöhnliche Hitze oder Kälte oder starke Nässe gefährdet wird,

5. mit Arbeiten, bei denen sie schädlichen Einwirkungen von Lärm, Erschütterungen oder Strahlen ausgesetzt sind,

6. mit Arbeiten, bei denen sie schädlichen Einwirkungen von Gefahrstoffen im Sinne der Gefahrstoffverordnung ausgesetzt sind,

7. mit Arbeiten, bei denen sie schädlichen Einwirkungen von biologischen Arbeitsstoffen im Sinne der Biostoffverordnung ausgesetzt sind.

Die Punkte 3 bis 7 gelten nicht für die Beschäftigung Jugendlicher, soweit dies zur Erreichung ihres Ausbildungszieles erforderlich ist, ihr Schutz durch die Aufsicht einer fachkundigen Person gewährleistet ist und der Luftgrenzwert bei gefährlichen Stoffen unterschritten wird.

Ebenso gilt ein **Beschäftigungsverbot** bei Akkordarbeit oder anderen Arbeiten, bei denen durch ein gesteigertes Arbeitstempo ein höheres Entgelt erzielt werden kann, soweit dies nicht zur Erreichung des Ausbildungsziels erforderlich ist und ihr Schutz durch die Aufsicht einer fachkundigen Person gewährleistet ist.

Der Arbeitgeber muss Jugendliche vor Beginn der Beschäftigung und bei wesentlicher Änderung der Arbeitsbedingungen über die Unfall- und Gesundheitsgefahren, denen sie bei der Beschäftigung ausgesetzt sind, sowie über die Einrichtungen und Maßnahmen zur Abwendung dieser Gefahren unterweisen. Die **Unterweisungen** sind in angemessenen Zeitabständen, mindestens aber halbjährlich, zu wiederholen.

Ein Jugendlicher bzw. eine Jugendliche, der oder die eine Ausbildung beginnt, darf nur beschäftigt werden, wenn er oder sie innerhalb der letzten vierzehn Monate ärztlich untersucht worden ist (Erstuntersuchung) und dem Arbeitgeber eine von diesem Arzt bzw. dieser Ärztin ausgestellte Bescheinigung vorliegt. Ein Jahr nach Aufnahme der ersten Beschäftigung muss sich der Arbeitgeber die ärztliche Bescheinigung darüber vorlegen zu lassen, dass der oder die Jugendliche nachuntersucht worden ist (erste Nachuntersuchung). Die Nachuntersuchung darf nicht länger als drei Monate zurückliegen. Der oder die Jugendliche darf nach Ablauf von 14 Monaten nach Aufnahme der ersten Beschäftigung nicht weiterbeschäftigt werden, solange er oder sie diese Bescheinigung nicht vorgelegt hat. Der Arbeitgeber muss den Jugendlichen bzw. die Jugendliche für die Durchführung der ärztlichen Untersuchungen freistellen. Ein Entgeltausfall darf hierdurch nicht eintreten. Die Kosten der Untersuchung trägt das Land.

5.2.4 Mutterschutz und Elternzeit

Sobald eine Frau ihren Arbeitgeber über die Schwangerschaft und den voraussichtlichen Geburtstermin in Kenntnis gesetzt hat, wird sie durch das **Mutterschutzgesetz** geschützt. Aufgabe des Mutterschutzgesetzes (MuSchG) ist es, dass Frauen durch Schwangerschaft und Stillzeit keine Nachteile im Berufsleben entstehen. Die Chancen der Frauen sollen verbessert und ihre Rechte gestärkt werden, dem Beruf während Schwangerschaft und Stillzeit ohne Beeinträchtigung ihrer Gesundheit und der ihres Kindes weiter nachzugehen. Das Mutterschutzgesetz gilt für alle (werdenden) Mütter, die in einem Arbeitsverhältnis stehen, das heißt auch für Heimarbeiterinnen, Hausangestellte, geringfügig Beschäftigte, weibliche Auszubildende und unter bestimmten Voraussetzungen auch für Schülerinnen und Studentinnen.

Werdende Mütter dürfen in den letzten sechs Wochen vor der Entbindung nur mit ihrer Einwilligung beschäftigt werden. Nach der Entbindung gilt ein Beschäftigungsverbot von acht Wochen. Bei Früh- und Mehrlingsgeburten sowie bei Kindern mit einer Behinderung verlängert sich die Frist auf zwölf Wochen. Bei vorzeitigen Entbindungen kann die Mutterschutzfrist nach der Geburt um die Tage, die vor der Entbindung nicht in Anspruch genommen werden konnten, verlängert werden.

Während der Schwangerschaft gilt ein generelles Beschäftigungsverbote für Akkord-, Fließband-, Mehr-, Sonntags- oder Nachtarbeit. Darüber hinaus kann es individuelle Beschäftigungsverbote aufgrund eines ärztlichen Attestes geben.

Finanzielle Nachteile der Frauen sollen durch folgende Leistungen ausgeglichen werden:

- das Mutterschaftsgeld
- den Arbeitgeberzuschuss zum Mutterschaftsgeld während der Mutterschutzfristen
- das Arbeitsentgelt bei Beschäftigungsverboten außerhalb der Mutterschutzfristen (sogenannter Mutterschutzlohn)

Auch während der Ausfallzeiten wegen mutterschutzrechtlicher Beschäftigungsverbote entstehen weiterhin Urlaubsansprüche.

Vom Beginn der Schwangerschaft an bis zum Ablauf von vier Monaten nach der Entbindung ist die Kündigung des Arbeitsverhältnisses durch das Unternehmen bis auf wenige Ausnahmen unzulässig.

Um werdende oder stillende Mütter vor Risiken am Arbeitsplatz zu schützen, muss der Arbeitgeber eine Frau während der Schwangerschaft und nach der Entbindung so beschäftigen und ihren Arbeitsplatz einschließlich der Maschinen, Werkzeuge und Geräte so einrichten, dass sie vor Gefährdungen für die Gesundheit ausreichend geschützt ist.

Nach der Geburt des Kindes können die Eltern **Elterngeld** beantragen. Dabei handelt es sich um eine Transferleistung des Staates. Elterngeld gibt es in den miteinander kombinierbaren Varianten Basiselterngeld, ElterngeldPlus und Partnerschaftsbonus.

Das Basiselterngeld fängt fehlendes Einkommen in den ersten 14 Lebensmonaten des Kindes auf, wenn Eltern nach der Geburt ihre berufliche Arbeit unterbrechen oder einschränken. Den Eltern stehen gemeinsam insgesamt 14 Monate Basiselterngeld zu, wenn sich beide an der Betreuung beteiligen und den Eltern dadurch Einkommen wegfällt. Sie können die Monate frei untereinander aufteilen. Ein Elternteil kann dabei mindestens zwei und höchstens zwölf Monate für sich in Anspruch nehmen. Alleinerziehende können die vollen 14 Monate Elterngeld in Anspruch nehmen.

Jede/-r Arbeitnehmende hat Anspruch auf eine dreijährige **Elternzeit**, während der er/sie nicht arbeiten geht. Wer früher wieder zumindest in Teilzeit arbeiten gehen möchte, sollte das sogenannte ElterngeldPlus beantragen. Mütter und Väter haben damit die Möglichkeit, länger als bisher Elterngeld in Anspruch zu nehmen. ElterngeldPlus können Eltern doppelt so lange bekommen wie das Basiselterngeld: Wenn Eltern in dieser Zeit gleichzeitig in Teilzeit arbeiten, erhalten Sie in Abhängigkeit von einer Mindeststundenzahl von 25 Stunden pro Woche pro Elternteil vier zusätzliche ElterngeldPlus-Monate, den sogenannten Partnerschaftsbonus. Dies gilt auch für getrennt erziehende Eltern, die als Eltern gemeinsam in Teilzeit gehen. Alleinerziehenden steht der gesamte Partnerschaftsbonus zu. Der Partnerschaftsbonus dient als Anreiz, dass beide Eltern sich für eine partnerschaftliche Kinderbetreuung entscheiden.

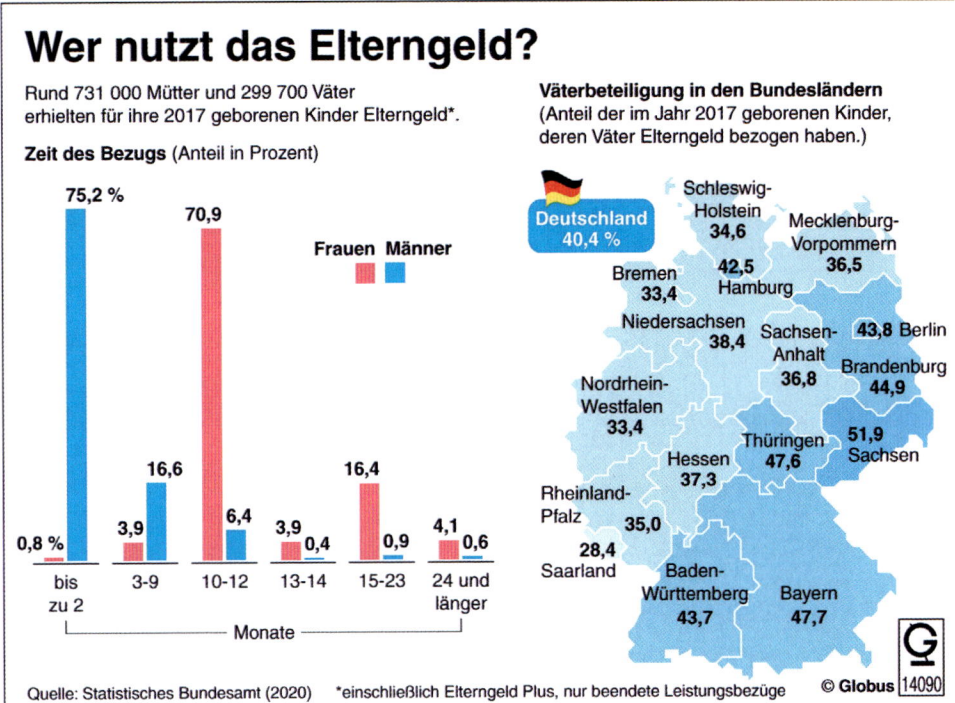

Wer nutzt das Elterngeld?

Rund 731 000 Mütter und 299 700 Väter erhielten für ihre 2017 geborenen Kinder Elterngeld*.

Zeit des Bezugs (Anteil in Prozent)

Frauen Männer

Väterbeteiligung in den Bundesländern
(Anteil der im Jahr 2017 geborenen Kinder, deren Väter Elterngeld bezogen haben.)

Deutschland 40,4 %
Schleswig-Holstein 34,6
Mecklenburg-Vorpommern 36,5
Bremen 33,4
Hamburg 42,5
Niedersachsen 38,4
Sachsen-Anhalt 36,8
Berlin 43,8
Brandenburg 44,9
Nordrhein-Westfalen 33,4
Thüringen 47,6
Sachsen 51,9
Hessen 37,3
Rheinland-Pfalz 35,0
Saarland 28,4
Baden-Württemberg 43,7
Bayern 47,7

Quelle: Statistisches Bundesamt (2020)   *einschließlich Elterngeld Plus, nur beendete Leistungsbezüge   © Globus 14090

Die Höhe des Elterngeldes ist abhängig vom Einkommen des oder der betreuenden Elternteile vor der Geburt. Eltern mit höheren Einkommen erhalten maximal 65 Prozent, Eltern mit niedrigeren Einkommen bis zu 100 Prozent des Voreinkommens. Spitzenverdienende sollen kein Elterngeld erhalten. Für 2023 gilt dies z. B. bei Eheleuten ab einem Nettoeinkommen von 300 000,00 € im Jahr. Je nach Einkommen beträgt das Basiselterngeld 2023 zwischen 300,00 € und 1 800,00 € im Monat und ElterngeldPlus zwischen 150,00 € und 900,00 € im Monat. Die Berechnungsgrundlage sind die regelmäßigen Gehälter der vorigen zwölf Monate. Das Mindestelterngeld erhalten alle, die nach der Geburt ihr Kind selbst betreuen und höchstens 32 Stunden in der Woche arbeiten, etwa auch Studierende, Hausfrauen oder Hausmänner und Eltern, die wegen der Betreuung älterer Kinder nicht gearbeitet haben. Mehrkindfamilien mit kleinen Kindern erhalten zusätzlich einen Geschwisterbonus. Sonstige Bezüge, wie Urlaubs- oder Weihnachtsgeld, bleiben bei der Berechnung außen vor. Auch leistungsorientierte Provisionen werden bei der Berechnung nicht berücksichtigt.

5.2.5   Betriebliche Mitwirkung

Das **Betriebsverfassungsgesetz** (BetrVG) befasst sich mit der Zusammenarbeit zwischen den Arbeitnehmenden und den Arbeitgebenden in einem Betrieb. Um die Rechte von Jugendlichen und Auszubildenden zu wahren, sieht das Betriebsverfassungsgesetz eine Jugend- und Auszubildendenvertretung vor.

In Betrieben mit in der Regel mindestens fünf ständigen wahlberechtigten Arbeitnehmenden, von denen drei wählbar sind, werden **Betriebsräte** gewählt. Wahlberechtigt sind alle Arbeitnehmenden des Betriebs, die das 18. Lebensjahr vollendet haben. Wählbar sind alle Wahlberechtigten, die dem Betrieb mindestens sechs Monate angehören.

Bildung des Betriebsrats gemäß BetrVG

§ 9 BetrVG regelt die **Anzahl der Betriebsratsmitglieder** in Abhängigkeit zur Anzahl der wahlberechtigten Arbeitnehmenden. Der Betriebsrat besteht in Betrieben mit in der Regel

- 5 bis 20 wahlberechtigten Arbeitnehmenden aus einer Person,
- 21 bis 50 wahlberechtigten Arbeitnehmenden aus 3 Mitgliedern,
- 51 bis 100 wahlberechtigten Arbeitnehmenden aus 5 Mitgliedern,
- 101 bis 200 Arbeitnehmenden aus 7 Mitgliedern,
- 201 bis 400 Arbeitnehmenden aus 9 Mitgliedern,
- 401 bis 700 Arbeitnehmenden aus 11 Mitgliedern,
- 701 bis 1 000 Arbeitnehmenden aus 13 Mitgliedern,
- 1 001 bis 1 500 Arbeitnehmenden aus 15 Mitgliedern,
- 1 501 bis 2 000 Arbeitnehmenden aus 17 Mitgliedern,

- 2 001 bis 2 500 Arbeitnehmenden aus 19 Mitgliedern,
- 2 501 bis 3 000 Arbeitnehmenden aus 21 Mitgliedern,
- 3 001 bis 3 500 Arbeitnehmenden aus 23 Mitgliedern,
- 3 501 bis 4 000 Arbeitnehmenden aus 25 Mitgliedern,
- 4 001 bis 4 500 Arbeitnehmenden aus 27 Mitgliedern,
- 4 501 bis 5 000 Arbeitnehmenden aus 29 Mitgliedern,
- 5 001 bis 6 000 Arbeitnehmenden aus 31 Mitgliedern,
- 6 001 bis 7 000 Arbeitnehmenden aus 33 Mitgliedern,
- 7 001 bis 9 000 Arbeitnehmenden aus 35 Mitgliedern.

In Betrieben mit mehr als 9 000 Arbeitnehmenden erhöht sich die Zahl der Mitglieder des Betriebsrats für je angefangene weitere 3 000 Arbeitnehmende um zwei Mitglieder.

Die regelmäßige **Amtszeit** des Betriebsrats beträgt vier Jahre. Der Betriebsrat wählt aus seiner Mitte eine/-n Vorsitzende/-n und dessen/deren Stellvertreter/-in. Der oder die Vorsitzende vertritt den Betriebsrat nach außen. Er/sie ist zur Entgegennahme von Erklärungen, die dem Betriebsrat gegenüber abzugeben sind, berechtigt.

Die Sitzungen des Betriebsrats finden in der Regel während der Arbeitszeit statt. Der Betriebsrat hat bei der Ansetzung von Betriebsratssitzungen auf die betrieblichen Notwendigkeiten Rücksicht zu nehmen. Der Arbeitgeber ist vom Zeitpunkt der Sitzung vorher zu verständigen. Die Sitzungen des Betriebsrats sind nicht öffentlich.

Beim Amt des Betriebsrats handelt es sich um ein unentgeltliches Ehrenamt. Allerdings müssen die Mitglieder des Betriebsrats von ihrer beruflichen Tätigkeit ohne Minderung des Arbeitsentgelts freigestellt werden, soweit es zur ordnungsgemäßen Durchführung ihrer Aufgaben erforderlich ist. Fällt eine Betriebsratstätigkeit nicht in die Arbeitszeit des Betriebsratsmitglieds, hat das Mitglied Anspruch auf eine entsprechende Arbeitsbefreiung zu einer anderen Zeit.

Die Mitglieder des Betriebsrats genießen einen besonderen **Schutz** und besondere **Rechte**:

- Sie dürfen in der Ausübung ihrer Tätigkeit nicht gestört oder behindert werden. Sie dürfen wegen ihrer Tätigkeit nicht benachteiligt oder begünstigt werden. Dies gilt auch für ihre berufliche Entwicklung.

- Das Arbeitsentgelt von Mitgliedern des Betriebsrats sowie allgemeine Zuwendungen darf einschließlich eines Zeitraums von einem Jahr nach Beendigung der Amtszeit nicht geringer bemessen werden als das Arbeitsentgelt vergleichbarer Arbeitnehmer mit betriebsüblicher beruflicher Entwicklung.

- Soweit nicht zwingende betriebliche Notwendigkeiten entgegenstehen, dürfen Mitglieder des Betriebsrats einschließlich eines Zeitraums von einem Jahr nach Beendigung der Amtszeit nur mit Tätigkeiten beschäftigt werden, die den Tätigkeiten von vergleichbaren Arbeitnehmern gleichwertig sind.

- Sie dürfen nicht von der Teilnahme an Schulungs- und Bildungsveranstaltungen ausgeschlossen werden.

- Jedes Mitglied des Betriebsrats hat während seiner regelmäßigen Amtszeit Anspruch auf bezahlte Freistellung für insgesamt drei Wochen zur Teilnahme an Schulungs- und Bildungsveranstaltungen, die von der zuständigen obersten Arbeitsbehörde des Landes nach Beratung mit den Spitzenorganisationen der Gewerkschaften und der Arbeitgeberverbände als geeignet anerkannt sind.

- Ab 200 Mitarbeitenden müssen Betriebsratsmitglieder in Abhängigkeit von der Anzahl der Arbeitnehmenden ganz von der Arbeit freigestellt werden.

- Die durch die Tätigkeit des Betriebsrats entstehenden Kosten trägt der Arbeitgeber.

- Für die Sitzungen, die Sprechstunden und die laufende Geschäftsführung hat der Arbeitgeber in erforderlichem Umfang Räume, sachliche Mittel, Informations- und Kommunikationstechnik sowie Büropersonal zur Verfügung zu stellen.

Einmal pro Kalendervierteljahr beruft der Betriebsrat eine **Betriebsversammlung** ein und berichtet von seinen Tätigkeiten. Dabei muss der Arbeitgeber ebenfalls eingeladen werden. Er ist berechtigt, in den Versammlungen zu sprechen. Der Arbeitgeber oder sein Vertreter muss mindestens einmal pro Jahr in einer Betriebsversammlung über das Personal- und Sozialwesen, über die wirtschaftliche Lage und Entwicklung des Betriebs sowie über den betrieblichen Umweltschutz berichten, soweit dadurch nicht Betriebs- oder Geschäftsgeheimnisse gefährdet werden.

Wichtige **Aufgabe des Betriebsrats** ist es, darüber zu wachen, dass alle im Betrieb tätigen Personen nach den Grundsätzen von Recht und Billigkeit behandelt werden, insbesondere dass jede Benachteiligung von Personen wegen ihrer ethnischen Herkunft, ihrer Abstammung oder sonstigen Herkunft, ihrer Nationalität, ihrer Religion oder Weltanschauung, ihrer Behinderung, ihres Alters, ihrer politischen oder gewerkschaftlichen Betätigung oder Einstellung oder wegen ihres Geschlechts oder ihrer sexuellen Identität unterbleibt. Arbeitgeber und Betriebsrat sollen die freie Entfaltung der Persönlichkeit, die Selbstständigkeit und Eigeninitiative der im Betrieb beschäftigten Arbeitnehmenden schützen und fördern.

Arbeitgeber und Betriebsrat sollen mindestens einmal im Monat zu einer Besprechung zusammenkommen. Sie sollen über strittige Fragen mit dem ernsten Willen zur Einigung verhandeln und Vorschläge für die Beilegung von Meinungsverschiedenheiten machen. Sowohl Arbeitgeber als auch Betriebsrat müssen Handlungen unterlassen, durch die der Arbeitsablauf oder der Frieden des Betriebs beeinträchtigt werden. Sie haben jede parteipolitische Betätigung im Betrieb zu unterlassen.

Arbeitgeber und Betriebsrat können **Betriebsvereinbarungen** beschließen. Diese müssen schriftlich fixiert und im Betrieb ausgelegt werden. Betriebsvereinbarungen gelten unmittelbar und zwingend. Sie können, soweit nichts anderes vereinbart ist, mit einer Frist von drei Monaten gekündigt werden. Durch Betriebsvereinbarung können insbesondere geregelt werden:

- zusätzliche Maßnahmen zur Verhütung von Arbeitsunfällen und Gesundheitsschädigungen

- Maßnahmen des betrieblichen Umweltschutzes

- die Errichtung von Sozialeinrichtungen, deren Wirkungsbereich auf den Betrieb, das Unternehmen oder den Konzern beschränkt ist

- Maßnahmen zur Förderung der Vermögensbildung

- Maßnahmen zur Integration ausländischer Arbeitnehmender sowie zur Bekämpfung von Rassismus und Fremdenfeindlichkeit im Betrieb

- Maßnahmen zur Eingliederung schwerbehinderter Menschen

§ 80 BetrVG regelt die allgemeinen Aufgaben des Betriebsrats:

---

§ 80 BetrVG Allgemeine Aufgaben

(1) Der Betriebsrat hat folgende allgemeine Aufgaben:
1. darüber zu wachen, dass die zugunsten der Arbeitnehmer geltenden Gesetze, Verordnungen, Unfallverhütungsvorschriften, Tarifverträge und Betriebsvereinbarungen durchgeführt werden;
2. Maßnahmen, die dem Betrieb und der Belegschaft dienen, beim Arbeitgeber zu beantragen;
   2a. die Durchsetzung der tatsächlichen Gleichstellung von Frauen und Männern, insbesondere bei der Einstellung, Beschäftigung, Aus-, Fort- und Weiterbildung und dem beruflichen Aufstieg, zu fördern;
   2b. die Vereinbarkeit von Familie und Erwerbstätigkeit zu fördern;
3. Anregungen von Arbeitnehmern und der Jugend- und Auszubildendenvertretung entgegenzunehmen und, falls sie berechtigt erscheinen, durch Verhandlungen mit dem Arbeitgeber auf eine Erledigung hinzuwirken; er hat die betreffenden Arbeitnehmer über den Stand und das Ergebnis der Verhandlungen zu unterrichten;
4. die Eingliederung schwerbehinderter Menschen einschließlich der Förderung des Abschlusses von Inklusionsvereinbarungen [...] und sonstiger besonders schutzbedürftiger Personen zu fördern;
5. die Wahl einer Jugend- und Auszubildendenvertretung vorzubereiten und durchzuführen und mit dieser [...] eng zusammenzuarbeiten; er kann von der Jugend- und Auszubildendenvertretung Vorschläge und Stellungnahmen anfordern;
6. die Beschäftigung älterer Arbeitnehmer im Betrieb zu fördern;
7. die Integration ausländischer Arbeitnehmer im Betrieb und das Verständnis zwischen ihnen und den deutschen Arbeitnehmern zu fördern, sowie Maßnahmen zur Bekämpfung von Rassismus und Fremdenfeindlichkeit im Betrieb zu beantragen;
8. die Beschäftigung im Betrieb zu fördern und zu sichern;
9. Maßnahmen des Arbeitsschutzes und des betrieblichen Umweltschutzes zu fördern.

(2) Zur Durchführung seiner Aufgaben nach diesem Gesetz ist der Betriebsrat rechtzeitig und umfassend vom Arbeitgeber zu unterrichten [...]. Dem Betriebsrat sind auf Verlangen jederzeit die zur Durchführung seiner Aufgaben erforderlichen Unterlagen zur Verfügung zu stellen [...].

(3) Der Betriebsrat kann bei der Durchführung seiner Aufgaben nach näherer Vereinbarung mit dem Arbeitgeber Sachverständige hinzuziehen, soweit dies zur ordnungsgemäßen Erfüllung seiner Aufgaben erforderlich ist. [...]

[...]

5

Um diese Aufgaben wahrnehmen zu können, hat der Betriebsrat nach § 87 BetrVG folgende **Mitbestimmungsrechte**:

---

§ 87 BetrVG Mitbestimmungsrechte

(1) Der Betriebsrat hat, soweit eine gesetzliche oder tarifliche Regelung nicht besteht, in folgenden Angelegenheiten mitzubestimmen:
1. Fragen der Ordnung des Betriebs und des Verhaltens der Arbeitnehmer im Betrieb;
2. Beginn und Ende der täglichen Arbeitszeit einschließlich der Pausen sowie Verteilung der Arbeitszeit auf die einzelnen Wochentage;
3. vorübergehende Verkürzung oder Verlängerung der betriebsüblichen Arbeitszeit;
4. Zeit, Ort und Art der Auszahlung der Arbeitsentgelte;
5. Aufstellung allgemeiner Urlaubsgrundsätze und des Urlaubsplans sowie die Festsetzung der zeitlichen Lage des Urlaubs für einzelne Arbeitnehmer, wenn zwischen dem Arbeitgeber und den beteiligten Arbeitnehmern kein Einverständnis erzielt wird;
6. Einführung und Anwendung von technischen Einrichtungen, die dazu bestimmt sind, das Verhalten oder die Leistung der Arbeitnehmer zu überwachen;
7. Regelungen über die Verhütung von Arbeitsunfällen und Berufskrankheiten sowie über den Gesundheitsschutz im Rahmen der gesetzlichen Vorschriften oder der Unfallverhütungsvorschriften;
8. Form, Ausgestaltung und Verwaltung von Sozialeinrichtungen, deren Wirkungsbereich auf den Betrieb, das Unternehmen oder den Konzern beschränkt ist;
9. Zuweisung und Kündigung von Wohnräumen, die den Arbeitnehmern mit Rücksicht auf das Bestehen eines Arbeitsverhältnisses vermietet werden, sowie die allgemeine Festlegung der Nutzungsbedingungen;
10. Fragen der betrieblichen Lohngestaltung, insbesondere die Aufstellung von Entlohnungsgrundsätzen und die Einführung und Anwendung von neuen Entlohnungsmethoden sowie deren Änderung;
11. Festsetzung der Akkord- und Prämiensätze und vergleichbarer leistungsbezogener Entgelte, einschließlich der Geldfaktoren;
12. Grundsätze über das betriebliche Vorschlagswesen;
13. Grundsätze über die Durchführung von Gruppenarbeit; Gruppenarbeit im Sinne dieser Vorschrift liegt vor, wenn im Rahmen des betrieblichen Arbeitsablaufs eine Gruppe von Arbeitnehmern eine ihr übertragene Gesamtaufgabe im Wesentlichen eigenverantwortlich erledigt.
14. Ausgestaltung von mobiler Arbeit, die mittels Informations- und Kommunikationstechnik erbracht wird.
(2) Kommt eine Einigung über eine Angelegenheit nach Absatz 1 nicht zustande, so entscheidet die Einigungsstelle. Der Spruch der Einigungsstelle ersetzt die Einigung zwischen Arbeitgeber und Betriebsrat.

Um die Aufgaben und Rechte wahrnehmen zu können, muss der Arbeitgeber den Betriebsrat über die Planung von Neu-, Um- und Erweiterungsbauten von Fabrikations-, Verwaltungs- und sonstigen betrieblichen Räumen, von technischen Anlagen, von Arbeitsverfahren und Arbeitsabläufen oder der Arbeitsplätze rechtzeitig informieren und die

Auswirkungen dieser Maßnahmen auf die Arbeitnehmenden mit dem Betriebsrat diskutieren.

Entsteht durch Änderungen der Arbeitsplätze, des Arbeitsablaufs oder der Arbeitsumgebung eine besondere Belastung der Arbeitnehmenden, kann der Betriebsrat angemessene Maßnahmen zur Abwendung, Milderung oder zum Ausgleich der Belastung verlangen. Kommt keine Einigung zustande, entscheidet die Einigungsstelle.

§ 99 BetrVG befasst sich mit den **Mitbestimmungsrechten bei personellen Einzelmaßnahmen**. Bei Unternehmen mit mehr als zwanzig wahlberechtigten Arbeitnehmenden muss der Betriebsrat vor jeder Einstellung, Eingruppierung, Umgruppierung und Versetzung unterrichtet werden und der Maßnahme zustimmen. Der Betriebsrat kann unter bestimmten Bedingungen die Zustimmung verweigern. Dann kann der Arbeitgeber beim Arbeitsgericht beantragen, die Zustimmung zu ersetzen.

Der Betriebsrat muss vor jeder Kündigung gehört und die Kündigungsgründe müssen ihm mitgeteilt werden. Geschieht dies nicht, ist die Kündigung unwirksam. Hat der Betriebsrat gegen eine ordentliche Kündigung Bedenken, muss er diese dem Arbeitgeber unter Angabe der Gründe innerhalb einer Woche schriftlich darlegen. Andernfalls gilt es als Zustimmung der Kündigung. Hat der Betriebsrat gegen eine außerordentliche Kündigung Bedenken, so hat er diese unter Angabe der Gründe dem Arbeitgeber unverzüglich, spätestens jedoch innerhalb von drei Tagen, schriftlich mitzuteilen.

Gründe für die Verweigerung der Zustimmung bei einer ordentlichen Kündigung sind, wenn bei der Auswahl der oder des zu kündigenden Arbeitnehmenden soziale Gesichtspunkte nicht oder nicht ausreichend berücksichtigt wurden, eine Weiterbeschäftigung an einem anderen Arbeitsplatz im selben Betrieb oder in einem anderen Betrieb des Unternehmens oder nach zumutbaren Umschulungs- oder Fortbildungsmaßnahmen oder unter geänderten Vertragsbedingungen möglich ist und der oder die Arbeitnehmende sein bzw. ihr Einverständnis erklärt hat. Kündigt der Arbeitgeber, obwohl der Betriebsrat der Kündigung widersprochen hat, muss er der oder dem Arbeitnehmenden mit der Kündigung eine Abschrift der Stellungnahme des Betriebsrats zukommen lassen. Erhebt der oder die Arbeitnehmende dann Klage auf Weiterbeschäftigung, so muss der Arbeitgeber diesen nach Ablauf der Kündigungsfrist bis zum rechtskräftigen Abschluss des Rechtsstreits bei unveränderten Arbeitsbedingungen weiterbeschäftigen, sofern das Arbeitsgericht nichts anderes beschließt.

Jugend- und Auszubildendenvertretung

Die Bestimmungen zur betrieblichen Jugend- und Auszubildendenvertretung sind in §§ 60 ff. BetrVG festgeschrieben. Hat ein Betrieb in der Regel mindestens fünf Arbeitnehmende, die entweder das 18. Lebensjahr noch nicht vollendet haben (jugendliche Arbeitnehmende) oder die noch in der Berufsausbildung sind können diese eine **Jugend- und Auszubildendenvertretungen** wählen, die die besonderen Belange der jugendlichen Arbeitnehmenden und Auszubildenden vertritt. Wählbar sind Arbeitnehmende, die das 25. Lebensjahr noch nicht vollendet haben. und Auszubildende unabhängig von ihrem Alter. Die

Amtszeit der Jugend- und Auszubildendenvertretenden beträgt zwei Jahre. Sie können an den Sitzungen des Betriebsrats teilnehmen. Stimmrecht haben sie nur in Belangen, die besonders die jugendlichen Arbeitnehmenden und Auszubildenden betreffen. Die Jugend- und Auszubildendenvertretung kann im Einvernehmen mit dem Betriebsrat eine betriebliche Jugend- und Auszubildendenversammlung einberufen.

Die Mitglieder dürfen in der Ausübung ihrer Tätigkeit nicht gestört oder behindert werden. Sie dürfen wegen ihrer Tätigkeit nicht benachteiligt oder begünstigt werden; dies gilt auch für ihre berufliche Entwicklung. Falls der Arbeitgeber eine/-n Auszubildende/-n, der/die Mitglied der Jugend- und Auszubildendenvertretung oder des Betriebsrats ist, nach Beendigung des Berufsausbildungsverhältnisses nicht in ein Arbeitsverhältnis auf unbestimmte Zeit übernehmen möchte, muss er dies der/dem Auszubildenden drei Monate vor Beendigung des Berufsausbildungsverhältnisses schriftlich mitteilen. Verlangt diese/-r dann schriftlich vom Arbeitgeber die Weiterbeschäftigung, so gilt zwischen der/dem Auszubildenden und dem Arbeitgeber im Anschluss an das Berufsausbildungsverhältnis ein Arbeitsverhältnis auf unbestimmte Zeit als begründet. Gleiches gilt auch, wenn das Berufsausbildungsverhältnis vor Ablauf eines Jahres nach Beendigung der Amtszeit der Jugend- und Auszubildendenvertretung oder des Betriebsrats endet.

5.2.6   Institutionen zur Durchsetzung der Ansprüche

Entstehen während der Ausbildung Probleme mit dem Arbeitgeber, stehen den Auszubildenden zahlreiche Ansprechpersonen zur Verfügung. Bei Fragen des Betriebs- und Gefahrenschutzes können sie sich an die **staatlichen Gewerbeaufsichtsämter** sowie an die **Berufsgenossenschaften** wenden. Bei Problemen mit anderen Mitarbeitenden oder dem Arbeitgeber sollten sich Auszubildende zunächst an den **Betriebsrat** und insbesondere an die **Jugend- und Auszubildendenvertretung** wenden.

Die **Industrie- und Handelskammer** bzw. die **Handwerkskammern** als Aufsichtsbehörden für eine ordnungsgemäße Ausbildung sind ebenfalls Ansprechpartner. Bei den Kammern werden auch die Berufsausbildungsverzeichnisse geführt. Sie überwachen die Eignung der Ausbildungsstätten, beraten und schlichten bei Problemen in der Ausbildung und bilden Prüfungsausschüsse zur Durchführung der Abschlussprüfungen. Unterstützung wird darüber hinaus auch von den **Gewerkschaften** gewährt. Wird keine gütliche Einigung gefunden, müssen die **Arbeitsgerichte** angerufen werden.

5.3   Der Arbeitsvertrag

5.3.1   Anbahnung

Oft wird ein/-e Auszubildende/-r direkt nach der Ausbildung vom Ausbildungsbetrieb übernommen. Ist dies nicht der Fall oder sucht man eine berufliche Veränderung, gibt es zahlreiche Möglichkeiten sich zu informieren.

Genannt werden können hier beispielsweise diverse Jobbörsen, z.B. die Jobsuche der Bundesagentur für Arbeit, oder Stellenangebote in Zeitungen oder Online-Jobportalen. Oft ist es aber auch hilfreich, sich über Freunde und Bekannte zu erkundigen. Ebenfalls zum Erfolg führen kann es auch, wenn ein/-e Arbeitssuchende/-r sich initiativ bei einem Unternehmen bewirbt, auch wenn dieses gerade keine offene Stelle ausgeschrieben hat.

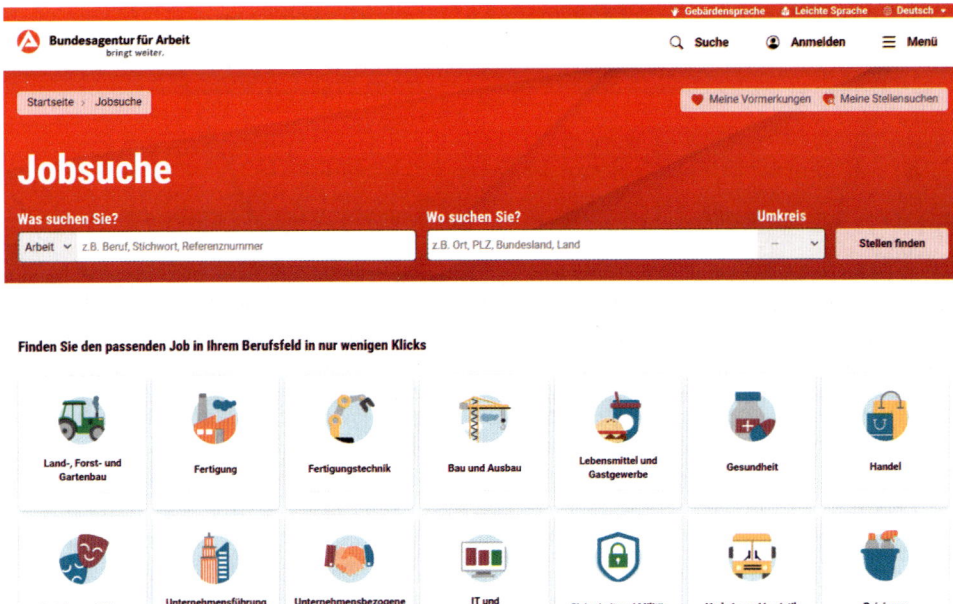

Jobsuche der Bundesagentur für Arbeit

5

Der erste Kontakt erfolgt meist über ein **Bewerbungsschreiben**, dem eine Bewerbungs-mappe beigefügt ist. Die wichtigsten Inhalte der Bewerbungsmappe sind:

- der Lebenslauf
- die wichtigsten Schulzeugnisse
- Arbeitszeugnisse
- Bestätigungen über geleistete Praktika
- ggf. Nachweise von Zusatzqualifikationen

Oft, aber nicht zwingend erforderlich, wird auch ein Foto beigefügt. In manchen Fällen wird auch ein polizeiliches Führungszeugnis verlangt. Viele Unternehmen verzichten in-zwischen auf eine Bewerbung in Papierform und bieten Online-Bewerbungstools an. Nach Möglichkeit sollten die Bewerbungsunterlagen dann in PDF-Form eingereicht werden.

Bevor es zum Abschluss eines Arbeitsvertrages kommt, werden die beiden Vertragspar-teien i. d. R. mindestens ein **Bewerbungsgespräch** führen, um sich gegenseitig besser kennenzulernen und mögliche Informationslücken zu schließen. Dabei verfolgen Arbeit-gebende und Arbeitnehmende allerdings unterschiedliche Interessen: Der oder die Ar-beitgebende hat das Interesse, sich über die persönlichen Verhältnisse des Bewerbers bzw. der Bewerberin zu erkundigen, um diese/-n möglichst gut einschätzen zu können. Der Bewerber bzw. die Bewerberin ist hingegen daran interessiert, möglichst seine bzw. ihre Privatsphäre zu schützen.

Um diesen Konflikt zu lösen, hat der Gesetzgeber folgende Grundsätze festgelegt: Persön-liche Fragen sind zulässig, wenn das Interesse des Arbeitgebenden überwiegt und die Frage für den Arbeitsplatz relevant ist. Auf unzulässige Fragen dürfen der Arbeitnehmer/ -innen lügen, ohne dass dies Konsequenzen hat. Der Arbeitgebende müssen alle für sie wichtigen Informationen erfragen. Bewerber/-innen haben keine Offenbarungspflicht.

Zulässige und unzulässige Fragen im Bewerbungsgespräch

Zulässige Fragen	Unzulässige Fragen
z. B. Fragen – zum beruflichen Werdegang – zur bisherigen Gehaltshöhe – zum Familienstand – zur Schwerbehinderteneigenschaft – zu Vorstrafen, die für das Arbeitsverhältnis wichtig sein könnten	z. B. Fragen – zur Religionszugehörigkeit (Ausnahme: kirchliche Träger) – zur Gewerkschaftszugehörigkeit – zum Bestehen einer Schwangerschaft – zur Betriebsratsmitgliedschaft – zur politischen Anschauung

Die Kosten für die Vorstellung werden i. d. R. von den Arbeitgebenden ersetzt. Das ist nur dann nicht der Fall, wenn dies zuvor ausdrücklich ausgeschlossen wurde.

Bei der Stellenbesetzung suchen Unternehmen immer öfter auch im Internet Informationen über ihre Bewerberinnen und Bewerber. Man sollte daher im Vorfeld darauf achten, was man von sich selbst öffentlich macht, z. B. in Social Media. Abfällige Bemerkungen über die bisherige Arbeit oder das Arbeitsumfeld sollten unterbleiben. Auch sehr ausgelassene Partybilder sollte man nicht für den potenziellen neuen Arbeitgeber zugänglich machen. Hilfreich ist es hingegen z. B., wenn ein besonderes soziales Engagement oder fachliche Interessen deutlich werden.

Bei der Suche nach neuen Mitarbeitenden spielt nach wie vor die Fachkenntnis eine große Rolle. Aber auch die sogenannten Soft Skills sind den potenziellen Arbeitgebern wichtig. Die nachfolgende Abbildung zeigt, welche Soft Skills besonders gefragt sind.

Soft Skills:

Was Arbeitgebern wichtig ist

Diese sozialen, persönlichen und methodischen Kompetenzen/Einstellungen erwarten Unternehmen von künftigen Mitarbeitern (Anteile in Prozent)

Teamfähigkeit	63,9 %
Verantwortungsbewusstsein	35,5
Eigenständigkeit	30,2
Flexibilität	22,4
Einsatzbereitschaft	21,3
Motivation	18,4
Kommunikationsstärke	15,6
Organisationstalent, Selbstmanagement	15,3
Belastbarkeit	12,0
Höflichkeit	11,8

Analyse von über 700 000 Stellenanzeigen von 120 335 Unternehmen in Printmedien, Online-Jobbörsen, auf Firmenwebsites und bei den Arbeitsagenturen

Quelle: Bundesarbeitgeberverband der Personaldienstleister (BAP)   Stand April 2020   © Globus 14196

Diese Soft Skills sind für Arbeitgeber besonders wichtig

5.3.2 Rechte und Pflichten

Rechte und Pflichten von Arbeitnehmenden und Arbeitgebenden sind im **Arbeitsvertrag** geregelt.

Arbeitnehmende haben die Pflicht	Arbeitgebende müssen
– gewissenhaft und pünktlich alle ihnen im Rahmen des Arbeitsverhältnisses übertragenen Arbeiten auszuführen (Arbeitspflicht), – Betriebsgeheimnisse zu wahren (Verschwiegenheitspflicht), – die Betriebseinrichtung, die Werkzeuge und Arbeitsmittel pfleglich zu behandeln (Sorgfaltspflicht), – dem Arbeitgeber die Treue zu halten (Treuepflicht) und – dem Arbeitgeber keinen Wettbewerb zu machen (Wettbewerbsverbot).	– das vereinbarte Entgelt bezahlen, – ihrer Fürsorgepflicht gegenüber den Arbeitnehmenden nachkommen, – mindestens den gesetzlich vorgeschriebenen Urlaub gewähren, – auch an Feiertagen und im Krankheitsfall bis zu sechs Wochen das Entgelt fortzahlen, – Arbeitnehmende bei den gesetzlichen Sozialversicherungen anmelden und – ihnen bei Beendigung des Arbeitsverhältnisses ein Zeugnis ausstellen.

Die wichtigsten Inhalte des Arbeitsvertrages sind:

- Arbeitszeiten und Pausen
- Regelungen für Überstunden, Nacht- und Feiertagsarbeit
- Höhe und Art der Entlohnung
- Urlaubsregelungen

§ 2 Abs 1 Satz 2 Nr 7 NachwG spezifiziert die Angaben zur Vergütung dahingehend, dass die konkrete Zusammensetzung und die Höhe des Arbeitsentgelts angegeben werden muss, einschließlich der Vergütung von Überstunden, Zuschlägen, Zulagen, Prämien, Sonderzahlungen sowie die Art der Auszahlung. Auch die Höhe der Überstunden muss gemäß § 2 NachwG klar angegeben werden.

Arbeitet ein Mitarbeiter bzw. eine Mitarbeiterin bereits länger als sechs Monate in einem Unternehmen mit mehr als 15 Mitarbeitenden, hat er oder sie nach dem **Teilzeit- und Befristungsgesetz** (TzBfG) das Recht, die Arbeitszeit zu verringern, wieder zu steigern oder anders zu verteilen. Die Arbeitsstunden werden dann individuell im Arbeitsvertrag angegeben. Teilzeitbeschäftigte sind **arbeitsrechtlich mit Vollzeitkräften gleichgestellt**. Wenn ein Mitarbeiter bzw. eine Mitarbeiterin die wöchentliche Arbeitszeit verringern möchte, muss er oder sie diesen Wunsch dem Arbeitgeber gegenüber mindestens drei Monate vorher ankündigen und mitteilen, wie viele Stunden er oder sie reduzieren möchte und wie er oder sie die Arbeitszeit künftig verteilen möchte. Begründet werden muss der Teilzeitwunsch nicht.

5.3.3   Rechtliche Grundlagen

Ebenso wie beim Ausbildungsvertrag gelten beim Arbeitsvertrag zahlreiche Gesetze, z.B. das Bundesurlaubsgesetz, das Arbeitszeitgesetz, das Mutterschutzgesetz, das Sozialgesetzbuch, das Kündigungsschutzgesetz sowie das Betriebsverfassungsgesetz.

Wichtig sind auch die zwischen Arbeitgeber und Betriebsrat abgeschlossenen Betriebsvereinbarungen sowie die zwischen Gewerkschaften und Arbeitgebern ausgehandelten **Tarifverträge**.

2021 hatte rund jede/-r dritte Beschäftigte einen Tarifvertrag und einen Betriebsrat. Rund 20 Jahre zuvor war es noch fast jede/-r zweite. Auch bei den Betrieben nimmt die Tarifbindung stetig ab.

Die Verhandlungen über die Ausgestaltung der Tarifverträge dürfen ausschließlich von den Tarifvertragsparteien durchgeführt werden. Eine Einmischung von außen, z.B. durch den Staat, ist nicht erlaubt (= **Tarifautonomie**).

Die nebenstehende Abbildung verdeutlicht den Ablauf einer Tarifrunde.

Es wird grundsätzlich zwischen drei Arten von Tarifverträgen unterschieden.

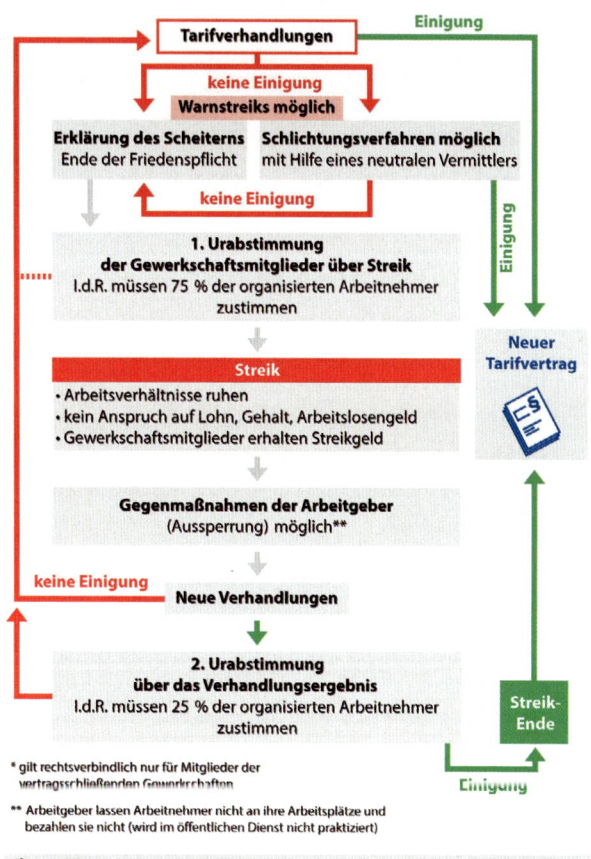

Ablauf einer Tarifrunde

Tarifvertragsarten

Manteltarifvertrag	Lohn-/Gehaltsrahmen-tarifvertrag	Lohn-/Gehaltstarifvertrag
Er regelt u.a. – die Arbeitsbedingungen, – den Urlaubsanspruch, – die Arbeitszeit und – den Arbeitsschutz.	Er regelt u.a. – Grundsätze zur Arbeits- und Leistungsbewertung, – die Lohnarten und – die Lohngruppen.	Er regelt u.a. – die Höhe der Löhne und Gehälter, – die Leistungslöhne, – die Erfolgsbeteiligung und – die Lohnfortzahlung.

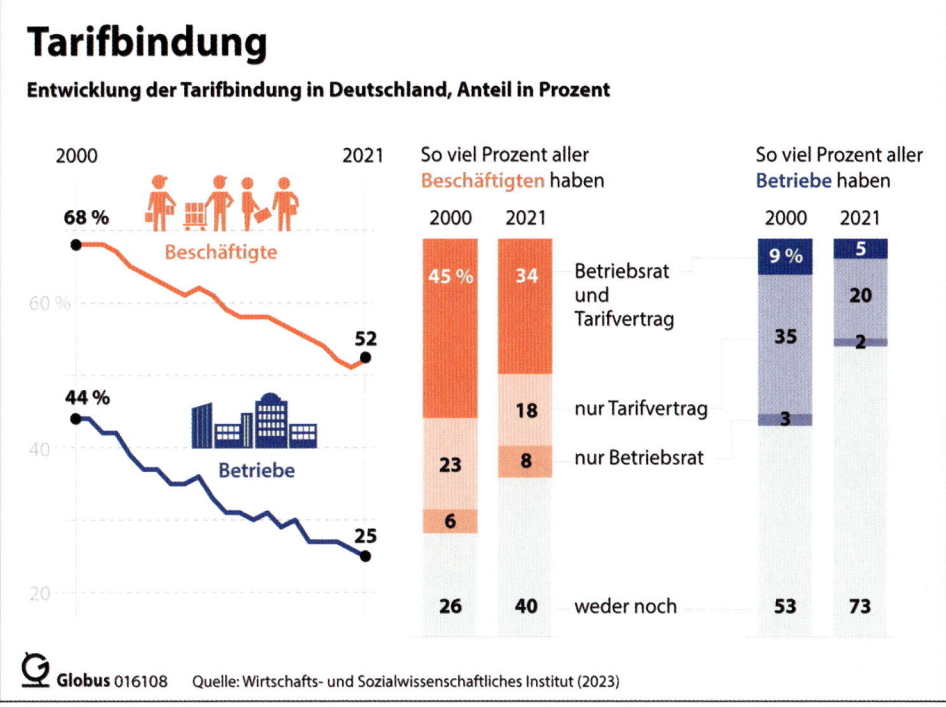

Tarifbindung in Deutschland

Tarifverträge enden durch Zeitablauf oder durch Kündigung. Arbeitgeber und Gewerkschaften müssen dann in Tarifverhandlungen einen neuen Vertrag aushandeln. Scheitern die Verhandlungen, soll durch unparteiische Schlichtung eine Einigung zwischen den Parteien herbeigeführt werden. Gibt es keine Einigung, kann es zu einem Arbeitskampf kommen: Die Arbeitnehmenden versuchen mithilfe eines Streiks ihre Position durchzusetzen, und die Arbeitgebenden haben die Möglichkeit, die Arbeitnehmenden durch Aussperrungen unter Druck zu setzen. Während eines Streiks übernimmt die Gewerkschaft die Zahlung der Löhne. 75% der Gewerkschaftsmitglieder müssen einem Streik vorab zustimmen. Dem neuen Vertrag müssen schließlich nur noch 20% der Mitglieder zustimmen. Betriebsvereinbarungen und Tarifverträge nennt man auch Kollektivarbeitsverträge.

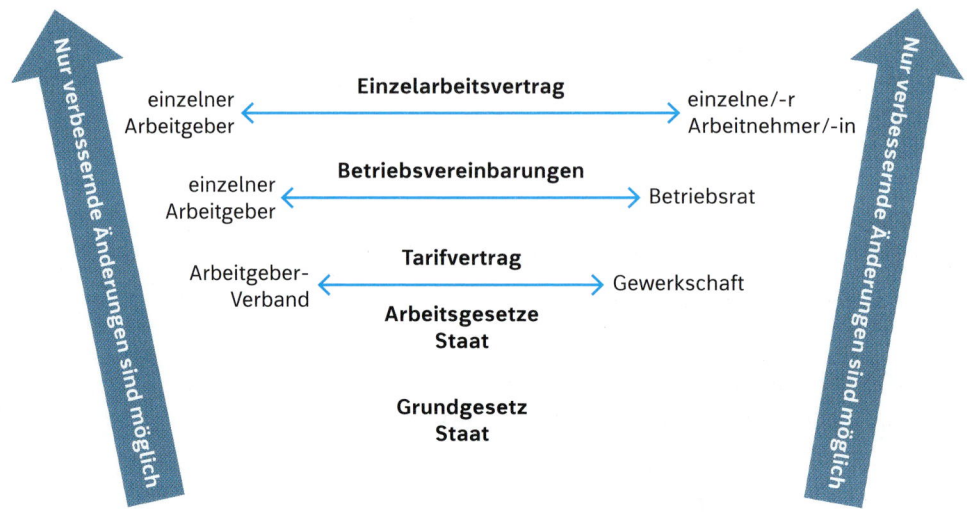

Rangordnung der arbeitsrechtlichen Bestimmungen

5.3.4   Beendigung des Arbeitsverhältnisses

Ein Arbeitsvertrag endet

- durch Zeitablauf (bei befristeten Verträgen),
- durch eine fristgerechte Kündigung oder
- durch eine außerordentliche (fristlose) Kündigung.

Damit eine **Kündigung** wirksam ist, muss sie schriftlich erfolgen. Bei der Kündigung handelt es sich um ein empfangsbedürftiges Rechtsgeschäft.

Bei einer Kündigung durch den Arbeitgeber muss der Betriebs- oder Personalrat – sofern vorhanden – beteiligt werden. Es gibt die Möglichkeit, ein Arbeitsverhältnis ordentlich (mit einer bestimmten Frist) oder außerordentlich (fristlos) zu kündigen.

Wer länger als sechs Monate ohne Unterbrechung in einem Betrieb mit regelmäßig mehr als zehn Arbeitnehmenden gearbeitet hat, genießt einen allgemeinen Kündigungsschutz. Die kürzeste Frist bei einer ordentlichen Kündigung

Die gesetzlichen Kündigungsfristen

Eine ordentliche **Kündigung durch den Arbeitgeber** ist in der Regel zum Monatsende möglich. Die **Kündigungsfrist** hängt davon ab, wie lange ein Arbeitnehmer schon im Betrieb beschäftigt ist.

Betriebszugehörigkeit des Arbeitnehmers

Kündigungsfrist	
Probezeit (max. 6 Monate)	2 Wochen
unter 2 Jahre	4 Wochen*
ab 2 Jahren	1 Monat**
ab 5 Jahren	2 Monate
ab 8 Jahren	3 Monate
ab 10 Jahren	4 Monate
ab 12 Jahren	5 Monate
ab 15 Jahren	6 Monate
ab 20 Jahren	7 Monate

*zum 15. oder zum Monatsende   **Kalendermonat

Stand 2020   Quelle: Bürgerliches Gesetzbuch   © Globus   14189

Gesetzliche Kündigungsfristen

beträgt vier Wochen zum 15. des Monats bzw. zum Monatsende. In Abhängigkeit von der Betriebszugehörigkeit steigt die Frist auf bis zu sieben Monate an.

Darüber hinaus muss der Arbeitgeber die Kündigung begründen. Ein Arbeitsverhältnis kann durch eine ordentliche Kündigung aus

- verhaltensbedingten,
- personenbedingten oder
- dringenden betrieblichen Gründen

beendet werden. Vor einer verhaltensbedingten Kündigung muss i.d.R. eine Abmahnung wegen einer ähnlichen Pflichtverletzung erfolgt sein. Bei einer betriebsbedingten Kündigung muss der Arbeitgeber bei der Auswahl der Beschäftigten, die gekündigt werden sollen, soziale Kriterien berücksichtigen, wie Alter, Schwerbehinderung, Unterhaltspflicht oder Dauer der Betriebszugehörigkeit. Auf Wunsch des oder der Arbeitnehmenden muss der Arbeitgeber ein Arbeitszeugnis ausstellen.

Eine außerordentliche Kündigung kann von jeder Vertragspartei ohne Einhaltung einer Kündigungsfrist vorgenommen werden, wenn ein wichtiger Grund vorliegt.

Wichtige Kündigungsgründe

Kündigung durch Arbeitnehmende	Kündigung durch Arbeitgebende
– Ausbleiben von Lohn- und Gehaltszahlung – Opfer von Mobbing – Opfer von Tätlichkeiten	– Unberechtigte Arbeitsverweigerung – Verstoß gegen die Verschwiegenheitspflicht – Diebstahl – Grobe Beleidigung – Tätlichkeit

Unverzüglich nach Erhalt der Kündigung muss sich der oder die Arbeitnehmende bei der Agentur für Arbeit als arbeitsuchend melden. Der Arbeitgeber muss ihn oder sie ggf. für diesen Besuch freistellen. Meldet sich der oder die Arbeitnehmende nicht sofort, muss er oder sie ggf. Kürzungen beim Arbeitslosengeld hinnehmen.

Ablauf einer Kündigung

Kommt es zu Streitigkeiten zwischen Arbeitnehmenden und Arbeitgebenden, ist das Arbeitsgericht zuständig.

5.3.5 Das Arbeitszeugnis

Arbeitgebende sind verpflichtet, Mitarbeitenden bei ihrem Ausscheiden ein **Zeugnis** auszustellen. Ein einfaches Zeugnis beinhaltet Angaben zur Person sowie Informationen zur Dauer und Art der Beschäftigung. Auf Wunsch der oder des Arbeitnehmenden muss ein qualifiziertes Zeugnis geschrieben werden. Dieses sollte folgende Inhalte haben:

- Angaben zur Person
- Dauer und Art der Tätigkeit
- Einschätzung der Leistung
- Verhalten gegenüber Vorgesetzten und Kolleginnen/Kollegen
- Grund für die Beendigung des Arbeitsverhältnisses

Ein Zeugnis muss grundsätzlich **wahr** sein, unwahre Zeugnisse können zu Schadenersatzansprüchen führen. Gleichzeitig sollen Arbeitszeugnisse aber auch **wohlwollend** geschrieben werden. Trotzdem kann das Zeugnis auch negative Wertungen enthalten. Dieser Konflikt zwischen der Pflicht zur Wahrheit und einer gleichzeitig wohlwollenden Beurteilung hat in der Praxis zu Formulierungen geführt, die nur noch verklausuliert Auskunft über das Verhalten und die Leistung der oder des Arbeitnehmenden geben. Auch das Weglassen bestimmter Klauseln kann kundigen Leserinnen und Lesern Aufschluss über den Arbeitnehmer bzw. die Arbeitnehmerin geben.

Beispiele für Formulierungen in Arbeitszeugnissen

Formulierung	Entspricht der (Schul-)Note
Stets zu unserer vollsten Zufriedenheit	1
Stets zu unserer vollen Zufriedenheit	2
Zu unserer vollen Zufriedenheit	3
Zu unserer Zufriedenheit	4
Im Allgemeinen zu unserer Zufriedenheit	5
Hat sich bemüht	6

5.4 Lebenslanges Lernen – Wandlung der Arbeitswelt

Die Arbeitswelt unterliegt einem ständigen Wandel. Daher ist es wichtig, dass Arbeitnehmende beruflich flexibel bleiben und ihre Kenntnisse und Fertigkeiten auch nach dem erfolgreichen Abschluss einer Berufsausbildung immer wieder dem neuesten Stand der Technik anpassen. Das Berufsbildungsgesetz (BBiG) unterscheidet hierbei zwischen beruflicher Fortbildung und beruflicher Umschulung.

Berufsbildung nach § 1 BBiG

Die **berufliche Fortbildung** soll es ermöglichen, die berufliche Handlungsfähigkeit zu erhalten und anzupassen oder zu erweitern und beruflich aufzusteigen.	Die **berufliche Umschulung** soll zu einer anderen beruflichen Tätigkeit befähigen.

Abgrenzung von Fortbildung und Umschulung

Beispiele für die **berufliche Fortbildung** sind der Meisterbrief oder auch der Techniker. Das von Bund und Ländern gemeinsam finanzierte Aufstiegsfortbildungsförderungsgesetz (AFBG), das sogenannte „Aufstiegs-BAföG", begründet einen Rechtsanspruch auf die Förderung von beruflichen Aufstiegsfortbildungen, z. B. von Meisterkursen oder anderen vergleichbaren Fortbildungen. Über die Darlehensteilerlasse sollen Anreize zum erfolgreichen Abschluss und für den Schritt in die Selbstständigkeit geschaffen werden.

Manche Berufe werden aber auch im Laufe eines Arbeitslebens immer seltener nachgefragt oder können aufgrund einer Berufskrankheit oder eines Unfalls nicht mehr ausgeübt werden. Dann muss ein ganz neuer Beruf erlernt werden. Die Bundesagentur für Arbeit fördert notwendige Fortbildungs- oder Umschulungsmaßnahmen, wenn Antragsstellende dazu selbst finanziell nicht in der Lage sind. Gesetzlich geregelt ist die Arbeitsförderung im Dritten Buch des Sozialgesetzbuches (SGB III).

§ 1 SGB III Ziele der Arbeitsförderung

(1) Die Arbeitsförderung soll dem Entstehen von Arbeitslosigkeit entgegenwirken, die Dauer der Arbeitslosigkeit verkürzen und den Ausgleich von Angebot und Nachfrage auf dem Ausbildungs- und Arbeitsmarkt unterstützen. Dabei ist insbesondere durch die Verbesserung der individuellen Beschäftigungsfähigkeit Langzeitarbeitslosigkeit zu vermeiden. Die Gleichstellung von Frauen und Männern ist als durchgängiges Prinzip der Arbeitsförderung zu verfolgen. Die Arbeitsförderung soll dazu beitragen, dass ein hoher Beschäftigungsstand erreicht und die Beschäftigungsstruktur ständig verbessert wird. Sie ist so auszurichten, dass sie der beschäftigungspolitischen Zielsetzung der Sozial-, Wirtschafts- und Finanzpolitik der Bundesregierung entspricht.

[...]

§ 2 SGB III Zusammenwirken mit den Agenturen für Arbeit

(1) Die Agenturen für Arbeit erbringen insbesondere Dienstleistungen für Arbeitgeber, Arbeitnehmerinnen und Arbeitnehmer, indem sie
1. Arbeitgeber regelmäßig über Ausbildungs- und Arbeitsmarktentwicklungen, Ausbildungssuchende, Fachkräfteangebot und berufliche Bildungsmaßnahmen informieren sowie auf den Betrieb zugeschnittene Arbeitsmarktberatung und Vermittlung anbieten und

2. Arbeitnehmerinnen und Arbeitnehmer zur Vorbereitung der Berufswahl und zur Erschließung ihrer beruflichen Entwicklungsmöglichkeiten beraten, Vermittlungsangebote zur Ausbildungs- oder Arbeitsaufnahme entsprechend ihren Fähigkeiten unterbreiten sowie sonstige Leistungen der Arbeitsförderung erbringen.

(2) Die Arbeitgeber haben bei ihren Entscheidungen verantwortungsvoll deren Auswirkungen auf die Beschäftigung der Arbeitnehmerinnen und Arbeitnehmer und von Arbeitslosen und damit die Inanspruchnahme von Leistungen der Arbeitsförderung einzubeziehen. Sie sollen dabei insbesondere

1. im Rahmen ihrer Mitverantwortung für die Entwicklung der beruflichen Leistungsfähigkeit der Arbeitnehmerinnen und Arbeitnehmer zur Anpassung an sich ändernde Anforderungen sorgen,

2. vorrangig durch betriebliche Maßnahmen die Inanspruchnahme von Leistungen der Arbeitsförderung sowie Entlassungen von Arbeitnehmerinnen und Arbeitnehmern vermeiden,

3. Arbeitnehmer vor der Beendigung des Arbeitsverhältnisses frühzeitig über die Notwendigkeit eigener Aktivitäten bei der Suche nach einer anderen Beschäftigung sowie über die Verpflichtung zur Meldung nach § 38 Abs. 1 bei der Agentur für Arbeit informieren, sie hierzu freistellen und die Teilnahme an erforderlichen Maßnahmen der beruflichen Weiterbildung ermöglichen.

(3) Die Arbeitgeber sollen die Agenturen für Arbeit frühzeitig über betriebliche Veränderungen, die Auswirkungen auf die Beschäftigung haben können, unterrichten. Dazu gehören insbesondere Mitteilungen über

1. zu besetzende Ausbildungs- und Arbeitsstellen,

2. geplante Betriebserweiterungen und den damit verbundenen Arbeitskräftebedarf,

3. die Qualifikationsanforderungen an die einzustellenden Arbeitnehmerinnen und Arbeitnehmer,

4. geplante Betriebseinschränkungen oder Betriebsverlagerungen sowie die damit verbundenen Auswirkungen und

5. Planungen, wie Entlassungen von Arbeitnehmerinnen und Arbeitnehmern vermieden oder Übergänge in andere Beschäftigungsverhältnisse organisiert werden können.

(4) Die Arbeitnehmerinnen und Arbeitnehmer haben bei ihren Entscheidungen verantwortungsvoll deren Auswirkungen auf ihre beruflichen Möglichkeiten einzubeziehen. Sie sollen insbesondere ihre berufliche Leistungsfähigkeit den sich ändernden Anforderungen anpassen.

(5) Die Arbeitnehmerinnen und Arbeitnehmer haben zur Vermeidung oder zur Beendigung von Arbeitslosigkeit insbesondere

1. ein zumutbares Beschäftigungsverhältnis fortzusetzen,

2. eigenverantwortlich nach Beschäftigung zu suchen, bei bestehendem Beschäftigungsverhältnis frühzeitig vor dessen Beendigung,

3. eine zumutbare Beschäftigung aufzunehmen und

4. an einer beruflichen Eingliederungsmaßnahme teilzunehmen.

5.4.1   Der Deutsche Qualifikationsrahmen (DQR)

Der **Deutsche Qualifikationsrahmen (DQR)** unterteilt das Bildungssystem in acht Niveaustufen. Hauptziel ist es, das deutsche Bildungssystem transparenter zu gestalten: So ist z.B. der Meister gleichrangig mit einem Bachelorabschluss. Diese Niveaustufen werden seit 2014 auf Abschlusszeugnissen ausgewiesen. Trotzdem qualifiziert das Erreichen einer bestimmten Stufe nicht dazu, einen Zugang zur nächsthöheren zu erlangen. Ein Meisterabschluss ist demnach keine Zugangsberechtigung zu einem Masterstudium, obwohl er laut Niveaustufe gleichrangig mit einem Bachelorabschluss ist.

Es existiert ein entsprechendes europäisches Pendant: der **Europäische Qualifikations- rahmen (EQR)**. Dieser ermöglicht es, ein bestimmtes Niveau der Ausbildung auf europäischer Ebene verständlich und einheitlich zu gestalten – trotz der vielen verschiedenen Bildungssysteme. Das soll einen Wechsel in ein anderes europäisches Land, um dort zu arbeiten, vereinfachen.

Auch bei den Bruttolöhnen ziehen die Meister/-innen und Techniker/-innen oft mit den Akademikerinnen und Akademikern gleich. Im Jahr 2015 hatten etwa 28 % der Meister/ -innen und Techniker/-innen einen höheren Stundenlohn als Durchschnittsakademiker/ -innen. Umgekehrt hatte rund ein Viertel der Akademiker/-innen ein niedrigeres Einkommen als der Durchschnitt der Meister/-innen, Techniker/-innen usw.[1]

Die Durchschnittsgehälter vieler Berufsgruppen findet man im Entgeltatlas der Bundesagentur für Arbeit (https://web.arbeitsagentur.de/entgeltatlas/).

5

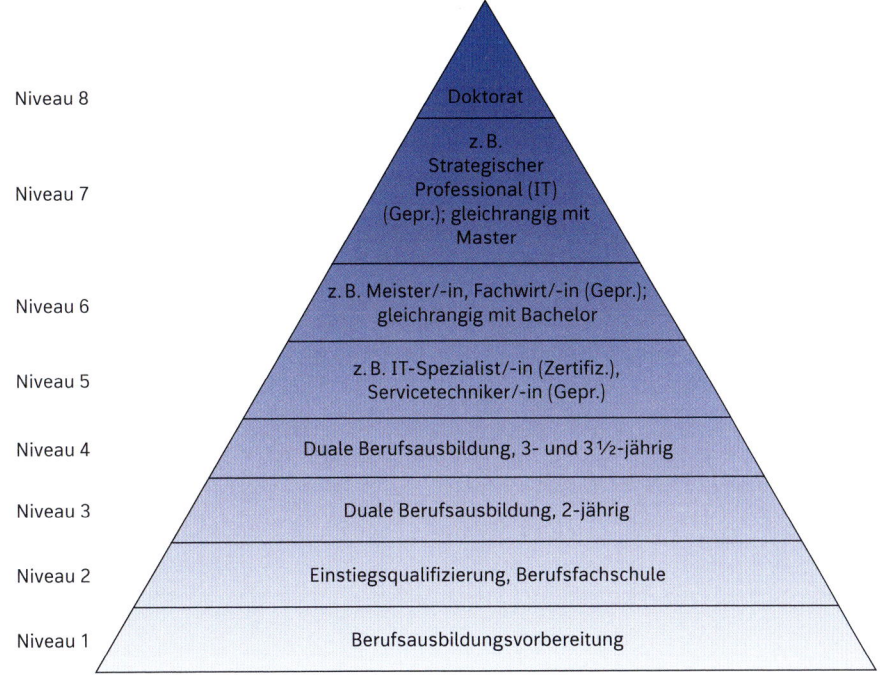

Niveau 8	Doktorat
Niveau 7	z. B. Strategischer Professional (IT) (Gepr.); gleichrangig mit Master
Niveau 6	z. B. Meister/-in, Fachwirt/-in (Gepr.); gleichrangig mit Bachelor
Niveau 5	z. B. IT-Spezialist/-in (Zertifiz.), Servicetechniker/-in (Gepr.)
Niveau 4	Duale Berufsausbildung, 3- und 3 ½-jährig
Niveau 3	Duale Berufsausbildung, 2-jährig
Niveau 2	Einstiegsqualifizierung, Berufsfachschule
Niveau 1	Berufsausbildungsvorbereitung

Niveaustufen des DQR[2]

1 Vgl. Institut der Deutschen Wirtschaft Köln e. V. (Hrsg.).: Fortbildung zahlt sich aus, Pressemitteilung Nr. 26, veröff. am 11.05.2016 unter: https://www.iwkoeln.de/presse/pressemitteilungen/regina-flake-dirk-werner-fortbildung-zahlt-sich-aus.html [letzter Zugriff am 27.11.2023]
2 Vgl. Bundesministerium für Bildung und Forschung (Hrsg.): DQR-Niveaus, letzter Zugriff am 27.11.2023 unter: https://www.dqr.de/dqr/de/der-dqr/dqr-niveaus/dqr-niveaus_node.html

5.4.2   Leben, Lernen und Arbeiten in Europa

Auslandserfahrungen und gute Fremdsprachenkenntnisse sind heute wichtige Bausteine in der Karriereplanung. Es gibt daher zahlreiche Förderprogramme der Länder, vieler privater Institutionen und Stiftungen sowie der Europäischen Union, um Schülerinnen und Schülern, Auszubildenden und Arbeitnehmenden einen Auslandsaufenthalt zu ermöglichen. Schüler/-innen können sich z. B. auf den Homepages der Schulministerien informieren. Die Europäische Union unterstützt die grenzüberschreitende Aus- und Weiterbildung mithilfe des Projekts „Leonardo da Vinci", das die Zusammenarbeit in der beruflichen Aus- und Weiterbildung in der EU fördert. Ein Schwerpunkt liegt dabei auf der Unterstützung von Auslandsaufenthalten. Darüber hinaus sollen die Berufsbildungssysteme in den Mitgliedsstaaten verbessert werden.

Ende Juni 2013 verständigten sich die EU-Mitgliedsstaaten mit dem EU-Parlament auf das neue Programm für Bildung, Jugend und Sport, genannt „ERASMUS+", das am 01.01.2014 startete. Erasmus wendet sich an Studierende, die im Ausland studieren oder arbeiten möchten. Außerdem wird die Zusammenarbeit zwischen Hochschulen in ganz Europa gefördert. Neben Studierenden werden auch Hochschuldozentinnen und -dozenten und in der freien Wirtschaft tätige Personen, die im Ausland lehren möchten, sowie Hochschulmitarbeitende, die sich beruflich weiterqualifizieren möchten, unterstützt. Ziel der EU-Kommission ist es, dass mehr junge Menschen die EU-Bildungsförderung nutzen und es normaler wird, im europäischen Ausland zu leben und zu arbeiten. Dazu soll das Budget deutlich erhöht werden, um auch Inklusion zu ermöglichen. Zudem soll Erasmus+ zunehmend digitalisiert werden, gerade was die Zusammenarbeit anbelangt. Ein weiteres Ziel der EU-Kommission ist die Integration von Erasmus+ in den European Green Deal, sodass das Programm nachhaltiger wird. 2020 wurde daher über Instrumente zur Berechnung des CO_2-Fußabdrucks, Programme zur Sensibilisierung für Umwelt- und Klimafragen sowie eine Ausbildung zu Botschafterinnen und Botschaftern für nachhaltige Entwicklung beraten.

Bei Bewerbungen ins europäische Ausland ist es sinnvoll, den kostenlosen Service der Europäischen Kommission zu nutzen, den sogenannten **Europass**. Mit standardisierten Dokumenten können im In- und Ausland erworbene Qualifikationen und Kompetenzen europaweit verständlich dokumentiert werden. Der Europass beinhaltet einen Lebenslauf, einen Sprachenpass, einen Mobilitätsnachweis sowie die Möglichkeit, zusätzliche Informationen zum Berufs- oder Hochschulabschluss anzugeben.

AUFGABEN

1. Welche Vor- und Nachteile sehen Sie bei einer Ausbildung im dualen System im Vergleich zu einer rein schulischen Ausbildung?

2. Wie heißen die Vertragsparteien bei einem Ausbildungsvertrag?

3. Nennen Sie die wichtigsten Gesetze, die im Rahmen der Berufsausbildung im dualen System zu beachten sind.

4. Geben Sie jeweils an, ob die nachfolgenden Aussagen zum Berufsausbildungsvertrag richtig oder falsch sind:

   a) Die Berufsschulpflicht besteht bei einem 20-jährigen Auszubildenden grundsätzlich so lange, wie auch ein Berufsausbildungsverhältnis besteht.

   b) Während der Probezeit ist die Kündigung nur seitens der oder des Auszubildenden möglich.

   c) Nach der Probezeit kann das Ausbildungsverhältnis gekündigt werden, wenn der oder die Auszubildende die Berufsausbildung aufgeben will.

   d) Die Vergütung der oder des Auszubildenden soll dem Lebensalter angemessen sein.

   e) Eine Kürzung der Ausbildungsvergütung für die Zeit des Berufsschulbesuchs kann durch eine zusätzliche Vereinbarung neben dem Ausbildungsvertrag getroffen werden.

   f) Ruhepausen können nach dem Jugendarbeitsschutzgesetz sowohl zu Beginn als auch am Ende der Arbeitszeit eingelegt werden.

5. Welche Form ist beim Abschluss eines Ausbildungsvertrags vorgeschrieben?

6. Ein Firmeninhaber vereinbart am 5. Mai mit einem 17-Jährigen und dessen Eltern, den Jugendlichen ab dem 1. August zum Fachinformatiker auszubilden. Welche Aussagen über diesen Berufsausbildungsvertrag sind falsch?

   a) Der Vertrag kann mündlich abgeschlossen werden.

   b) Er muss dem Berufsbildungsgesetz entsprechen.

   c) Er muss unverzüglich der IHK zur Eintragung in das Verzeichnis der Berufsausbildungsverhältnisse eingereicht werden.

   d) Die Probezeit kann bis zum 1. Februar des darauffolgenden Jahres dauern.

7. a) Welche Inhalte müssen mindestens in einem Berufsausbildungsvertrag stehen?

   b) Wer muss den Berufsausbildungsvertrag bei einer minderjährigen Auszubildenden unterzeichnen?

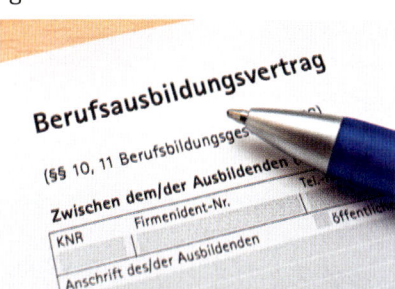

5

8. Welche rechtlichen Verpflichtungen muss ein Ausbildender bei Abschluss eines Berufsausbildungsvertrags übernehmen?

9. Welche Aussage zum Ausbildungsvertrag trifft zu?

   a) Der Ausbildungsvertrag muss spätestens vor Beginn der Ausbildung abgeschlossen worden sein.

   b) Der Ausbildungsvertrag kann schriftlich oder mündlich erfolgen.

   c) Der Ausbildungsvertrag muss auch vom Betriebsrat unterschrieben worden sein.

   d) Auf die Angabe der Anzahl der Urlaubstage kann verzichtet werden.

10. Welche Vereinbarung bei Abschluss eines Berufsausbildungsvertrages mit einer 19-Jährigen ist zulässig? Die Auszubildende verpflichtet sich,

    a) bis zu zwei unbezahlte Überstunden pro Woche zu machen.

    b) auf den Besuch der Berufsschule zu verzichten.

    c) an einer Schulung zur Netzwerkadministration auf Kosten des Ausbildungsbetriebes teilzunehmen.

    d) nach Beendigung der Ausbildung weiterhin im Ausbildungsbetrieb zu arbeiten.

11. Nach drei Wochen Probezeit stellt Selim Aras fest, dass er für den Ausbildungsberuf nicht geeignet ist. Welche Möglichkeiten hat er jetzt?

    a) Er kann das Ausbildungsverhältnis nur durch eine ordentliche Kündigung beenden.

    b) Er kann sofort ohne Angabe von Gründen fristlos kündigen.

    c) Das Ausbildungsverhältnis kann erst zum Ende der Probezeit ohne Angabe von Gründen gekündigt werden.

12. Einige Unternehmen scheuen sich, eine/-n Auszubildende/-n einzustellen, da ihnen die Kosten zu hoch sind. Welchen Nutzen kann man als Gegenargument anführen?

13. Welchen Sinn hat die Vereinbarung einer Probezeit in einem Ausbildungsvertrag? Wie lang darf die Probezeit maximal sein?

14. Ein Auszubildender im ersten Ausbildungsjahr hat erhebliche unentschuldigte Fehlzeiten beim Berufsschulunterricht. Darf der Ausbildende ihn kündigen?

15. Thomas Frei, 16 Jahre alt, geht einmal pro Woche in die Berufsschule.

    a) Da eine Lehrerin erkrankt ist, finden nur die ersten vier Unterrichtsstunden statt. Muss er danach noch in den Betrieb?

    b) Wie sähe Ihre Entscheidung aus a) aus, wenn der Unterricht erst nach der sechsten Unterrichtsstunde ausfallen würde?

    c) Thomas möchte nicht mehr in die Schule gehen, stattdessen möchte er lieber fünf Tage pro Woche im Ausbildungsbetrieb arbeiten. Kann er diese Vereinbarung mit seinem Ausbildungsbetrieb treffen?

d) Wegen der guten Auftragslage soll Thomas im Dezember an fünf Arbeitstagen pro Woche jeweils neun Stunden arbeiten. Ist das nach dem Jugendarbeitsschutzgesetz erlaubt?

e) Thomas möchte gerne täglich nur eine einzige Pause von 15 Minuten machen, um dadurch etwas früher nach Hause gehen zu können. Sein Ausbilder legt ihm daraufhin nahe, doch einmal das Jugendarbeitsschutzgesetz etwas genauer zu lesen. Ist die von ihm vorgeschlagene Pausenregelung erlaubt?

f) Nach seinem 18. Geburtstag schlägt Thomas seinem Ausbilder noch einmal die gleiche Pausenregelung vor, da er ja jetzt nicht mehr dem Jugendarbeitsschutzgesetz unterliege. Sein Ausbilder verweist ihn dieses Mal auf das Arbeitszeitgesetz. Hat Thomas Frei jetzt mit seinem Vorschlag Erfolg?

g) Thomas möchte gerne in den Sommerferien gemeinsam mit Freunden in den Urlaub fahren. Sein Ausbilder lehnt es aber ab, ihm während der Ferien freizugeben, mit der Begründung, dass in dieser Zeit nur Eltern mit schulpflichtigen Kindern Urlaub gewährt werden könne. Also schlägt Thomas vor, immer die Tage, an denen keine Berufsschule ist, freizunehmen und mehrere kleine Kurzurlaube zu machen. Das würde sowieso mehr Spaß machen. Ist diese Regelung mit dem Bundesurlaubsgesetz und dem Jugendarbeitsschutzgesetz vereinbar?

h) Thomas ist inzwischen im dritten Ausbildungsjahr. Das Ausbildungsverhältnis endet laut Vertrag am 31. Juli des Jahres. Welche Alternativen gibt es noch, das Ausbildungsverhältnis zu beenden?

i) Den Tag vor der Abschlussprüfung nimmt Thomas sich frei. Darf sein Ausbilder ihm hierfür einen Tag Urlaub anrechnen?

j) Thomas besteht die Abschlussprüfung leider nicht. Welche Möglichkeiten hat er jetzt?

k) Ein halbes Jahr später hat Thomas die Abschlussprüfung knapp bestanden. Aufgrund der schlechten Leistungen wird er nicht von seinem Ausbildungsbetrieb übernommen. Um sich besser bewerben zu können, bittet er den Ausbilder um ein Zeugnis über seine Zeit in dem Ausbildungsbetrieb. Ist der Ausbilder verpflichtet, ein Zeugnis auszustellen? Welche Inhalte müssen in dem Zeugnis stehen?

l) Thomas Frei möchte sich mit dem Zeugnis gerne in Frankreich bewerben. Welchen Service der EU sollte er nutzen, um seine Bewerbungsunterlagen aufzubereiten?

16. Die 16-jährige Auszubildende zur IT-Systemelektronikerin soll mit ihrem Chef über das Wochenende auf Montage fahren. Die Auszubildende wendet ein, dass dies nicht mit dem Jugendarbeitsschutzgesetz vereinbar sei. Hat sie recht?

17. Welche Pausenregelung entspricht den Mindestvorschriften des Jugendarbeitsschutzgesetzes?

a) Arbeitszeit: 420 Minuten, Pause: 40 Minuten

b) Arbeitszeit: 360 Minuten, Pause: 30 Minuten

18. Ein Auszubildender erbringt in der Berufsschule nur mangelhafte Leistungen. Darf der Ausbildende ihm deshalb kündigen?

19. Geben Sie jeweils an, ob das Ausbildungsverhältnis [1] kraft Gesetz, [2] durch eine Kündigung oder [3] nicht beendet wird.

a) Die Auszubildende hat die Abschlussprüfung nicht bestanden und möchte das Ausbildungsverhältnis nicht fortsetzen.

b) Der Ausbildungsbetrieb wird verkauft und weitergeführt.

c) Der Auszubildende hat die Abschlussprüfung bestanden.

d) Die Auszubildende möchte das Ausbildungsverhältnis auflösen, um einen anderen Beruf zu erlernen.

20. Im Schnitt brechen ca. 20 % der Auszubildenden ihre Ausbildung vorzeitig ab. Die Abbruchquote ist jedoch von Beruf zu Beruf sehr unterschiedlich. Welche Gründe können dafürsprechen, eine Berufsausbildung abzubrechen?

21. Geben Sie jeweils an, ob die nachfolgenden Sachverhalte bezüglich der Berufsausbildung [1] im BBiG, [2] im JArbSchG oder [3] in keiner dieser Rechtsgrundlagen geregelt sind.

a) Dauer der Probezeit

b) Erstuntersuchung bei minderjährigen Auszubildenden

c) Kündigung eines Auszubildenden

d) Jugendliche dürfen grundsätzlich nur in der Zeit von 6:00 Uhr bis 20:00 Uhr beschäftigt werden.

e) Der Urlaub beträgt bis zum vollendeten 21. Lebensjahr mindestens 25 Tage pro Jahr.

22. Geben Sie jeweils an, ob die nachfolgenden Aussagen zur Jugend- und Auszubildendenvertretung richtig oder falsch sind.

a) Wahlberechtigt sind nur jugendliche Arbeitnehmende.

b) In Betrieben mit mindestens fünf jugendlichen Arbeitnehmenden oder solchen, die zu ihrer Berufsausbildung beschäftigt sind und das 25. Lebensjahr noch nicht vollendet haben, werden Jugend- und Auszubildendenvertretungen gewählt.

c) Für Jugend- und Auszubildendenvertreter/-innen besteht kein besonderer Kündigungsschutz.

23. In welchem Zeitraum dürfen werdende Mütter nicht beschäftigt werden?

24. Bei welchen Aufgaben handelt es sich um Aufgaben des Betriebsrats?

a) Überwachung der Einhaltung von Unfallverhütungsvorschriften

b) Ausstellung von Arbeitszeugnissen

c) Förderung der Beschäftigung von älteren Arbeitnehmenden

d) Weiterleitung von Beschwerden der Mitarbeitenden

25. In welchen der unten stehenden Fälle hat der Betriebsrat ein Mitbestimmungsrecht?

a) Festlegung der täglichen Arbeitszeiten

b) Entscheidung über die Teilnahme eines Mitarbeiters bzw. einer Mitarbeiterin an einer Fortbildung

c) Aufstellung des Urlaubsplans

d) Aufstellung von Entlohnungsgrundsätzen

e) Benutzung der Dienstfahrzeuge

f) Kündigungen

26. Wie lange dauert die regelmäßige Amtszeit des Betriebsrats?

27. Sie bewerben sich nach Ihrer Ausbildung in einem IT-Systemhaus. Überlegen Sie sich mögliche Fragen, die Ihnen im Vorstellungsgespräch gestellt werden könnten.

28. Welche Frage des Arbeitgebers ist nicht zulässig?

a) Frage nach Krankheiten, die Einfluss auf das Arbeitsverhältnis haben könnten

b) Frage nach der beruflichen Weiterbildung

c) Frage nach der Gewerkschaftszugehörigkeit

29. Welche Aussagen beschreiben die Rechte und Pflichten von Arbeitnehmenden und/oder Arbeitgebenden zutreffend?

a) Arbeitnehmende unterliegen dem Wettbewerbsverbot.

b) Arbeitgebende müssen mindestens 18 Werktage im Jahr Urlaub gewähren.

c) Arbeitnehmende dürfen Betriebsgeheimnisse nicht weitergeben.

d) An Feiertagen muss kein Entgelt bezahlt werden, da auch keine Arbeitsleistung erbracht wird.

30. In der Presse lesen Sie folgende Aussage: „Die Sozialpartner handeln einen neuen Tarifvertrag aus." Erklären Sie die Begriffe „Sozialpartner" und „Tarifvertrag".

5

31. Weisen Sie den unten stehenden Fällen jeweils eine der folgenden vertraglichen Regelungen zu: [1] Tarifvertrag, [2] Arbeitsvertrag, [3] Betriebsvereinbarung.

    a) Regelung der besonderen Rechtsbeziehung einer einzelnen Arbeitnehmerin zu seinem Arbeitgeber

    b) Ein Arbeitnehmer verpflichtet sich gegenüber dem Arbeitgeber zur Leistung von Diensten gegen Entgelt.

    c) Die Vertragspartner sind der Betriebsrat und der Arbeitgeber.

    d) Am Zustandekommen dieses Vertrages wirkt die Gewerkschaft mit.

32. a) Welche Vor- und Nachteile haben Arbeitnehmende davon, Mitglied in einer Gewerkschaft zu sein?

    b) Welche Vor- und Nachteile entstehen für Arbeitgeber aus der Mitgliedschaft seiner Arbeitnehmenden in der Gewerkschaft?

    c) Wo sind ggf. die Arbeitgeber organisiert?

33. Nennen Sie Gründe für eine personenbedingte Kündigung.

34. Wann ist eine fristlose Kündigung generell möglich?

35. Ein Arbeitnehmer klaut bei seinem Arbeitgeber eine CD mit einer Software für die Verwaltung von Kundenkontakten. Kann der Arbeitgeber ihm fristlos kündigen?

36. Eine Arbeitnehmerin versäumt es mehrmals, den Chef unverzüglich zu unterrichten, dass sie weiter arbeitsunfähig ist. Sie erhält die Kündigung. Ist diese rechtens?

37. Diskutieren Sie, ob eine Aufweichung des Kündigungsschutzgesetzes zu mehr Arbeitsplätzen führen würde.

38. Interpretieren Sie die nachfolgenden Formulierungen aus einem Arbeitszeugnis:

    a) „Er hat die ihm übertragenen Aufgaben stets zu unserer vollen Zufriedenheit ausgeführt."

    b) „Ihr Verhalten gegenüber Vorgesetzten und Kollegen war höflich und korrekt."

    c) „Er verfügt über eine rasche Auffassungsgabe und war daher auch stärkeren Arbeitsbelastungen stets gewachsen."

39. Welche der folgenden Aussagen zur beruflichen Flexibilität ist richtig? Unter beruflicher Flexibilität versteht man ...

    a) ... die Fähigkeit, schnell im Unternehmen Freundschaften zu schließen.

    b) ... die Bereitschaft, unentgeltliche Überstunden zu leisten.

    c) ... die Fähigkeit, sich den wandelnden Anforderungen der Arbeitswelt anzupassen.

d) ... die Bereitschaft, lange Anfahrtswege zum Arbeitsplatz in Kauf zu nehmen.

e) ... die Fähigkeit, auf Wunsch des Arbeitgebers nur noch eine Teilzeitstelle auszu-
üben.

40. Bei welcher Aussage handelt es sich nicht um ein Ziel der Arbeitsförderung gemäß
§ 1 des Sozialgesetzbuches (SGB III)? Die Arbeitsförderung soll ...

a) ... dem Entstehen von Arbeitslosigkeit entgegenwirken.

b) ... unabhängig von der beschäftigungspolitischen Zielsetzung der Sozial-, Wirt-
schafts- und Finanzpolitik der Bundesregierung sein.

c) ... die Dauer der Arbeitslosigkeit verkürzen.

d) ... den Ausgleich von Angebot und Nachfrage auf dem Ausbildungs- und Arbeitsmarkt unterstützen.

e) ... durch die Verbesserung der individuellen Beschäftigungsfähigkeit Langzeitarbeitslosigkeit vermeiden.

5

6.1   Gesellschafts- und Wirtschaftsordnung

Das Zusammenleben in einer Gemeinschaft wird durch die Gesellschaftsordnung bestimmt.

> Die **Gesellschaftsordnung** bezeichnet die Gesamtheit aller Normen, Regeln und Institutionen, die das Zusammenleben in einer Gesellschaft gestalten.

Die Gesellschaftsordnung unterteilt sich in mehrere Teilbereiche.

Teilbereiche der Gesellschaftsordnung

Rechtsordnung	Umfasst alle Rechtsnormen, also geschriebene und ungeschriebene Gesetze. Dazu gehört in Deutschland z. B. das Grundgesetz.
Politische Ordnung	Meint die Herrschafts- und Machtverhältnisse eines Landes. In der Bundesrepublik Deutschland zählen dazu die Demokratie und der Föderalismus.
Sozialordnung	Hierzu gehören die staatlichen und privaten Maßnahmen, um ein Minimum an sozialer Sicherheit zu gewährleisten, z. B. die Sozialversicherungen.
Wirtschaftsordnung	Die Wirtschaftsordnung regelt das Zusammenwirken der Wirtschaftssubjekte (Unternehmen, private Haushalte usw.) in einer Volkswirtschaft.

Grundsätzlich lassen sich zwei idealtypische Modelle von **Wirtschaftsordnungen** unterscheiden: die freie Marktwirtschaft und die Zentralverwaltungswirtschaft.

Freie Marktwirtschaft und Zentralverwaltungswirtschaft

Merkmal	Freie Marktwirtschaft	Zentralverwaltungswirtschaft
Prinzip	Individualprinzip (Freiheit des Individuums)	Kollektivprinzip (Das Individuum muss sich dem Gemeinwohl unterordnen.)
Eigentum	Recht auf Privateigentum, besonders auch an Produktionsmitteln	Kollektiveigentum an Produktionsmitteln
Planung	Dezentrale Planung: Jedes Wirtschaftssubjekt plant sein Vorgehen selbst.	Zentrale Planung durch den Staat
Lenkung und Steuerung	Durch den Markt (Angebot und Nachfrage)	Zentral durch den Staat

Merkmal	Freie Marktwirtschaft	Zentralverwaltungswirtschaft
Ziel der Unternehmen	Gewinnmaximierung	Planerfüllung
Preisbildung	In Abhängigkeit von Angebot und Nachfrage durch den Markt	Zentrale Preisfestsetzung durch den Staat
Verträge	Vertragsfreiheit	Keine Vertragsfreiheit, staatliche Vorgaben
Berufs- und Arbeitsplatzwahl	Freie Berufswahl und Wahl des Arbeitsplatzes, Gewerbe- und Niederlassungsfreiheit	Staatliche Planung der Arbeitskräfte und Zuweisung eines Berufs und Arbeitsplatzes
Konsum	Konsumfreiheit	Gelenkter Verbrauch durch Zuteilungssystem
Rolle des Staates	Schutz der Bürger, Festlegung eines Ordnungsrahmens (Nachtwächterstaat)	Uneingeschränkte wirtschaftliche und politische Kontrolle und Macht

In Deutschland wurde 1948 eine Weiterentwicklung der freien Marktwirtschaft eingeführt: die **Soziale Marktwirtschaft**. Es gelten die Prinzipien der freien Marktwirtschaft (Privateigentum, dezentrale Planung, Lenkung und Steuerung durch den Markt usw.), aber der Staat hat zusätzlich die Verantwortung, für soziale Sicherheit und Gerechtigkeit zu sorgen. Auch in der sozialen Marktwirtschaft befindet sich der größte Teil der Produktionsmittel in Privatbesitz. Das Grundgesetz schreibt aber zusätzlich die Sozialpflicht des Eigentums vor. So sind z. B. Enteignungen, die dem Allgemeinwohl dienen, möglich. Die Planung erfolgt ebenfalls dezentral und der Preis wird über den Markt gebildet. Darüber hinaus kann der Staat allerdings Mindestpreise (z. B. für die Landwirtschaft) oder Höchstpreise (z. B. für den Nahverkehr) festlegen. Auch bei der Vertragsfreiheit werden den Unternehmen Grenzen gesetzt, z. B. zum Schutz der Verbraucherinnen und Verbraucher.

Ludwig Erhard (1897–1977), zweiter Bundeskanzler der Bundesrepublik Deutschland, „Vater" der Sozialen Marktwirtschaft und des Wirtschaftswunders nach dem Zweiten Weltkrieg

In der sozialen Marktwirtschaft stehen dem Staat verschiedenste Möglichkeiten zur Verfügung, um unerwünschte ökonomische und soziale Folgen des marktwirtschaftlichen Geschehens zu verhindern. Mithilfe der **Fiskalpolitik** (Steuerpolitik) unterstützt der Staat einzelne Wirtschaftszweige, z. B. den Bergbau oder die Landwirtschaft, durch Subventionen oder ermöglicht erhöhte Abschreibungen (z. B. für den Wohnungsbau). Die Nachfrage der Haushalte wird durch die Erhöhung bzw. Senkung der Steuern beeinflusst. Darüber hinaus werden durch Steuern bestimmte Produkte verteuert, z. B. Benzin.

Im Rahmen der **Ordnungspolitik** versucht der Staat, den freien Wettbewerb durch Gesetze und Verordnungen zu schützen. Wichtig ist hier z. B. das Gesetz gegen Wettbewerbsbeschränkungen (GWB) zur Einschränkung bzw. Verhinderung von Kartellen. Durch die **Konjunkturpolitik** und die **Strukturpolitik** soll die Wirtschaftsentwicklung stabilisiert werden, um ein möglichst gleichmäßiges Wirtschaftswachstum zu gewährleisten.

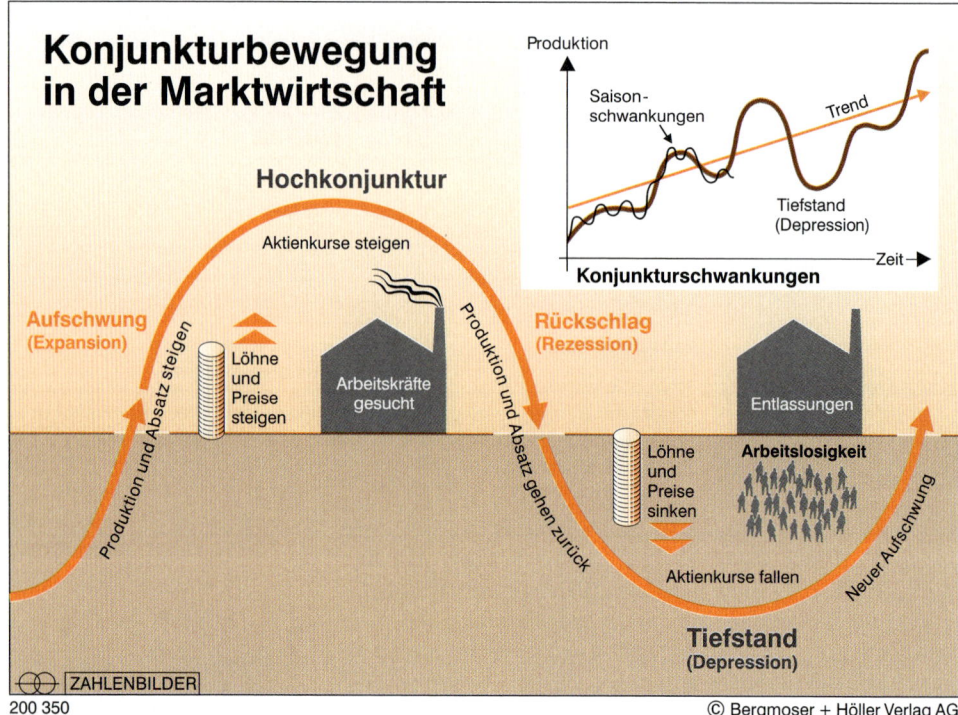

Konjunkturbewegung in einer Marktwirtschaft

Stark an Bedeutung zugenommen hat auch die **Umweltpolitik**. Durch Auflagen an die Industrieunternehmen bei der Produktion und die Förderung von umweltfreundlichen Techniken (z. B. Solarenergie oder E-Mobilität) greift der Staat direkt in den Markt ein.

Wenn der Staat in den freien Markt eingreift, muss er § 1 des Gesetzes zur Förderung der Stabilität und des Wachstums der Wirtschaft (StabG) berücksichtigen:

§ 1 StabG

Bund und Länder haben bei ihren wirtschafts- und finanzpolitischen Maßnahmen die Erfordernisse des gesamtwirtschaftlichen Gleichgewichts zu beachten. Die Maßnahmen sind so zu treffen, dass sie im Rahmen der marktwirtschaftlichen Ordnung gleichzeitig zur Stabilität des Preisniveaus, zu einem hohen Beschäftigungsstand und außenwirtschaftlichem Gleichgewicht bei stetigem und angemessenem Wirtschaftswachstum beitragen.

Die vier Ziele der Wirtschaftspolitik werden im magischen Viereck dargestellt (siehe folgende Abbildung).

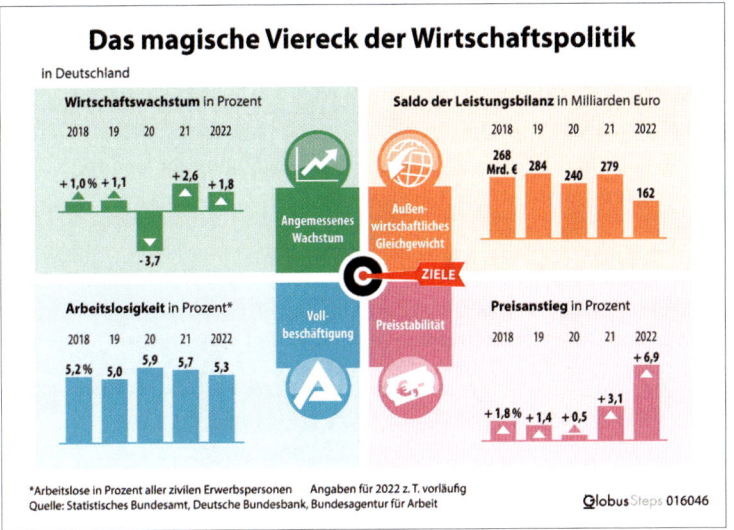

Ziele der Wirtschaftspolitik: magisches Viereck

Ideal wäre es, wenn die vier genannten Ziele tatsächlich alle erreicht werden könnten. In der Praxis ergeben sich allerdings Konflikte zwischen den einzelnen Zielen. Beispielsweise ist es schwer, gleichzeitig das Ziel des Wirtschaftswachstums und der Preisstabilität zu erreichen. So könnten niedrigere Preise zwar das Wirtschaftswachstum durch vermehrten Konsum anregen, es läge jedoch keine Preisstabilität mehr vor.

In den letzten Jahren hat sich die Diskussion um das magische Viereck weiterentwickelt. Man spricht jetzt auch vom magischen Sechseck. Dafür wurden die Ziele des magischen Vierecks durch zwei weitere Ziele erweitert (siehe nächste Abbildung): Erhaltung der natürlichen Umwelt und gerechte Einkommens- und Vermögensverteilung.

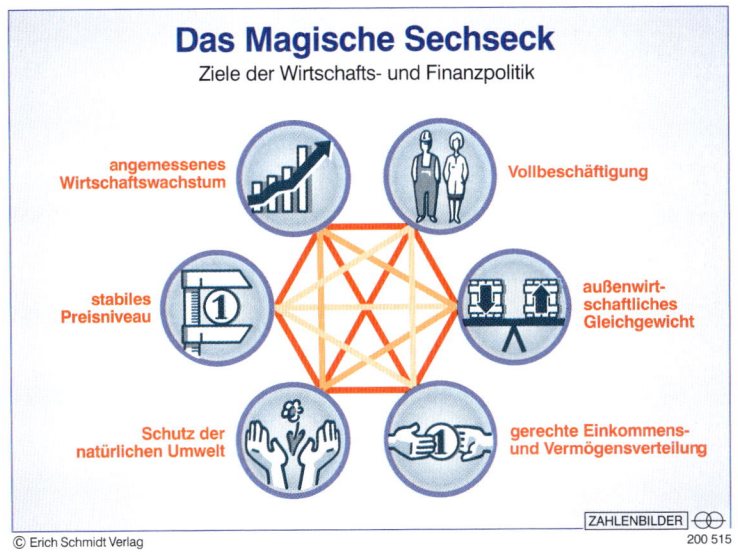

Ziele der Wirtschaftspolitik: magisches Sechseck

Dass der Wohlstand in den Industrienationen zulasten der Umwelt geht, wird besonders durch den Erdüberlastungstag deutlich. Die Bundesbürger/-innen hatten nach Berechnungen von Umweltschützenden bereits im Mai 2023 ihre ökologischen Ressourcen für das gesamte laufende Jahr aufgebraucht. Dieser symbolische Tag wird jedes Jahr vom Global Footprint Network berechnet. In Deutschland wurde also beispielsweise mehr Fleisch gegessen, mehr Abfall produziert, wurden mehr Bäume abgeholzt und es wurde mehr CO_2 ausgestoßen, als rechnerisch zur Verfügung steht.

Erdüberlastungstage 2023

6.2   Grundzüge des sozialen Sicherungssystems

Ein Pfeiler der Gesellschaftsordnung der Bundesrepublik Deutschland ist das Sozialstaatsgebot. Es ist in den Artikeln 20 und 28 des Grundgesetzes verankert. Darin sind zwei Ziele des staatlichen Handelns festgeschrieben: die Herstellung **sozialer Gerechtigkeit** und **sozialer Sicherheit**.

Grundbestandteile der sozialen Sicherung sind die verschiedenen Sozialversicherungen, die dem Versicherungsprinzip unterliegen. Das soziale Sicherungssystem beruht insgesamt auf drei Säulen.

Säulen des sozialen Sicherungssystems

1. Versicherungsprinzip	2. Versorgungsprinzip	3. Fürsorgeprinzip und Subsidiarität
– Bildung von Gemeinschaften, bei denen die Versicherten gleichartigen Risiken unterliegen – Grundlage für die soziale Absicherung über Versicherungen, z. B. die Krankenversicherung	– Mit der Zahlung von Steuern beteiligen sich alle an der Versorgung von Bürgerinnen und Bürgern, die besondere Leistungen oder auch Opfer für das Wohl der Gemeinschaft erbracht haben und/oder dafür Nachteile auf sich nehmen oder Schäden hinnehmen mussten. Empfänger -innen sind z. B. Opfer von Gewalttaten, Kriegsopfer, aber auch Empfänger/-innen von Kindergeld.	– Hilfeleistung vom Staat, wenn die Selbsthilfe nicht mehr gelingt; Vorrang der Selbsthilfe vor der staatlichen Hilfe (Subsidiaritätsprinzip) – Hilfe für bestimmte Personengruppen, z. B. in Form von Sozialhilfe oder Kinder- und Jugendhilfe – „Letztes Mittel", wenn die ersten zwei Stufen nicht funktioniert haben

6.2.1 Sozialversicherungen

Das Versicherungsprinzip stellt die Grundlage für die Möglichkeit der sozialen Absicherung über Versicherungen dar. Dabei werden sogenannte Gefahrengemeinschaften gebildet, die sich gemeinsam absichern. Dabei zahlt jeder und jede eine Prämienzahlung, beispielsweise den Versicherungsbeitrag. Mit diesen Zahlungen werden die Schäden bezahlt. Das Risiko eines Schadenfalls wird damit kollektiv von vielen Versicherten getragen.

Die Sozialversicherungen dienen dabei der finanziellen Absicherung im Falle von Krankheit, Mutterschaft, Arbeitsunfällen, Arbeitslosigkeit, Alter oder auch Tod. Ein großer Teil der deutschen Bevölkerung unterliegt der **Versicherungspflicht**, d. h. der Pflicht, sich gegen die oben genannten Risiken zu versichern. Ausnahmen sind hier z. B. für Selbstständige, Freiberufler/-innen, geringfügig Beschäftigte, Beamtinnen und Beamte oder Soldatinnen und Soldaten möglich. Bei den meisten Versicherungstypen zahlen sowohl Arbeitgebende als auch Arbeitnehmende Beiträge in die Sozialversicherungssysteme ein. Die Pflichtversicherungen beruhen auf dem **Prinzip der Solidarität**. Unabhängig von der Inanspruchnahme von Leistungen zahlen die Versicherten in die Versicherung ein. So werden diejenigen, die mehr in Anspruch nehmen, durch die anderen Mitglieder abgesichert. Die Beiträge richten sich nach dem Einkommen der Versicherten, die Leistungen werden hingegen durch einen solidarischen Ausgleich verteilt.

Dabei sind fünf Versicherungen von besonderer Bedeutung und daher gesetzlich vorge-schrieben. Wer sich darüber hinaus absichern möchte, kann private Zusatzversicherun-gen abschließen.

Die fünf Säulen der Sozialversicherung

	Krankenversicherung	Pflegeversicherung	Rentenversicherung	Arbeitslosenversicherung	Unfallversicherung
Träger	AOK, Innungs-, Betriebs- und Ersatzkassen	Pflegekassen bei den Krankenkassen	Deutsche Rentenversicherung	Bundesagentur für Arbeit	Berufsgenossenschaften
Versicherte	Alle Arbeitnehmende, deren sozialversicherungspflichtiges Einkommen unter der Versicherungspflichtgrenze liegt, Rentner, Studierende, Arbeitslose, Landwirtinnen und Landwirte sowie freiwillig Versicherte	Mitglieder der gesetzlichen und privaten Krankenkassen	Arbeitnehmende und Auszubildende, Selbstständige können sich freiwillig versichern.	Alle Arbeitnehmenden und Auszubildenden, ausgenommen sind Beamtinnen und Beamte, Richterinnen und Richter, Berufssoldatinnen und -soldaten, Arbeitnehmende ab 65 Jahren und solche, die eine Erwerbsunfähigkeitsrente beziehen	Alle Arbeitnehmenden und Auszubildenden sowie je nach Berufsgenossenschaft auch die Arbeitgebenden, Kindergartenkinder, Schülerinnen und Schüler, Studierende, Arbeitslose, Hilfeleistende bei Unglücksfällen, Pflegepersonen, Helfer im Zivil- oder Katastrophenschutz, Blut- oder Organspender/-innen
Beiträge	Arbeitnehmende und Arbeitgebende zahlen je die Hälfte. Nur bei der Krankenversicherung zahlen Arbeitnehmende mehr als Arbeitgebende (siehe Berechnung des Auszahlungsbetrags). Da die Finanzierung des Arbeitgeberanteils zur Pflegeversicherung durch den Wegfall eines Feiertags gesichert werden soll, müssen Arbeitnehmende in solchen Bundesländern, in denen kein Feiertag gestrichen wurde (Sachsen), den Beitrag voll leisten. Kinderlose zwischen 23 und 65 Jahren zahlen einen Zuschlag von 0,25 % auf die Pflegeversicherung.				Arbeitgeber zahlen die Beiträge allein. Die Höhe richtet sich nach der Unfallgefahr.
Leistungen	**Förderung der Gesundheit und Verhütung von Krankheiten** – Aufklärung und Beratung über Gesundheitsgefährdungen	**Häusliche Pflege** – Pflegesachleistung bei Pflege durch Fachpersonal – Pflegegeld bei Pflege durch Angehörige – Pflegevertretung bei Urlaub oder Krankheit der Pflegeperson	**Rente** – Altersrente – Rente wegen Verlust bzw. Minderung der Erwerbsfähigkeit – Rente an Hinterbliebene (Waisenrente, Witwen- und Witwerrente, Erziehungsrente)	**Aktive Arbeitsförderung** – Arbeitsvermittlung (u. a. durch Personalserviceagenturen) – Berufsberatung – Umschulung – Maßnahmen zur Verbesserung der Eingliederungsaussichten – Mobilitätshilfen – Berufsausbildungshilfen – Förderung der beruflichen Weiterbildung	**Bei einem Arbeitsunfall** – Krankenhilfe – Berufshilfe – Rente an Verletzte und Hinterbliebene

6

	Kranken-versicherung	Pflege-versicherung	Renten-versicherung	Arbeitslosen-versicherung	Unfall-versicherung
Leistungen	**Früherkennung von Krankheiten** – Vorsorgeunter-suchungen **Leistungen bei Krankheiten** – Arzt-, Krankenhaus und Arzneikosten – Zahnärztliche Behandlung – Krankengeld ab der 7. Woche (70 % vom Bruttolohn, max. 90 % vom Nettolohn), – Krankentransport **Mutterschaftshilfe** – Entbindung – Ärztliche Behand-lung – Hebamme – Arzneien – Mutterschaftsgeld während der Mutterschutzfrist **Sonstige Leistungen** – Familienhilfe – Schwangerschafts-abbruch	**Stationäre Pflege** **Sonstige Leistungen** – Pflegemittel – Technische Hilfsmittel – Pflegekurse – Unter bestimmten Voraussetzungen soziale Sicherung der Pflegeperson durch eine kosten-freie Renten- und Unfallversicherung	**Rehabilitation** – Wiedereingliede-rung nach einer Krankheit – Medizinische Rehabilitation – Berufsfördernde Rehabilitation (z. B. berufliche Anpassung, Aus- und Weiter-bildung) – Zahlung von Übergangsgeldern	– Berufliche Eingliederung von Menschen mit Behinderung sowie von schwer vermittelbaren und älteren Arbeitnehmenden – Förderung von Arbeitsbeschaffungsmaßnahmen – Förderung des Einstiegs in die Selbstständigkeit – Vermittlung von Ein-Euro-Jobs **Entgeltersatzleistungen** – Arbeitslosengeld I (für Arbeitslose, die in den letzten 3 Jahren mind. 12 Monate versichert waren; das Arbeitslosengeld beträgt 67 % (mit Kind), sonst 60 % eines pauschalierten Nettoarbeitsentgelts und wird je nach Alter max. 6 bis 24 Monate gezahlt. Die Sozialversiche-rungsbeiträge werden ebenfalls übernommen.) – Bürgergeld: dient der Grundsicherung von erwerbsfähigen Personen, die ihren Lebensun-terhalt nicht aus eigener Kraft und eigenen Mitteln decken können. Eigenes Vermögen und Einkommen werden bei der Berechnung der Leistung berücksichtigt. Unter anderem werden die Kosten für Unterkunft und Heizung übernommen, soweit diese angemessenen sind. – Kurzarbeitergeld – Winterausfallgeld – Konkursausfallgeld	**Bei einem Wegeunfall** Siehe Arbeitsunfall **Unfallverhütung** – Aufklärung – Belehrung – Überwachung der Mitgliedsbetriebe Versicherung des **Kindergarten- bzw. Schulbesuchs** Hilfe bei **Berufs-krankheiten**, z. B. bei Allergien

6.2.2 Private Vorsorge durch Zusatzversicherungen

Die gesetzlichen Sozialversicherungen decken einige der Gefahren, die das Privatleben betreffen können, nicht ausreichend ab. Daher gibt es eine Vielzahl an zusätzlichen Individualversicherungen zur freiwilligen Selbstversorgung, die beispielsweise auch Sachschäden abdecken.

Personenversicherungen

Lebensversicherung	Eine Lebensversicherung deckt Risiken ab, wie Tod oder Invalidität, ergänzt um Versicherungen zur Altersvorsorge (z. B. Rentenversicherung). Die Versicherungsleistung wird im Versicherungsfall als Geldleistung erbracht.
Berufsunfähigkeitsversicherung (BU)	Diese sichert gegen Berufsunfähigkeit ab und richtet sich nach dem zuletzt ausgeübten Beruf. Sie greift dann, wenn die versicherte Person für mindestens drei Jahre vollständig berufsunfähig ist (infolge von Krankheit, Verletzung usw.). Die Versicherung deckt den Bedarf ab, der durch das Nicht-Ausüben dieses konkreten Berufs entsteht.
Erwerbsunfähigkeitsversicherung	Die Versicherung deckt den Bedarf ab, der entsteht, wenn der Arbeitnehmende irgendeinen Beruf nicht ausüben kann. Sie richtet sich also nicht nach einem bestimmten Beruf.
Private Krankenversicherung	Die private Krankenversicherung kann ergänzend oder anstelle der gesetzlichen Krankenversicherung abgeschlossen werden, als Voll-, Teil- oder Zusatzversicherung. Sie umfasst weitergehende Leistungen als die gesetzliche Krankenversicherung.
Private Rentenversicherung	Sie ergänzt die gesetzliche Rente und schließt so eine mögliche Versorgungslücke. Dabei ist sie lebenslänglich oder verkürzt möglich (Bsp. Riesterrente).

Sachversicherungen

Hausratversicherung	Sie deckt Schäden am Hausrat ab, die ausgelöst werden durch Feuer, Wasserschäden, Sturm, aber auch Einbruch, Raub und Vandalismus. Neben den Erstattungskosten sind auch Hotel- oder Aufräumkosten abgedeckt.
Gebäudeversicherung	Versicherbar sind nur zum Wohnen bestimmte Gebäude, nicht gewerblich genutzte, die fest mit dem Erdboden verbunden sind (keine Zelte o. Ä.). Sie deckt Schäden ab, die durch Feuer, Wasser, Sturm etc. ausgelöst wurden. Sie richtet sich nach dem aktuellen Wert des Gebäudes.
Teil-/Vollkaskoversicherung	Diese sind Erweiterungen zur Kfz-Haftpflichtversicherung und decken weitere Schäden am Fahrzeug ab. Die Teilkasko deckt Schäden am eigenen Fahrzeug ab, die durch Unwetter, Diebstahl oder Tiere (Marder, Wildunfälle) verursacht werden. Eine Vollkaskoversicherung ergänzt die Schadensfallleistung der Teilkasko um die Punkte Vandalismus und selbstverschuldete Unfälle. Eine Haftpflichtversicherung ist für alle Kraftfahrzeuge Pflicht.

6

Vermögensversicherungen

Haftpflicht-versicherung	Eine Haftpflichtversicherung greift im Fall von Schäden, die man selber einem anderen zugefügt hat. Sie erfüllt die entstandenen Schaden-ersatzansprüche.
Rechtsschutz-versicherung	Sie deckt Anwalts- und Gerichtskosten im Rechtsfall ab, allerdings erst ab drei Monaten nach Abschluss der Versicherung.

6.2.3   Sozialgerichtsbarkeit

Kommt es zu Streitigkeiten gegen die Entscheidungen der Sozialversicherungen, sind die **Sozialgerichte** zuständig. Die Verfahren in der Sozialgerichtsbarkeit sind für die versicherte Person **kostenfrei**, sofern sie nicht vorsätzlich gehandelt hat.

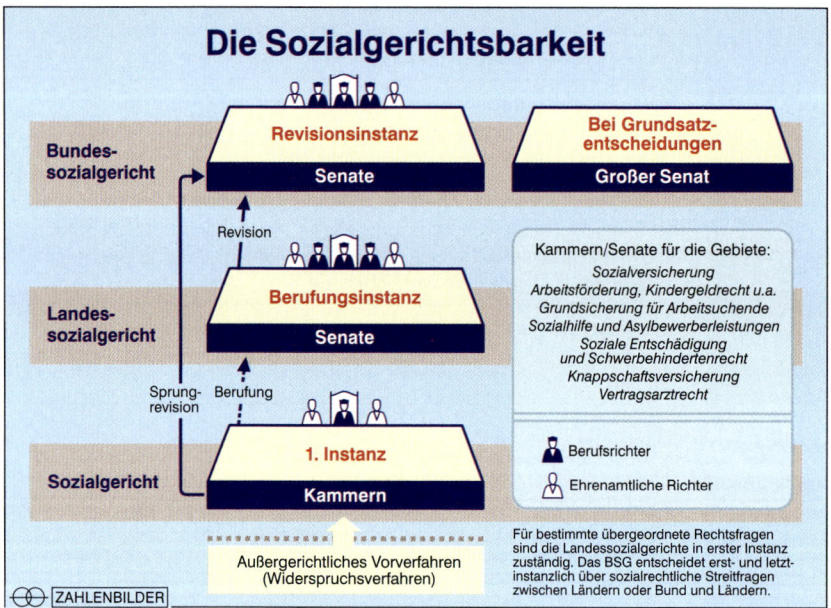

Sozialgerichtsbarkeit

6.2.4   Staatliche Transferleistungen im Rahmen des Fürsorgeprinzips

Der Staat unterstützt nicht nur die Altersvorsorge, sondern leistet auch vorher schon finanzielle Unterstützung in Form von **staatlichen Transferzahlungen**. Die staatlichen Transferzahlungen werden durch steuerliche Einnahmen ermöglicht. Sie werden vom Staat bezahlt, ohne dass eine wirtschaftliche Gegenleistung nötig ist. Damit unterstützt der Staat diejenigen, bei denen eine finanzielle Hilfe nötig ist, z. B. im Fall von Arbeitslosigkeit oder auch während der Zeit des Studiums. Diese Leistungen werden daher auch als **Sozialleistungen** bezeichnet.

Staatliche Transferleistungen

Bürger-geld	Es handelt sich um eine Grundsicherung für Arbeitssuchende. Anspruch auf Bürgergeld haben Personen, wenn sie erwerbsfähig und leistungsberechtigt sind und damit mindestens folgende Bedingungen erfüllen: 1. Sie sind mindestens 15 Jahre alt und haben die Altersgrenze für ihre Rente noch nicht erreicht. 2. Sie wohnen in Deutschland und haben hier ihren Lebensmittelpunkt. 3. Sie können mindestens drei Stunden pro Tag arbeiten. 4. Sie oder Mitglieder ihrer Bedarfsgemeinschaft sind hilfebedürftig. 5. Auch wer nicht erwerbsfähig ist, kann Bürgergeld erhalten, wenn sie oder er mit einer erwerbsfähigen und leistungsberechtigten Person in einer Bedarfsgemeinschaft lebt.
Sozial-hilfe	Sozialhilfe kann beantragt werden, wenn das gesetzliche Rentenalter erreicht ist oder keine drei Stunden täglich gearbeitet werden können. Die Höhe richtet sich nach dem Regelbedarf, dieser liegt z. B. 2023 für Alleinstehende und Alleinerziehende bei 502,00 €, bei Paaren je Partner bei 451,00 € und bei Jugendlichen zwischen 14 und 17 Jahren bei 420,00 €.
Ausbil-dungs-hilfe (BAFöG)	Das Bundesgesetz über individuelle Förderung der Ausbildung regelt die Unterstützung für Schüler, Praktikanten, Auszubildende und Studierende, deren Eltern nicht für die Ausbildung aufkommen können. BAFöG ist abhängig vom Einkommen der Eltern. Schülerinnen und Schüler können auch BAFöG beantragen, Bedingung ist, dass sie einen berufsqualifizierenden Abschluss oder einen weiterführenden Schulabschluss anstreben und nicht mehr im Elternhaus wohnen. Sie müssen das BAFöG nicht zurückzahlen. Studierende müssen maximal 10 010,00 € zurückzahlen, nach 20 Jahren gilt die Schuld als getilgt, sofern sich der oder die BAFöG-Nehmer/-in um Tilgung und Mitwirkung im Rückzahlungsverfahren bemüht hat.
Eltern-geld	Das Elterngeld gleicht das fehlende Einkommen aus, wenn nach der Geburt wegen der Betreuung des Kindes nicht gearbeitet werden kann.
Kinder-geld	Das Kindergeld wird monatlich an die Eltern überwiesen und dient der grundlegenden Versorgung des Kindes. Es ist steuerfrei und wird durch die Familienkasse gezahlt. Im Jahr 2023 beträgt das Kindergeld 250,00 € je Kind.
Wohn-geld	Im Wohngeldgesetz und im Sozialgesetzbuch ist geregelt, wer Wohngeld beantragen kann. Die Wohngeldstelle der Stadt bzw. Gemeinde entscheidet über den Anspruch. Grundsätzlich hat jede/-r einkommensschwache Bürger/-in ein Recht auf Wohngeld, wobei Empfänger/-innen von Transferleistungen keinen Anspruch mehr haben, da der Zuschuss zu den Wohnkosten durch diese bereits abgedeckt ist.

6

Im Jahr 2019 wurden fast 1 000 Milliarden Euro in Deutschland für Sozialleistungen ausgegeben (siehe folgende Abbildung).

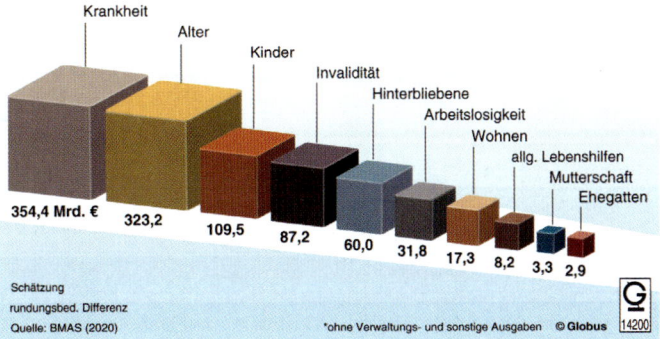

Ausgaben für Sozialleistungen in Deutschland (2019)

6.2.5   Entwicklung und Probleme der sozialen Sicherung und deren Konsequenzen

Betrachtet man die nebenstehenden Lebensbäume, wird schnell klar, dass aus der früher „Alterspyramide" genannten Darstellung immer mehr eine „Zwiebel" geworden ist. Vor dem Hintergrund des demografischen Wandels wird deutlich, dass die Versorgung der Bevölkerung durch den Staat langfristig problematisch wird, da die Kosten für eine alternde Gesellschaft durch die Beiträge der Jüngeren in der Gesellschaft gestemmt werden müssen. Durch das Überaltern der Gesellschaft entsteht eine immer größere Lücke. Umso wichtiger werden eine private Vorsorge und individuelle Vermögensbildung.

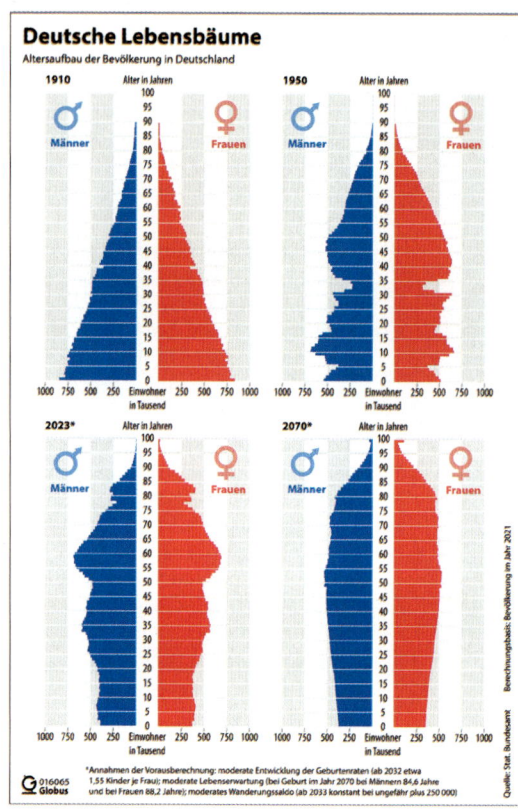

Bevölkerungspyramide für Deutschland

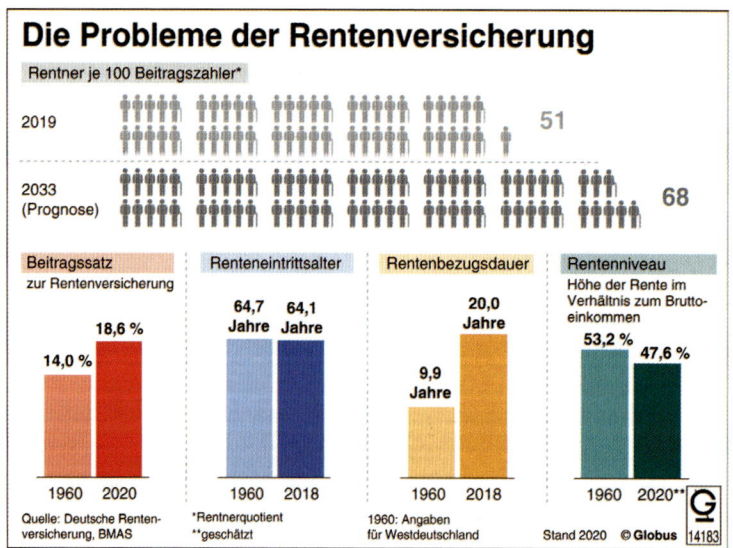

Auswirkungen des demografischen Wandels auf die Rentenversicherung

Exkurs: Private Altersvorsorge

Die gesetzliche Regelaltersrente, die von der Rentenversicherung gezahlt wird, ist häufig zu gering. Es entsteht eine „Rentenlücke". 2002 wurde das gesetzliche Rentenversicherungssystem reformiert: Aufgrund des demografischen Wandels würde die Zahllast der jüngeren Generation stetig größer, daher wurde das Rentenniveau gesenkt. Die daraus resultierende Rentenlücke soll mithilfe der **Riester-Rente** geschlossen werden.

Die Riester-Rente können alle rentenversicherungspflichtigen Arbeitnehmer, aber auch Beamte, Soldaten, Bezieher von Arbeitslosengeld, Kindererziehende und unter bestimmten Umständen auch geringfügig Beschäftigte beantragen.

Als Anlage für die Sparbeträge sind folgende Anlagemöglichkeiten erlaubt:
- Banksparpläne, die zu Rentenbeginn in eine Rentenversicherung umgewandelt werden, über die eine Auszahlung erfolgt
- klassische private Rentenversicherungen
- fondsgebundene Rentenversicherungen
- Fondssparpläne
- innerhalb der betrieblichen Altersversorgung die Pensionskasse, der Pensionsfonds und die Direktversicherung
- Wohnriester-Darlehen und Bausparverträge

Anbieter von Fondssparplänen und fondsgebundenen Rentenversicherungen müssen den Kapitalerhalt garantieren. Sparende dürfen die angesparten Mittel vor der Auszahlungsphase nur unter sehr eng gefassten Ausnahmeregelungen verwenden.

Die staatliche Förderung besteht aus der Altersvorsorgezulage und einem Sonderausgabenabzug, der in der Einkommensteuererklärung berücksichtigt werden kann. Nur wenn der Mindesteigenbeitrag eingezahlt wird, erhalten Sparende die Zulage ungeschmälert. Wird der Mindesteigenbeitrag nicht erreicht, wird die Zulage im Verhältnis der geleisteten Beiträge zum Mindesteigenbeitrag gekürzt. Der Sonderausgabenabzug der Beiträge einschließlich Zulage erfolgt, wenn die Steuerersparnis aus dem Sonderausgabenabzug den Zulagenanspruch übersteigt.

Der maximal erforderliche Mindesteigenbeitrag errechnet sich aus dem Höchstbetrag in Höhe von 2 100,00 € abzüglich des individuellen Zulagenanspruchs, der sich aus einer Grundzulage und einer Kinderzulage zusammensetzt. Die Höhe der Grundzulage beträgt 175,00 € für Erwachsene, die Kinderzulage bis zu 300,00 € für jedes Kind, das ab dem 01.01.2008 geboren wurde. Die Riester-Rente ist in der Auszahlungsphase voll zu versteuern.

Ist man nicht berechtigt eine Riester-Rente zu erhalten, kann die **Rürup-Rente** (auch Basisrente) in Anspruch genommen werden. Sie wurde nach dem Ökonom Bert Rürup benannt und trat 2005 als steuerlich begünstigte Form der Altersvorsorge in Kraft. Die Ansparbeiträge können wie bei der gesetzlichen Rentenversicherung als Sonderausgaben in der Steuer geltend gemacht werden. Auch in der Rentenphase, also der Phase der Ausschüttung im Rentenalter, sind Rürup-Renten nur begrenzt steuerpflichtig, wobei ab 2040 eine volle Steuerpflicht gilt. Von der klassischen privaten Rentenversicherung und der Riester-Rente unterscheidet sich die Basisrente darin, dass es bei ihr grundsätzlich kein Kapitalwahlrecht gibt, die Ansprüche also nicht in Form einer Ablaufsumme ausgezahlt werden können. Stattdessen muss diese Rente stets als lebenslange Rente ausgezahlt werden. Bei der Riester-Rente können immerhin bis zu 30 % der angesparten Summe als Einmalbetrag ausgezahlt werden.

6

6.3   Entgeltabrechnung

Alle Arbeitnehmenden erhalten aufgrund von tariflichen oder einzelvertraglichen Vereinbarungen einen Grundlohn bzw. ein Grundgehalt.

> Unter **Lohn** versteht man im weitesten Sinne das für die menschliche Arbeit gezahlte Entgelt. Im engeren Sinne wird der Begriff Lohn als Entgelt für eine überwiegend körperliche Arbeitsleistung verwendet.
> Ein **Gehalt** wird an Angestellte als Entgelt für ihre überwiegend geistige, schöpferische Arbeit gezahlt.

Um die Arbeitsleistung der Mitarbeitenden zu honorieren und sie zur Leistungserbringung zu motivieren, haben sich verschiedene Lohnformen herausgebildet. 2015 wurde in Deutschland der gesetzliche Mindestlohn für einige Branchen eingeführt. Er verfolgt grundsätzlich das Ziel, Arbeitnehmende vor Armut und Dumpinglöhnen zu schützen. Er betrifft neben Arbeitnehmenden auch Praktikantinnen und Praktikanten, gilt jedoch nicht für Pflichtpraktika im Rahmen der Schulausbildung oder eines Studiums.

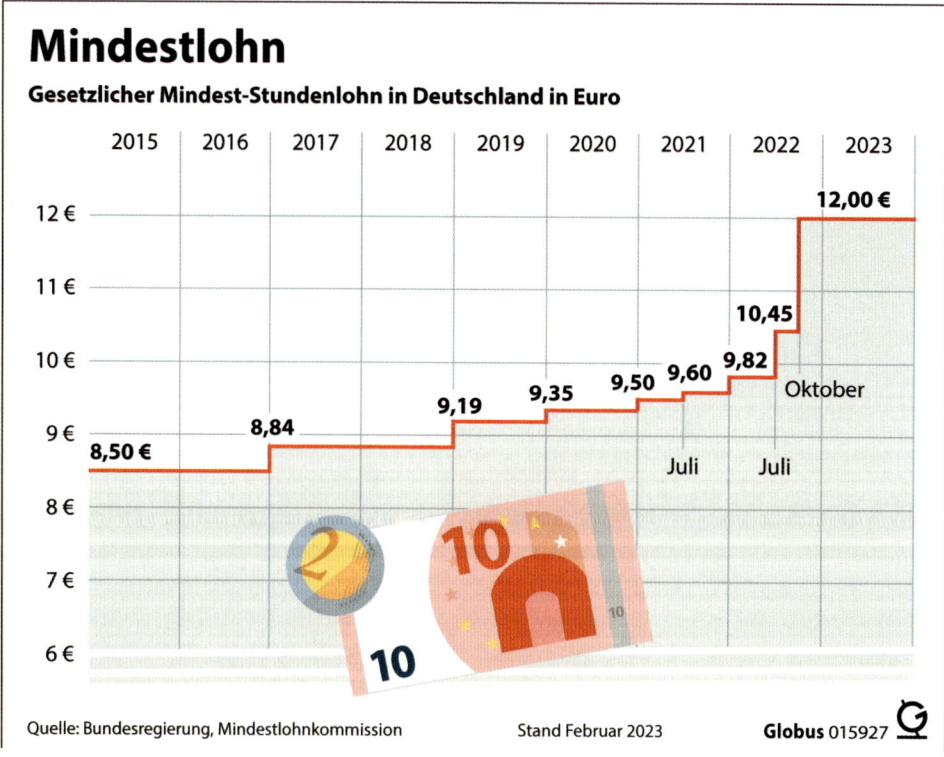

Gesetzlicher Mindest-Stundenlohn in Deutschland in Euro

Die älteste und immer noch am häufigsten vorkommende Lohnform ist der **Zeitlohn**. Maßgebend für die Entlohnung ist die Arbeitszeit. Arbeiter/-innen erhalten einen Stunden-, Tages-, Wochen- oder Monatslohn. Beamtinnen und Beamte sowie Angestellte erhalten jeden Monat ein festes Gehalt. Ein großer Nachteil des Zeitlohns ist, dass der

Leistungsanreiz nicht sehr groß ist, da eine höhere Arbeitsleistung keinen höheren Lohn zur Folge hat. Dies hat zur Einführung eines **Leistungslohns** geführt. Beim Leistungslohn unterscheidet man grundsätzlich zwischen Akkordlohn und Prämienlohn.

Beim **Akkordlohn** erhalten Arbeitnehmende einen fixen Lohn, der dann durch einen Akkordzuschlag ergänzt wird. Dabei ist die Höhe des Zuschlags direkt von der mengenmäßigen Arbeitsleistung abhängig. Beim **Prämienlohn** wird zusätzlich zum Grundlohn eine Prämie gezahlt. Damit wird das Erreichen eines vom Unternehmen vorgegebenen Ziels honoriert. Beispiele hierfür sind Qualitäts-, Mengen-, Umsatz- oder Vermittlungsprämien.

Möchte ein Arbeitgeber seine Mitarbeitenden direkt am Erfolg des Unternehmens beteiligen, kann er auch einen **Beteiligungslohn** zahlen. Dies kann z.B. durch eine Gewinnbeteiligung der Arbeitnehmenden erfolgen oder durch die Ausgabe von Belegschaftsaktien.

Durch Aufaddieren der Zulagen, Zuschläge und Zuwendungen kann man den Bruttolohn bzw. das Bruttogehalt errechnen.

Berechnung des Bruttolohns

Grundlohn	
+ Zulagen	Leistungszulagen (z.B. Akkordzulage), Erschwerniszulagen (z.B. durch einen hohen Lärmpegel), Gefahrenzulage (z.B. Umgang mit gefährlichen Stoffen)
+ Zuschläge	Überstunden-, Sonn- und Feiertagszuschläge, Nachtarbeitszuschläge
+ Zuwendungen	Urlaubsgeld, Weihnachtsgeld, vermögenswirksame Leistungen, Zuwendungen für Heirat, Geburt, Jubiläum o.Ä.
= Bruttolohn	

Der **Bruttolohn** stellt die Grundlage für die Berechnung der Steuern und der Sozialabgaben dar. Lediglich Sonn- und Feiertagszuschläge sowie Nachtarbeitszuschläge und Zuwendungen für z.B. Heirat oder Geburt bleiben bis zu bestimmten Freigrenzen steuer- und sozialversicherungsfrei.

Berechnung des Nettolohns

Bruttolohn			
– Lohnsteuer	Die Höhe der Lohnsteuer ist vor allem vom Einkommen sowie vom Familienstand abhängig. Es werden sechs Steuerklassen unterschieden.		
	I	Ledige, geschiedene oder verwitwete Arbeitnehmende	
	II	Ledige, geschiedene oder verwitwete Arbeitnehmende mit Kind	
	III	Verheiratete Arbeitnehmende, wenn der Ehegatte keinen Arbeitslohn bezieht oder in Steuerklasse V eingruppiert ist	
	IV	Verheiratete Arbeitnehmende, wenn beide Ehepartner ungefähr gleich viel verdienen	
	V	Verheiratete Arbeitnehmende, wenn der Ehegatte in Steuerklasse III eingruppiert ist	
	VI	Für die zweite oder weitere Lohnsteuerkarten, wenn Arbeitnehmende von mehreren Arbeitgebern Lohn beziehen	

6

Der Grundfreibetrag bei Ledigen liegt 2024 bei 11 604,00€ und bei Verhei-
rateten bei 23 208,00 €. Das Einkommen bis zum Grundfreibetrag bleibt
steuerfrei. Übersteigt das Einkommen den Grundfreibetrag, beginnt die
Besteuerung mit dem Eingangssteuersatz von zurzeit 14 %. Mit zunehmen-
dem Einkommen steigt auch die Einkommensteuer. Der Spitzensteuersatz
wird bei einem Einkommen von jährlich 66 761,00 € erreicht und beträgt
42 %. Die Einkommensbestandteile oberhalb dieser Grenze werden dann
konstant mit einem Steuersatz von 42 % belastet. Ab einem Einkommen
von 277 826,00 € für Ledige bzw. dem doppelten Betrag für Verheiratete
beträgt der Grenzsteuersatz 45 % (sog. „Reichensteuer").

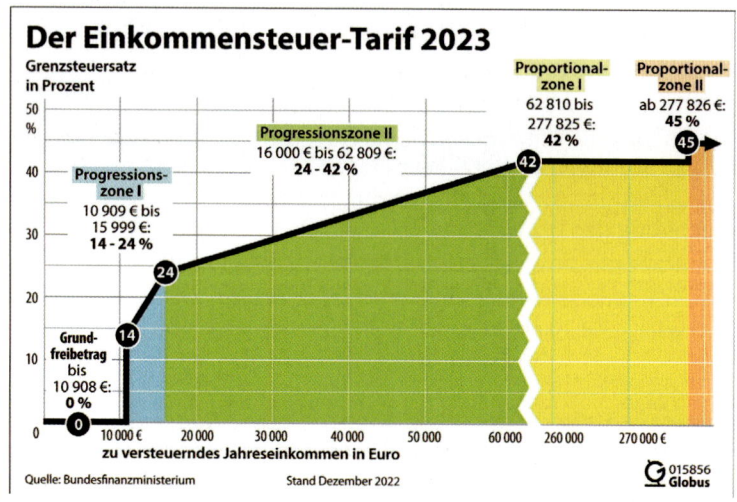

Der Einkommensteuer-Tarif 2023

Grenzsteuersatz in Prozent

Progressionszone I: 10 909 € bis 15 999 €: 14 - 24 %

Progressionszone II: 16 000 € bis 62 809 €: 24 - 42 %

Proportionalzone I: 62 810 bis 277 825 €: 42 %

Proportionalzone II: ab 277 826 €: 45 %

Grundfreibetrag bis 10 908 €: 0 %

zu versteuerndes Jahreseinkommen in Euro

Quelle: Bundesfinanzministerium   Stand Dezember 2022   015856 Globus

– Solidaritäts-zuschlag	Der Solidaritätszuschlag wird als Zuschlag zur Einkommenssteuer erhoben, wenn die Einkommenssteuer über einer Freigrenze liegt. Die Freigrenze liegt 2024 bei Ledigen bei einer Einkommensteuerzahlung von 18 130 €. Danach beginnt eine Milderungszone bis zu einem zu versteuernden Einkommen bei Ledigen von 96 409,00 € bei der nicht der volle Solidaritäts-zuschlag gezahlt werden muss. Erst danach wird der Zuschlag in vollem Umfang fällig. Für Verheiratete verdoppeln sich die Beträge.
– Kirchensteuer	Die Kirchensteuer beträgt 9 %, lediglich in Bayern und Baden-Württemberg beträgt der Steuersatz 8 %.
– Sozial-versicherungen	Die Beiträge zur Sozialversicherung werden je zur Hälfte von Arbeitgeben-den und Arbeitnehmenden gezahlt. Nur bei der Krankenversicherung zahlen Arbeitgebende nur 7,3 %. Die Krankenkassen können von den Arbeitneh-menden noch einen Zusatzbeitrag von bis zu 2 % erheben.

Kranken-versicherung	Die Beitragssätze betragen 14,6 % des sozial-versicherungspflichtigen Gehalts bei gesetzlich Versi-cherten, zzgl. eines kassenindividuellen Zusatzbeitrags. Beitragsbemessungsgrenze (mtl.): 5 175,50 € Versicherungspflichtgrenze (mtl.): 5 775,00 €
Pflege-versicherung	3,4 % (Kinderlose ab dem 24. bis zum 65. Lebensjahr zahlen zusätzlich 0,6 %. Der Zuschlag muss alleine vom Arbeitnehmer bezahlt werden.) Beitragsbemessungsgrenze (mtl.): 5 175,50 € Versicherungspflichtgrenze (mtl.): 5 775,00 €

	Renten-versicherung	18,6 %; Beitragsbemessungsgrenze (mtl.): Alte Bundesländer: 7 450,00 € Neue Bundesländer: 7 550,00 €
	Arbeitslosen-versicherung	2,6 %; Beitragsbemessungsgrenze (mtl.): Alte Bundesländer: 7 450,00 € Neue Bundesländer: 7 550,00 €
		Die Beitragsbemessungsgrenze legt die Höhe des Gehalts fest, bis zu dem die Beiträge berechnet werden. Die Versicherungspflichtgrenze legt die Grenze fest, bis zu der Arbeitnehmende in einer gesetzlichen Krankenkasse pflichtversichert sind. Bei einem Gehalt oberhalb der Versicherungspflicht-grenze können sie zwischen einer privaten und einer gesetzlichen Kranken-versicherung wählen.
= Nettolohn		
– Sonstige Abzüge	– Vermögenswirksame (Spar-)Leistungen – Lohnpfändung, Lohnabtretung, Verrechnung eines Vorschusses	
= Auszahlungsbetrag		

Die nachfolgende Tabelle zeigt die Berechnung des Auszahlungsbetrags für einen 22-jährigen ledigen Fachinformatiker. Er zahlt 9 % Kirchensteuer. Der Krankenkassenbeitrag liegt bei 16,4 %.

Beispielberechnung des Auszahlungsbetrags

Grundlohn	**1 800,00 €**
+ Zulagen	0,00 €
+ Zuschläge für Überstunden	150,00 €
+ Zuwendungen (z. B. Vermögenswirksame Leistungen)	13,00 €
= Bruttolohn	**1 963,00 €**
– Lohnsteuer	164,91 €
– Solidaritätszuschlag	0,00 €
– Kirchensteuer (9 % von der Lohnsteuer)	14,48 €
– Krankenversicherung (7,3 % + 0,9 % = 8,2 %)	160,97 €
– Pflegeversicherung (1,7 %)	33,37 €
– Rentenversicherung (18,6 % / 2 = 9,3 %)	182,56 €
– Arbeitslosenversicherung (2,6 % / 2 = 1,3 %)	25,52 €
= Nettolohn	**1 381,19 €**
– Vermögenswirksame Leistungen	13,00 €
= Auszahlungsbetrag	**1 368,19 €**

6

Exkurs: Geringfügig Beschäftigte (Minijobber)

Wer eine Beschäftigung mit einem regelmäßigen Entgelt von maximal 520,00 € monatlich aufnimmt, ist geringfügig beschäftigt. Damit besteht eine Versicherungsfreiheit in der Kranken-, Pflege- und Arbeitslosenversicherung. Allerdings unterliegen die geringfügig Beschäftigten (die die Beschäftigung ab dem 01.01.2013 aufgenommen haben) jetzt grundsätzlich der Versicherungspflicht in der gesetzlichen Rentenversicherung. Dadurch erwerben sie vollwertige Pflichtbeitragszeiten und damit Ansprüche auf das gesamte Leistungspaket der Rentenversicherung. Von dieser Rentenversicherungspflicht können sich die Minijobber mit einem Antrag befreien lassen. Der Arbeitgeber zahlt eine Pauschale von 15 % bzw. 5 % bei Beschäftigten in Privathaushalten auf den Lohn an die Bundesknappschaft. Diesen Beitrag kann der oder die geringfügig Beschäftigte selbst bis zum vollwertigen Rentenversicherungsbeitrag von zzt. 18,6 % des Lohns aufstocken. Zusätzlich wurde eine **Gleitzone** eingeführt. Bei Einkommen zwischen 520,01 € und 2 000,00 € ist der Arbeitnehmer in allen Zweigen der Sozialversicherung versicherungspflichtig. Er muss allerdings nur einen reduzierten Beitrag zahlen, der von der Höhe des monatlichen Einkommens abhängig ist. Der Arbeitgeber muss den vollen Arbeitgeberanteil zur Sozialversicherung zahlen. Auszubildende fallen unabhängig von der Höhe der Ausbildungsvergütung nicht unter die Regelungen für geringfügig Beschäftigte.

Exkurs: Kurzarbeit

Bei **Kurzarbeit** wird die regelmäßige Arbeitszeit in einem Betrieb vorrübergehend verringert. Ursache dafür ist der Ausfall von Arbeit, wie beispielsweise während der SARS-Covid-19-Pandemie 2020/2021. Der Betrieb kann die Kurzarbeit für alle oder auch nur für einen Teil der Mitarbeitenden anordnen, die Betroffenen arbeiten dann lediglich einen Teil ihrer Stunden oder sogar gar nicht. So können Kündigungen vermieden werden. Möchte der Betrieb Kurzarbeit anmelden, so kann er dies nur, wenn sie in einem Tarifvertrag, einer Betriebsvereinbarung oder dem individuellen Arbeitsvertrag vereinbart worden ist. Besteht ein Betriebsrat, muss dieser zudem zustimmen. Andernfalls haben die Arbeitnehmenden Anspruch auf vollständige Vergütung.

Während der Kurzarbeit bekommen die Mitarbeitenden lediglich einen Teil ihres Lohns/Gehalts. Sie erhalten entsprechend ihrer Arbeitszeit ein Arbeitsentgelt („Kurzlohn"), dieses wird mit **„Kurzarbeitergeld"** von der Bundesagentur für Arbeit aufgestockt. Anspruch auf Kurzarbeitergeld besteht nach § 95 ff. SGB III, wenn ein erheblicher Arbeitsausfall mit Entgeltausfall vorliegt. Dieser muss auf wirtschaftlichen oder unabwendbaren Ereignissen beruhen. Das Kurzarbeitergeld beträgt 60 % von der Nettoentgeltdifferenz des Monats, in dem die Arbeit ausgefallen ist. Für Mitarbeitende mit Kindern gibt es

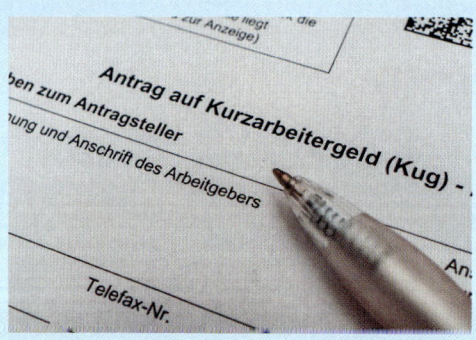

einen erhöhten Leistungssatz von 67 %. Es kann jedoch nie die Beitragsbemessungsgrenzen überschreiten. Die Bezugsdauer ist nach § 104 Abs. 1 SGB III auf zwölf Monate begrenzt, bei außergewöhnlichen Umständen kann die Dauer auf 24 Monate verlängert werden.

Beispiel

Ein Fachinformatiker verdient netto 2 180,00 € im Monat. Aufgrund von Kurzarbeit reduziert sich seine Arbeitszeit auf 40 %.

$$\frac{2\,180,00\ €}{100} \cdot 40 = 872,00\ €$$

Er bekommt daher statt der 2 180,00 € nur noch 872,00 € von seinem Betrieb. Für den Entgeltausfall steht ihm Kurzarbeitergeld zu. Dieses berechnet sich aus der Differenz des Nettoentgelts:

2 180,00 € − 872,00 € = 1 308,00 €

Von diesen 1 308,00 € stehen ihm 60 % zu, die von der Bundesagentur für Arbeit gezahlt werden.

$$\frac{1\,308{,}00 \ €}{100} \cdot 60 = 784{,}80 \ €$$

Insgesamt erhält er daher in diesem Monat:

872,00 € + 784,80 € = 1 656,80 €

Er hat somit eine Einbuße von 523,20 €.

Die Beiträge zu Sozialversicherungen werden auch während der Kurzarbeit weitergezahlt, sodass der Anspruch für Arbeitnehmende bestehen bleibt. Beziehen Arbeitnehmende weiterhin Entgelt, weil sie einen Teil der üblichen Zeit arbeiten, werden die Kosten für die Sozialversicherungen wie gewohnt geteilt. Bei hundertprozentiger Kurzarbeit übernimmt der Arbeitgeber die Beiträge. Die Bundesagentur für Arbeit erstattet den Betrieben diese Kosten pauschal.

6.4   Individuelle Vermögensbildung

Einer der Vorteile der freien sozialen Marktwirtschaft gegenüber der Planwirtschaft ist der Aufbau **privaten Vermögens**. Dazu gehört sowohl das Geldvermögen (z.B. Ersparnisse oder Aktien) als auch das Sachvermögen (z.B. Immobilienwerte oder andere Vermögensgegenstände). Den größten Teil macht das Geldvermögen aus, wobei daran wiederum Bargeld und Einlagen den größten Anteil haben. In den letzten Jahren war ein Wachstumstrend zu verzeichnen, das Privatvermögen stieg trotz niedriger Zinsen. Vor allem Bargeld und Einlagen stiegen zunehmend an. Zudem haben sich die Aktienmärkte nach der Coronakrise wieder erholt, sodass sich auch Investitionen in Aktien wieder lohnen.

6

Aktuell (Stand: November 2023) hat sich die Finanzlage der Privathaushalte aufgrund von Inflation und gestiegenen Zinsen wieder verschärft. Die privaten Haushalte in Deutschland hatten Ende 2022 ein Geldvermögen von 7 254 Milliarden Euro. Damit lag es um 370 Milliarden Euro (knapp fünf Prozent) unter dem Vorjahresendstand.

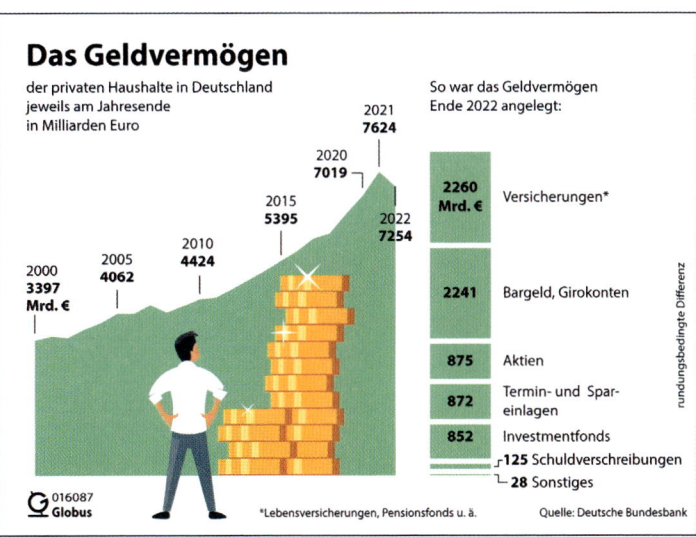

Geldvermögen der privaten Haushalte in Deutschland

In Deutschland gab es im Jahr 2022 rund 12,9 Millionen Aktien- und Aktienfondsbesitzer und -besitzerinnen. Nach Angaben des Deutschen Aktieninstituts (DAI) waren das 18,3 % der Bevölkerung ab 14 Jahren.

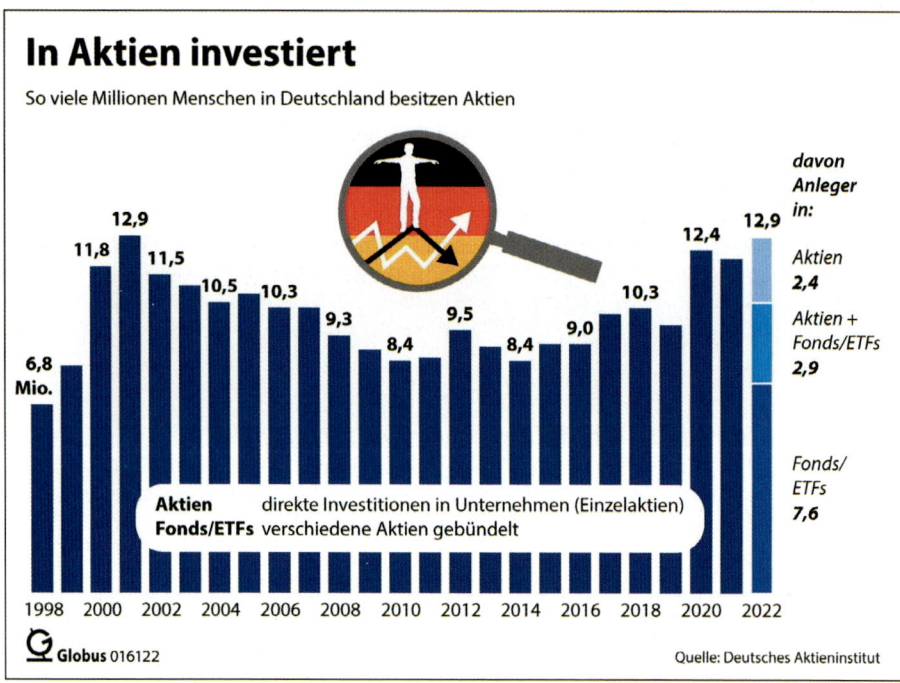

Aktienbesitzer in Deutschland

Der von der **Europäischen Zentralbank** (EZB) festgelegte Leitzins für Geldleihen betrifft auch die Sparanlagen. Während der Zinssatz für Spareinlagen viele Jahre sehr niedrig war und teilweise auch gar keine Zinsen mehr gezahlt wurden, steigen die Zinsen 2023 wieder an. Grundsätzlich empfiehlt sich eine breite Streuung über unterschiedliche Anlagemöglichkeiten und Laufzeiten (kurzfristig oder langfristig), um Vermögen aufzubauen. Der **Vermögensplan** ist jedoch immer höchst individuell, da er sowohl vom bestehenden Vermögen als auch von der Risikofreude abhängt. Am beliebtesten sind nach wie vor Anlagen in Immobilien, Fonds, Aktien, Gold und Sparkonten.

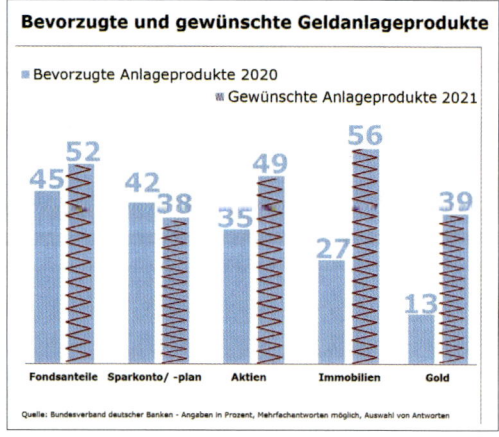

Bevorzugte Anlageprodukte der Deutschen

Der Staat unterstützt die Geldanlage durch den Sparerfreibetrag. Dieser ist ein steuerlicher Abzug für Einkünfte aus Kapitalvermögen, die bis zu einer bestimmten Grenze steuerfrei bleiben. 2023 beträgt der Sparerpauschbetrag 1 000,00 €, für Eheleute 2 000,00 €.

Möglichkeiten der Geldanlage

Anlagemöglichkeit	Erläuterung
Sparkonto	Das Sparkonto ist die modernere Form des Sparbuchs. Zu beachten ist eine dreimonatige Kündigungsfrist, eher kann lediglich ein Betrag von 2 000,00 € ohne Zinsverluste abgehoben werden. Das Sparkonto gilt als sicherere Anlage, hat jedoch auch wenig Zinsertrag.
Fonds	Ein Fonds ist ein „Korb" voller Aktien oder Staatsanleihen. Man unterscheidet je nach Anlage z. B. Aktienfonds, Rentenfonds (z. B. Staatsanleihen oder Pfandbriefe), Immobilienfonds und Exchange Traded Funds (ETFs). Sie können auch als Mischfonds bestehen. Dabei wählen nicht die Anlegenden selbst, in welche Aktien er investieren, sondern ein Fondsmanager bzw. eine Fondsmanagerin analysiert, kauft und verkauft die Aktien für die Kundinnen und Kunden. Die Investition in diversifizierte Fonds ist sicherer als die Investition in einzelne Aktien.
ETF	Ein ETF (Exchange Traded Fund) ist ein börsengehandelter Indexfonds, der die Wertentwicklung eines Index, wie beispielsweise des DAX, abbildet.
Immobilien	Immobilien gelten als wertstabile und sichere Geldanlage und sind daher sehr beliebt. Allerdings sind sie mit einem höheren Aufwand verbunden, da sie verwaltet und instand gehalten werden müssen. Gerade bei niedrigen Zinsen lohnt sich die Investition in Immobilien.
Aktien	Aktien sind Anteile an börsennotierten Unternehmen. Sie eignen sich nur für mittel- bis längerfristige Sparanlagen, da sie hohen Schwankungen unterliegen. Das Risiko eines Verlusts ist hierbei höher als bei anderen Sparanlagen, da Aktien massiv von Geschehnissen in Wirtschaft und Politik beeinflusst werden. Die Rendite wird jährlich ausgeschüttet.
Tagesgeld	Hierbei handelt es sich um ein reines Guthabenkonto. Als Referenz muss daher ein Girokonto angegeben sein, von dem aus auf das Tagesgeldkonto überwiesen und dort verzinst wird. Auf dem Tagesgeldkonto ist das Vermögen täglich komplett verfügbar. Die Laufzeit des Kontos ist frei wählbar.
Festgeld	Auf einem Festgeldkonto wird für einen bestimmten Zeitraum (i. d. R. ein Monat bis zehn Jahre) Geld fest angelegt. Während der Laufzeit kann keine Zinsanpassung seitens der Bank erfolgen.
Edelmetalle	Als Wertanalage werden die Edelmetalle Platin, Gold und Silber gehandelt. Dabei werden sie sowohl in physischer Form (als Barren oder Münzen) als auch als Wertpapier gehandelt. Zum regelmäßigen Sparen eignet sich eher das günstigere Silber. Edelmetalle gelten als inflationssicher und daher werterhaltend. Eine jährliche Rendite durch Zinsen fällt jedoch weg, Anlegende können lediglich von Kurssteigerungen profitieren.
Festverzinsliche Wertpapiere	Festverzinsliche Wertpapiere haben eine feste Laufzeit mit regelmäßigen Zinserträgen. Das können z. B. Unternehmensanleihen, Staatsanleihen oder Pfandbriefe sein. Sie werden z. B. von Unternehmen oder staatlichen Institutionen herausgegeben (sog. Emittenten).
Kryptowährungen	Eine Kryptowährung wie der Bitcoin existiert nur in digitaler Form. Der Kurs kann stark schwanken, da auch auf die Steigerungen spekuliert wird. Aufgrund der digitalen Form sind sie zudem eher Hackerangriffen ausgeliefert. Es handelt sich um keine sichere Geldanlage, daher wird von einer langfristigen Bindung häufig abgeraten.

6

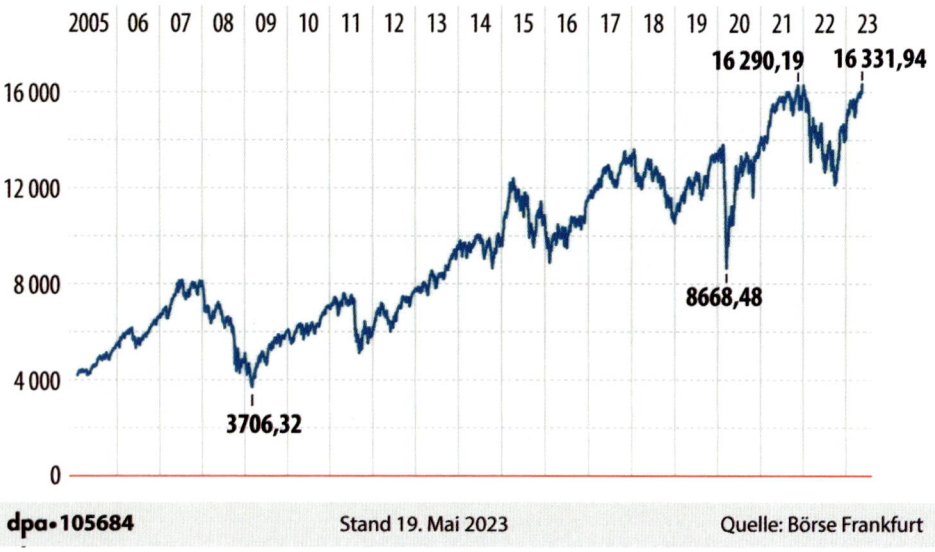

Dax auf Rekordhoch

Tageshöchststände des Deutschen Aktienindex seit Januar 2005

2005 06 07 08 09 10 11 12 13 14 15 16 17 18 19 20 21 22 23

16 290,19   16 331,94

16 000

12 000

8 000   8668,48

4 000

3706,32

0

dpa·105684   Stand 19. Mai 2023   Quelle: Börse Frankfurt

DAX auf Rekordhoch

Neben diesen Geldanlagen können auch Arbeitgebende ihre Angestellten durch **vermögenswirksame Leistungen** (VL) bei der Vermögensbildung unterstützen. Das Zahlen vermögenswirksamer Leistungen ist jedoch freiwillig, geregelt wird es im Arbeits- oder Tarifvertrag. Dabei überweist der Arbeitgeber monatlich bis zu 40,00 € in einen Sparvertrag, z. B. einen Banksparplan oder einen Bausparvertrag. Auch die Tilgung eines Immobilienkredits oder die Anlage in einem Aktienfond ist so möglich. Die Verträge laufen sechs Jahre, das heißt, sechs Jahre lang zahlt der Arbeitgeber Geld ein. Je nachdem, wie viel der Arbeitgeber einzahlt, kann es sich lohnen, die VL selber aufzustocken, um die staatlichen Zuschüsse zu nutzen. Nach sechs Jahren muss der Vertrag ein Jahr ruhen. Erst nach dem siebten Jahr kann das Geld also genutzt werden. Die vermögenswirksamen Leistungen sind steuerwirksam, der Staat unterstützt sie durch Prämien und Zuschüsse. Die **Wohnungsbauprämie** (nur für Bausparer/-innen) und die **Arbeitnehmersparzulage** werden jedoch nur gewährleistet, wenn ein Sparvertrag mit einer Mindestlaufzeit von sieben Jahren abgeschlossen wurde. Zudem darf das Einkommen eine von der Prämie abhängige Höchstgrenze an zu versteuerndem Einkommen nicht überschreiten. Die Höchstgrenze variiert je nach Familienstand und Anzahl der eigenen Kinder. Zusätzlich ist sie auch noch von der gewählten Anlageform abhängig.

Bedingung für die Wohnungsbauprämie – genauso wie für das Geld aus dem Bausparvertrag – ist, dass es für wohnwirtschaftliche Zwecke genutzt wird, also für den Kauf oder eine Sanierung von Immobilien.

6.5   Individuelle Lebensplanung

6.5.1   Potenzialanalyse zur Karriereplanung

Die **Potenzialanalyse** ist ein typisches Instrument zur **Berufsorientierung** und persönlichen **Karriereplanung**. Die Analyse zielt darauf ab, die Potenziale einer Person zu erfassen, also die verschiedenen Leistungsmöglichkeiten. Dabei liegt der Fokus auf den Entwicklungsmöglichkeiten: Es handelt sich um ein prognostisches Verfahren, welches die zukünftige Entwicklung abschätzt. Weiß man um die Potenziale der Person, können individuelle Förder- und Fordermaßnahmen ergriffen werden.

Innerhalb der Potenzialanalyse gibt es verschiedene Methoden und Testverfahren. Dazu gehören die Selbst- und Fremdeinschätzung, psychologische Verfahren, verhaltens- und handlungsorientierte Verfahren sowie biografische Verfahren. Für ein präzises und aussagekräftiges Ergebnis wird eine Mischung der Verfahren empfohlen. Das Bundesministerium für Bildung und Forschung (BMBF) hat einige Qualitätsstandards formuliert:

- Orientierung an der Person
- Berücksichtigung von Unterschieden (z. B. sozioökonomischer Hintergrund) zur Schaffung von Chancengleichheit
- Bezug zur Lebens- oder Arbeitswelt bei den Verfahren
- Fokus auf die positiven Entwicklungsmöglichkeiten (ressourcenorientierter Kompetenzansatz)
- Schriftliche Ergebnisdokumentation (z. B. mithilfe des Berufswahlpasses[1])

Analysefelder der Potenzialanalyse

Die Potenzialanalyse wird z. B. ab der 7. Klasse in Schulen zur Berufsorientierung einge-setzt. Ziele sind die Anregung zur Selbstreflexion, die Ableitung von Entwicklungs-chancen und -zielen sowie eine kompetenzgeleitete Berufsfeldwahl. Sie umfasst daher die Analyse von methodischen, personalen, sozialen und fachlichen Kompetenzen.

Gerade zur Berufsorientierung bietet die Potenzialanalyse daher einen großen Nutzen, indem sie die eigenen Stärken bewusst macht und so die Berufsfeldwahl erleichtert und unterstützt. Damit fördert eine Potenzialanalyse langfristig die eigene **Karriereplanung**, die sich an den eigenen Stärken und Zielen orientieren sollte. Diese können in der Analy-se und in der dadurch angeregten selbstständigen Auseinandersetzung deutlich werden.

Für eine langfristige Karriere-planung können folgende Leit-fragen helfen:

1. Welche beruflichen Ziele verfolge ich?
2. Wie viel möchte ich wö-chentlich arbeiten?
3. Wie viel möchte ich verdie-nen?
4. Welche Entwicklung verfol-ge ich?

Entscheidend für die Karriere-planung ist die Formulierung konkreter Ziele: Bis wann soll welcher Schritt (z. B. eine Be-

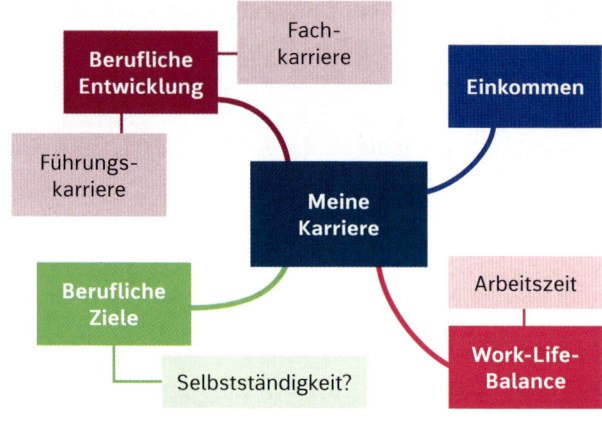

Faktoren der Karriereplanung

förderung) erreicht sein? Wie kann dieses Ziel erreicht werden? Benötige ich zur Ziel-erreichung noch Weiterbildungen?

Auch Unternehmen nutzen die Potenzialanalyse im Rahmen ihrer Personalentwicklung. Dort spielt sie sowohl bei der Beurteilung von internen und externen Bewerberinnen und Bewerbern eine Rolle als auch im Zuge von Förderung und Forderung der Mitarbeitenden. Neben den angesprochenen Kompetenzen spielt hier die Bereitschaft zu Veränderungen und die Karriereorientierung eine große Rolle. Für das Unternehmen wird so deutlich, wel-che Entwicklungsspielräume die Angestellten oder Bewerberinnen und Bewerber haben.

Die Angestellten können nach ihren Ergebnis-sen in vier Kategorien eingeteilt werden, wobei nach Leistungsverhalten und Entwicklungs-potenzial kategorisiert wird (siehe neben-stehende Abbildung). Gerade die „Stars" mit hohem Leistungsverhalten und hohem Ent-wicklungspotenzial sind bei Unternehmen be-sonders beliebt und umkämpft.

So wird für die Unternehmen deutlich, wel-cher Bewerber oder welche Bewerberin auf eine Stelle passt. Auch bei bereits eingestell-ten Mitarbeitenden kann die Analyse Sinn er-geben, z. B. um Fortbildungsbedarf oder För-dermöglichkeiten wie eine Beförderung zu ermitteln.

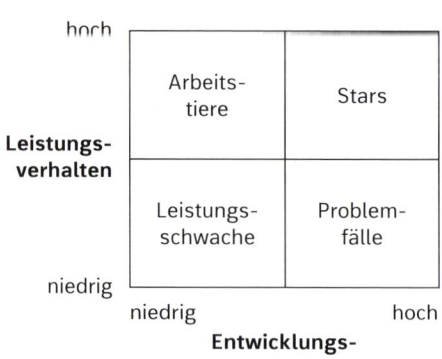

Leistungskategorien

6.5.2 Rollenerwartungen und der Einfluss auf Karriere und Familienplanung

Bei der Karriereplanung spielt häufig auch die Familienplanung eine große Rolle. Nach wie vor dominiert ein traditionelles Rollenverständnis. So arbeitet häufig der Mann Vollzeit, während die Frau zu Hause bleibt und sich um Kinder und Haushalt kümmert. Mittlerweile steigt zwar auch die Zahl der Frauen, die trotz Kind arbeiten geht, im Schnitt bleiben vor allem im Kleinkindalter trotzdem eher die Mütter zu Hause. Der Anteil der Frauen, die eine Teilzeitbeschäftigung ausüben, ist deutlich höher als bei den männlichen Erwerbstätigen. Auch Elterngeld beziehen Väter deutlich kürzer als Mütter (siehe S. 128).

Voll- und Teilzeitquoten

unter erwerbstätigen Frauen und Männern in Prozent

	Vollzeit	Teilzeit
Männer insgesamt	89,4 %	10,6
Frauen insgesamt	52,6	47,4
Männer ohne Kinder	87,3	12,7
Frauen ohne Kinder	64,5	35,5
Väter	92,7	7,3
Mütter	36,4	63,6

dpa•105421   Stand 2021   Quelle: Statistisches Bundesamt

Verteilung der Erwerbstätigen in Deutschland

Dass mehr Frauen die Familienplanung in den Vordergrund gerückt haben, zeigt sich in den Mitarbeiterzahlen von Unternehmen vor allem in den Führungsebenen deutlich. So machen Frauen im **Vorstand** börsennotierter deutscher Unternehmen des DAX 2020 nur 12,9 % der Beschäftigten aus.

Um diese Ungleichverteilung zu verbessern, wurde eine Frauenquote eingeführt. Ziel der Frauenquote ist die Gleichstellung von Frauen und Männern in Gesellschaft, Politik, Wirtschaft und Kultur. Seit 2015 sind Unternehmen dazu verpflichtet, den **Aufsichtsrat** mindestens zu 30 % mit Frauen zu besetzen, derzeit liegt dieser Anteil nur bei etwa 22 %. Am 1. Januar 2016 trat das entsprechende Gesetz für die gleichberechtigte Teilhabe von Frauen und Männern an Führungspositionen (FührposGleichberG) in Kraft. Alle nicht börsennotierten Unternehmen, die demnach auch keinen Aufsichtsrat haben, sind dazu verpflichtet, sich eigene Ziele zur Erhöhung des Frauenanteils auf Management-Ebene zu setzen. Dabei gibt es keine vorgegebenen Mindestziele, jedoch dürfen vorherige Quoten nicht unterschritten werden. Auch in der IT-Branche zeichnet sich dies ab: Die mangelnde Vereinbarkeit von Beruf und Familie sowie die Hürde des Wiedereinstiegs nach der Elternzeit erschweren die Arbeit in einer Führungsposition. Neben der ungleichen Besetzung ist auch die ungleiche Bezahlung ein großes Problem. Auch bei gleicher Qualifikation ist auffällig, dass Männer besser verdienen als Frauen. Jährlich wird daher der Equal Pay Day durchgeführt, um auf diese Problematik aufmerksam zu machen.

Wie gleichberechtigt Frauen und Männer sind, kann unter anderem ein Blick in die Führungsetagen von Unternehmen zeigen. In Deutschland wird klar: Obwohl Frauen im Jahr 2021 fast die Hälfte aller Erwerbstätigen ausmachten, waren sie mit rund 29 % in Führungspositionen deutlich unterrepräsentiert.

Frauen in Führungspositionen

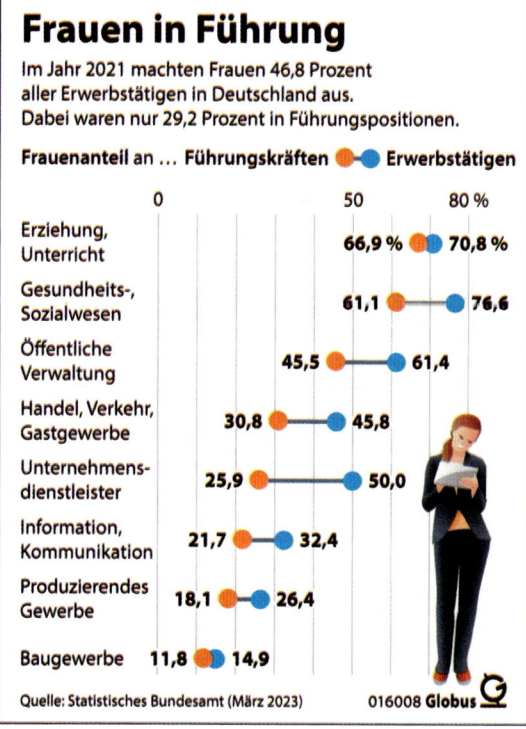

Anteil von Frauen in Führungspositionen

AUFGABEN

1. Ordnen Sie die nachfolgenden Aussagen den Wirtschaftsordnungen „freie Markt-wirtschaft" und „Zentralverwaltungswirtschaft" zu:

   a) Die Produktionsmittel befinden sich im Eigentum des Staates.

   b) Betriebe erfolgen das Ziel der Planerfüllung.

   c) Betriebe streben eine Gewinnmaximierung an.

2. Welche Aussagen sind richtig?

   a) Droht die Wirtschaft zu überhitzen, sollte die Konjunktur gedämpft werden.

   b) Steuersenkungen führen zu einer Erhöhung der Konsumnachfrage.

   c) In einer Rezession sollte der Staat sparsam mit seinen Ausgaben sein.

   d) Ein gutes Gesundheitssystem ist ein wichtiger Baustein des magischen Sechsecks.

   e) Ein Ziel des magischen Vierecks ist ein stabiles Preisniveau.

3. Welche Maßnahme kann sich belebend auf die Konjunktur auswirken?

   a) Verminderung der Staatsaufträge

   b) Steuererhöhungen

   c) Erhöhung des Kindergeldes

4. In welchen Zweigen der Sozialversicherung sind Angestellte durch die Berufs-tätigkeit automatisch versichert?

5. Auf dem Weg zu einem Kunden fällt Marion Brenner hin und verletzt sich. Welche Versicherung übernimmt in diesem Fall die entstehenden Arztkosten?

6. Marion Brenner hat durch ihren Sturz einen Bänderriss im Knie und fällt für zehn Wochen aus. Woher bezieht sie in dieser Zeit ihr Einkommen?

7. Welcher Versicherungsträger erbringt in folgenden Fällen welche Leistung?

   a) Ein 65-jähriger Informatiker geht in den Ruhestand.

   b) Ein Malergeselle kann nach einem Skiunfall seinen Beruf nicht mehr ausüben.

   c) Der Elektriker Mathis stirbt nach einer schweren Krankheit. Er hinterlässt eine Frau und eine 5-jährige Tochter.

   d) Frau Celici bringt im Krankenhaus ein gesundes Kind zur Welt.

   e) Ein Schüler schläft im Unterricht ein und sticht sich dabei mit dem Kugelschreiber in die Wange.

   f) Frau Meier geht zur jährlichen Vorsorgeuntersuchung zu ihrem Hausarzt.

   g) Gertrude Bauer wird täglich gewaschen und gefüttert.

   h) Klaus Mielke will morgens schnell zur Arbeit. Er holt sich einen Apfel aus der Küche. Dabei rutscht er aus und verletzt sich.

6

8. Ein Schüler geht nach dem Schulbesuch noch kurz mit zu einem Freund. Auf diesem Umweg hat er einen Unfall. Muss die Unfallversicherung zahlen?

9. Der Staat unterstützt die private Vermögensbildung mit vermögenswirksamen Leistungen. Welche Voraussetzungen hat diese Form der Unterstützung?

10. Erläutern Sie, was unter dem Subsidiaritätsprinzip zu verstehen ist.

11. Erläutern Sie das Prinzip der Solidarität in Bezug auf Sozialversicherungen.

12. Edon möchte sich gerne zusätzlich absichern, da er befürchtet, dass er – wenn er aus gesundheitlichen Gründen seinen Beruf nicht mehr ausüben kann – zu wenig Geld hat. Welche Versicherung kommt für ihn infrage?

13. Führen Arbeitslose ihre Arbeitslosigkeit selbst herbei, kann die Agentur für Arbeit eine Sperrzeit von zwölf Wochen verhängen. Während dieser Zeit erhält die arbeitslose Person kein Arbeitslosengeld. Die Dauer der Zahlung von Arbeitslosengeld verringert sich um die Tage der Sperrzeit. In welchen Fällen wird die Agentur für Arbeit Ihrer Meinung nach eine Sperrzeit verhängen?

    a) Ein 35-jähriger Elektriker kündigt, weil er mit seinem Vorgesetzten Streit hatte.

    b) Eine gestaltungstechnische Assistentin wird entlassen, da die Auftragslage der Firma zurzeit sehr schlecht ist.

    c) Ein Arbeitsloser lehnt eine ihm angebotene zumutbare Stelle ab.

    d) Frau Simmel kündigt, weil sie unter Tarif entlohnt wird.

14. Geben Sie an, welche Aussagen richtig sind:

    a) Um Arbeitslosengeld zu bekommen, müssen Arbeitslose jede Beschäftigung annehmen.

    b) Träger der Rentenversicherung ist für Arbeiter/-innen die BfA.

    c) Zur Wiederherstellung der Erwerbsfähigkeit nach einem Arbeitsunfall trägt die Unfallversicherung die Kosten der Heilbehandlung.

    d) Eine wichtige Aufgabe der Unfallversicherung ist die Unfallverhütung.

    e) Je mehr Beiträge ein/-e Versicherte/-r an die Krankenversicherung zahlt, desto höher sind die Leistungen, die er bzw. sie ggf. erhält.

    f) Auf die Leistungen der Sozialversicherung hat jede/-r Versicherte einen einklagbaren Rechtsanspruch.

15. Erläutern Sie, was unter dem demografischen Wandel zu verstehen ist und welche Probleme dadurch entstehen könnten.

16. Geben Sie jeweils an, welche Lohn-
    steuerklasse sinnvoll ist.

    a) Hubert Meier übt eine Neben-
       beschäftigung aus. Er verdient
       600,00 € im Monat.

    b) Herr und Frau Celici sind beide be-
       rufstätig und verdienen ungefähr
       gleich viel.

    c) Herr Celici will in Zukunft nur noch
       halbtags arbeiten. Welche Steuer-
       klassen sollten die Eheleute jetzt wählen?

    d) Antonio Codera ist ledig und hat keine Kinder.

17. In den meisten Ländern der Europäischen Union gibt es inzwischen einen Mindest-
    lohn. Diskutieren Sie in Ihrer Klasse die Vor- und Nachteile von Mindestlöhnen.

18. Informieren Sie sich über die Posten der
    Entgeltabrechnung und berechnen Sie den
    Bruttolohn, das Nettoeinkommen sowie den
    auszuzahlenden Betrag für Marion Bremer.
    Sie erhält einen Grundlohn von 1 700,00 Euro
    sowie 30,00 Euro vermögenswirksame Leis-
    tungen. Sie ist 21 Jahre alt, ledig und hat kei-
    ne Kinder. Marion Bremer ist Mitglied in der
    evangelischen Kirche. Ihr Kirchensteuersatz
    beträgt 9 % von der Lohn- bzw. Einkommen-
    steuer. Ihre Krankenkasse hat einen Beitrags-
    satz von 16,4 %. Die Lohnsteuer beträgt 183,83 €.

19. Berechnen Sie die
    prozentuale Verän-
    derung des durch-
    schnittlichen

    a) Bruttolohns,

    b) Nettolohns,

    c) Reallohns

    von 1991 bis 2022
    und interpretieren
    Sie das Ergebnis.

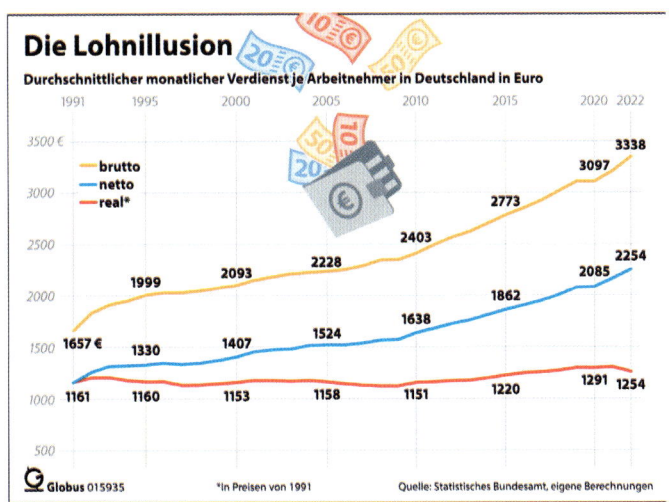

Die Lohnillusion

Durchschnittlicher monatlicher Verdienst je Arbeitnehmer in Deutschland in Euro

brutto · netto · real*

	1991	1995	2000	2005	2010	2015	2020	2022
brutto	1657 €	1999	2093	2228	2403	2773	3097	3338
netto	1330	1407	1524	1638	1862		2085	2254
real*	1161	1160	1153	1158	1151	1220	1291	1254

Globus 015935   *In Preisen von 1991   Quelle: Statistisches Bundesamt, eigene Berechnungen

20. Bis vor einigen Jahren hieß es noch: „Die Renten sind sicher." Heute gehen viele Menschen davon aus, dass die staatliche Rente bald nicht mehr ausreicht, um im Alter davon zu leben.

a) Nennen Sie Gründe für diesen Wandel.

b) Die Standardrente wird im Verhältnis zum Durchschnittslohn bei steigenden Beitragszahlungen langfristig deutlich sinken. Glauben Sie persönlich, dass Ihre Rente später zum Leben ausreicht? Erstellen Sie ein Meinungsbild in der Klasse.

c) Welche Maßnahmen müssen Sie ergreifen, um im Alter noch ein angemessenes Einkommen zu erhalten?

21. Welches Ziel verfolgt die Frauenquote und worin liegt die Ursache dafür?

7.1 Die Rolle der Verbraucherinnen und Verbraucher

7.1.1 Bedürfnis, Bedarf, Nachfrage

Im Laufe der Zeit haben sich die Bedürfnisse und Vorlieben der Menschen stark geändert, was u. a. mit der stetigen Entwicklung von Wirtschaft und Technologie zusammenhängt.

Waren früher vor allem hierarchieniedrigere Bedürfnisse wie Sicherheit Ziele der Menschen, z. B. ein Eigenheim oder Jobsicherheit, so spielt in der jüngeren Generation vermehrt das Bedürfnis nach Freiheit und Flexibilität eine tragende Rolle. Das Bedürfnis nach Sicherheit wächst jedoch stetig wieder an.

Was macht Kundinnen und Kunden heute aber wirklich glücklich und zufrieden? Was veranlasst sie, gerade ein bestimmtes Gut und nicht ein anderes zu kaufen? Auf diese Frage gibt es keine allgemeingültige Antwort. Jeder Mensch hat eine eigene Kombination unterschiedlicher Bedürfnisse. Sie werden beeinflusst von den Lebensumständen und dem Umfeld, in denen sich der bzw. die Einzelne bewegt.

> Unter einem **Bedürfnis** versteht man ein persönliches Mangelempfinden, mit dem Bestreben, dies zu beseitigen.

Bedürfnisse können nach verschiedenen Kriterien eingeteilt werden. Nach der Dringlichkeit der Bedürfnisse unterscheidet man zwischen Existenzbedürfnissen, Kulturbedürfnissen und Luxusbedürfnissen (siehe auch Bedürfnishierarchie nach Malsow, Kap 1.2.6).

Bedürfnisarten nach Dringlichkeit der Bedürfnisse

Existenzbedürfnisse	Lebensnotwendige Bedürfnisse	Beispiel: Wasser, Lebensmittel
Kulturbedürfnisse	Gehen über die lebensnotwendigen Bedürfnisse hinaus. Sie erleichtern und verschönern das Leben.	Beispiel: Schulbildung, Kinobesuche
Luxusbedürfnisse	Sind absolut nicht notwendig und werden nur selten verwirklicht.	Beispiel: Besitz eines Sportwagens

Laut dem amerikanischen Kundenforscher Paco Underhill trägt die Erfüllung der über die Existenzbedürfnisse hinausgehenden Bedürfnisse etwa 60 % zum gesamtvolkswirtschaftlichen Volumen bei.

Eine weitere Einteilung der Bedürfnisse erfolgt danach, ob sie den Bedürfnisträgerinnen und -trägern bewusst sind.

Bedürfnisarten nach der Bewusstheit der Bedürfnisse

Offene Bedürfnisse	Sind dem Menschen bewusst.
Latente Bedürfnisse	Sind Wünsche, die erst durch die Umwelt (z. B. durch Werbung) geweckt werden müssen, bevor sie als Bedürfnis wahrgenommen werden.

Die zunächst nur als unbestimmtes Gefühl des Mangels empfundenen Bedürfnisse werden durch die Entscheidung für ein bestimmtes Gut konkretisiert. So entsteht ein **Bedarf**.

> Die Summe der konkretisierten Bedürfnisse, die mit Kaufkraft ausgestattet sind, nennt man Bedarf.

Wirtschaftlich von Bedeutung ist nur der Teil der Bedürfnisse, der sich auf konkrete Güter richtet und deren Befriedigung im Rahmen der jeweiligen technischen oder wirtschaftlichen Verhältnisse grundsätzlich möglich ist. Nicht beachtet werden daher an dieser Stelle z. B. das Bedürfnis nach Liebe, Anerkennung oder Freundschaft. Je nach Art des Bedarfs und der Möglichkeit der Bedarfsdeckung wird zwischen **Individual- und Kollektivbedarf** unterschieden. Während der Individualbedarf von einer einzelnen Person befriedigt werden kann, sind zur Abdeckung des Kollektivbedarfs mehrere Personen nötig. So kann z. B. der kollektive Bedarf nach Schulen oder Polizei nur von mehreren gedeckt werden. Kann dieser Bedarf am Markt umgesetzt werden, so ist von **Nachfrage** die Rede.

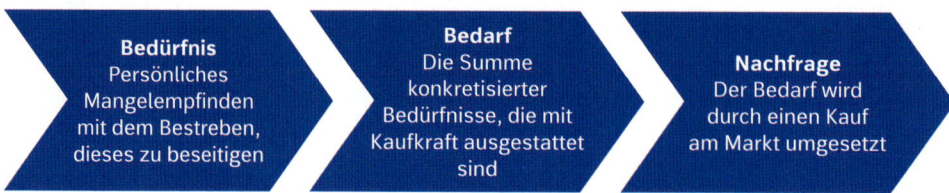

Bedürfnis, Bedarf und Nachfrage

Beispiel

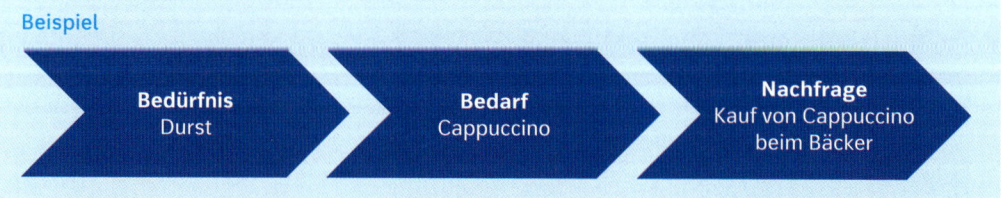

Jeder Haushalt muss nun überlegen, wie er mit seinen zur Verfügung stehenden Mitteln die Bedürfnisse der Haushaltsmitglieder am besten befriedigen kann. Die wichtigsten Einflussgrößen auf die Kaufentscheidung sind:

- Höhe des zur Verfügung stehenden Einkommens (= Kaufkraft)
- Preis der Güter
- Nutzen, den sie sich von dem Konsum versprechen

7.1.2 Kaufkraft

Inwiefern Bedürfnisse erfüllt werden können, hängt maßgeblich von der zur Verfügung stehenden **Kaufkraft** ab.

Die **Kaufkraft** für Verbraucherhaushalte bezeichnet die Zahlungsfähigkeit einer Person für Waren oder Dienstleistungen.

Sie wird unmittelbar durch das Einkommen beeinflusst, aber auch die Sparquote und die Inflation beeinflussen die Kaufkraft. Der Kaufkraftindex gibt das Kaufkraftniveau einer Region pro Einwohner/-in an. Der nationale Durchschnitt hat dabei den Normwert 100. Hat eine Region also einen Wert von 84, so ist die Kaufkraft unterdurchschnittlich gering. Die Kaufkraft unterscheidet sich in Deutschland regional stark. So ist sie in weiten Teilen Bayerns und Baden-Württembergs höher als etwa in Nordrhein-Westfallen, in den neuen Bundesländern ist sie nach wie vor am geringsten. So hatten Sachsen-Anhalt und Mecklenburg-Vorpommern 2021 die geringste Kaufkraft mit ca. 87 bzw. ca 85 Punkten, Bayern und Hamburg mit rund 108 Punkten im Durchschnitt die höchste.

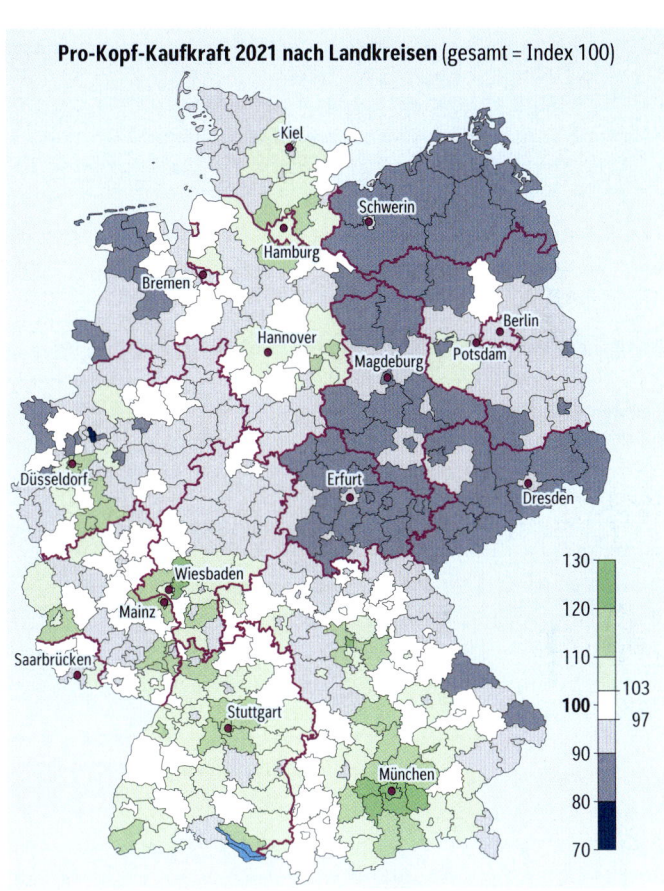

Kaufkraftindex für Deutschland

Diese regionalen Unterschiede sind für die Konsumgüterindustrie von großer Bedeutung, da sie ihr Angebot entsprechend anpassen. Im europäischen Vergleich haben Liechtenstein und die Schweiz die höchste Kaufkraft, gefolgt von Deutschland und Österreich. Der Osten Europas weist die niedrigste Kaufkraft auf. Die Kaufkraft ist abhängig vom Wert einer Währung. Je höher die Kaufkraft einer Währung, desto stärker ist die Währung, da man mit weniger Geld eine größere Menge an Waren kaufen kann. Gerade im internationalen Handel mit ausländischen Währungen wie dem US-Dollar wird dies wichtig, da es den Wechselkurs beeinflusst.

7.1.3 Der Markt

Die wenigsten versorgen sich heutzutage komplett selber mit ihren Verbrauchsgütern, wenigstens technische Geräte müssen erworben werden. Die Güter, die wir kaufen möchten, müssen wir auf einem Markt erwerben. Damit ist nicht nur etwa ein Wochenmarkt gemeint, sondern auch z.B. der Gebrauchtwagenmarkt, der Markt für PCs, der Immobilienmarkt oder auch der Börsenmarkt.

> Beim **vollkommenen Markt** wird unterstellt, dass ...
> - ... alle Marktteilnehmenden ausschließlich nach dem ökonomischen Prinzip handeln.
> - ... die Güter homogen, d.h. gleichartig sind.
> - ... es keine räumlichen, persönlichen oder zeitlichen Präferenzen gibt.
> - ... eine vollständige Markttransparenz existiert.
> - ... die Marktteilnehmenden unendlich schnell reagieren können.

Zur Erklärung des Zusammenspiels von Angebot und Nachfrage wird zur Vereinfachung vom Gesetz des vollkommenen Marktes ausgegangen. Dabei handelt es sich um eine Modellannahme, die es so in der Realität kaum gibt.

In der Realität haben wir es selten mit einem vollkommenen Markt zu tun. Kundinnen und Kunden verhalten sich nicht immer rational und konsumieren anhand persönlicher Präferenzen. Unternehmen versuchen über Werbung, die Käuferschaft zu beeinflussen. Der Staat greift in vielen Fällen regulierend in den Markt ein, was im vollkommenen Markt nicht nötig wäre.

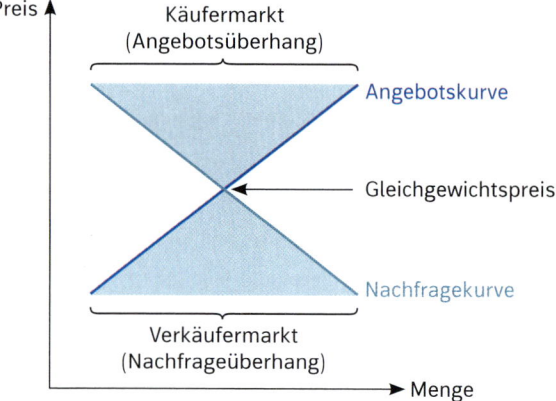

Preisbildung auf dem vollkommenen Markt

Die Börse kommt den Modellvorstellungen des vollkommenen Marktes noch am nächsten. Bei einem niedrigen Kurs für die Aktie XY werden wenige ihre Aktien zum Verkauf anbieten. Steigt der Preis, sehen mehr potenzielle Verkäuferinnen und Verkäufer die Chance, einen Gewinn zu erzielen. Das Angebot an den Aktien wird steigen. Umgekehrt werden viele Käuferinnen und Käufer bereit sein, die Aktie zu erwerben, wenn der Kurs niedrig ist, und weniger, wenn der Kurs steigt. Es gibt aber nur einen Preis, bei dem die angebotene Menge mit der nachgefragten Menge übereinstimmt. Man spricht dann von einem **Gleichgewichtspreis**. Beim Gleichgewichtspreis wird die maximale Menge umgesetzt. Ist das Angebot größer als die Nachfrage, spricht man von einem **Käufermarkt**, da sich die Käuferschaft in einer besseren Position befinden. Bei einem Nachfrageüberhang liegt ein **Verkäufermarkt** vor.

Das **Gesetz der Nachfrage** gibt die Beziehung zwischen dem Preis eines Gutes und der nachgefragten Menge wieder:

1. Mit steigendem Preis eines Gutes sinkt die Nachfrage nach dem Gut.
2. Mit sinkendem Preis eines Gutes steigt die Nachfrage nach dem Gut.

Das **Gesetz des Angebots** lautet entsprechend:

1. Mit steigendem Preis eines Gutes steigt das Angebot des Gutes.
2. Mit sinkendem Preis eines Gutes sinkt das Angebot des Gutes.

Mithilfe von Nachfrage-kurven (siehe nebenste-hende Abbildung) kann die Beziehung zwischen dem Preis eines Gutes und der nachgefragten Menge visualisiert werden. Dabei können die verschiedenen Kurven, die häufig zur Vereinfachung linear dargestellt werden, je nach Ein-

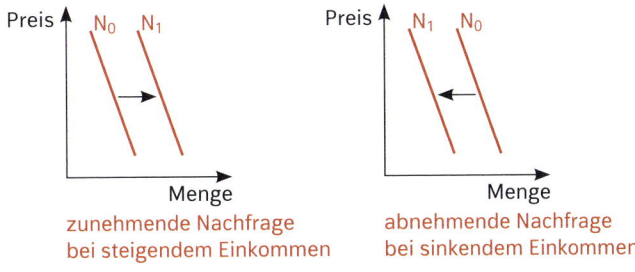

Nachfragekurven

fluss verschoben werden. Bei einer Veränderung des Einkommens verschiebt sich die Kurve z. B. horizontal nach links oder rechts.

Es kann vorkommen, dass sich die Nachfrage bei einer Preisänderung wenig bis gar nicht oder aber auch sehr stark ändert. In diesem Fall spricht man von der **Elastizität der Nachfrage** (siehe folgende Abbildung). Eine sehr geringe Veränderung der Nachfragemenge trotz einer Preisveränderung – beispielsweise einer Erhöhung der Preise – wird als unelastische Nachfrage bezeichnet.

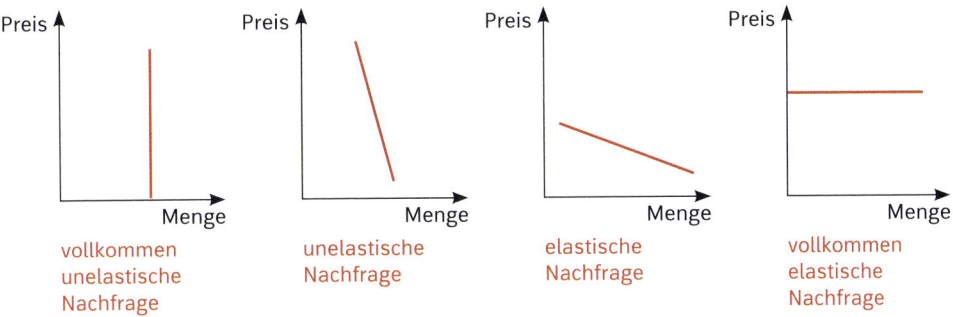

Elastizität der Nachfrage

Angebot und Nachfrage hängen zudem stark von der Marktform ab. Von zentraler Bedeutung für das Marktgeschehen ist es, wie viele Anbieter auf wie viele Nachfrager treffen. Je nach Zahl der Anbieter und der Nachfrager können folgende Marktformen unterschieden werden.

Marktformen mit Beispielen

Anzahl	Viele Anbieter	Wenige Anbieter	Ein Anbieter
Viele Nachfrager	**Polypol** Auf einem Wochenmarkt bieten viele Händler Obst und Gemüse an und viele Familien kaufen dort ein.	**Angebotsoligopol** Wenige Automobil-hersteller stehen vielen Autokäufern gegenüber.	**Angebotsmonopol** In einer ländlichen Gegend gibt es im weiten Umkreis nur eine einzige Sprachschule.

Anzahl	Viele Anbieter	Wenige Anbieter	Ein Anbieter
Wenige Nachfrager	**Nachfrageoligopol** Wenige Lebensmittel-fabrikanten verarbeiten die Produkte vieler landwirtschaftlicher Betriebe.	**Zweiseitiges Oligopol** Wenige Fluggesell-schaften kaufen von wenigen Flugzeug-herstellern.	**Beschränktes Angebotsmonopol** Ein Anbieter einer speziellen Maschine steht einigen Unternehmen gegenüber, die diese Maschine benötigen.
Ein Nachfrager	**Nachfragemonopol** Viele Milchbetriebe beliefern die einzige Molkerei der Region mit Milch.	**Beschränktes Nachfragemonopol** Es gibt nur wenige Bauunternehmen, die Gefängnisse bauen.	**Zweiseitiges Monopol** Die Bundeswehr bezieht nur von einem Produ-zenten Kampfflugzeuge.

Je nachdem, wie viele Marktteilnehmende sich auf der Angebots- und der Nachfrageseite gegenüberstehen, ist es schwerer oder leichter, die eigenen Interessen am Markt durchzusetzen.

Liegt ein **Polypol** vor, besteht eine vollständige Konkurrenz. Keiner der Marktteilnehmenden kann den Preis diktieren. Bei einem **Oligopol** steigt die Marktmacht der Oligopolisten, sie bestimmen den Preis. Die maximale Marktmacht hat ein **Monopolist**. Aber auch ein Angebotsmonopolist kann die Preise nicht beliebig hoch und ein Nachfragemonopolist die Preise nicht beliebig niedrig festlegen, da die anderen Marktteilnehmenden sonst auf andere Produkte ausweichen werden. Monopole sollen in der Wirtschaft aufgrund der Machtposition vermieden werden. Häufig werden Preise zu hoch angesetzt, der Monopolist gewinnt an Macht und kann so massiven Einfluss nehmen – auch in der Politik.

Der Wettbewerb zwischen den Unternehmen ist die Grundvoraussetzung für eine funktionierende Marktwirtschaft. Zunehmender Konkurrenzdruck hat jedoch dazu geführt, dass Unternehmen versuchen, den Wettbewerb durch den Zusammenschluss mit anderen Unternehmen einzuschränken (Kooperation) oder sogar ganz auszuschalten (Konzentration). Die Zusammenarbeit der Unternehmen kann auf verschiedenen Produktionsstufen erfolgen.

Zusammenarbeit von Unternehmen

	Horizontale Zusammenarbeit	Vertikale Zusammenarbeit	Gemischte (anorganische) Zusammenarbeit
Erläuterung	Zusammenarbeit von Unternehmen der gleichen Produktions-stufe	Zusammenarbeit von Unternehmen aufein-anderfolgender Produktionsstufen	Zusammenarbeit von Unternehmen aus unterschiedlichen Branchen
Beispiel	Zwei Softwarehäuser schließen sich zusammen.	Eine Papierfabrik und ein Zeitungsverleger schließen sich zusammen.	Ein Automobilwerk, ein Softwarehaus und ein Pharmaunternehmen bilden einen Mischkonzern.

Je nachdem, wie weit die Unternehmer auf ihre rechtliche oder wirtschaftliche Selbstständigkeit verzichten, gibt es verschiedene Arten der Zusammenarbeit. **Kartelle** sind vertragliche Zusammenschlüsse von Unternehmen der gleichen Produktionsstufe, die miteinander kooperieren. Die beteiligten Unternehmen behalten ihre rechtliche Selbstständigkeit, schränken aber ihre wirtschaftliche Selbstständigkeit auf einigen Gebieten ein, z. B. bei der Festlegung von Normen. Das **Bundeskartellamt** ist dafür verantwortlich, die Bildung von Kartellen zu überwachen und ggf. einzuschreiten (siehe folgende Abbildung). So kann es passieren, dass bei der Fusion, also dem Zusammenschluss zweier Unternehmen, ein Veto eingelegt wird, da das „neue" Unternehmen zu groß wäre und über zu viel Marktmacht verfügen würde.

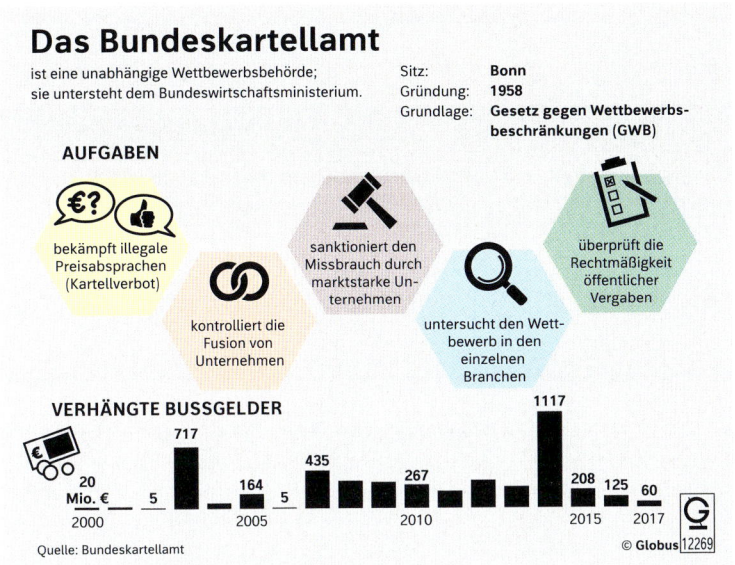

Aufgaben und Tätigkeiten des Bundeskartellamtes

Weitere Beispiele für die Kooperation von Unternehmen sind **Arbeitsgemeinschaften** und **Interessensgemeinschaften**. Bei einer Arbeitsgemeinschaft handelt es sich um einen zeitweisen Zusammenschluss von Unternehmen zur gemeinsamen Auftragsdurchführung. Sie bleiben rechtlich selbständig. Beispielsweise arbeiten zwei Bauunternehmen bei der Erstellung eines Fabrikgebäudes eng zusammen.
Geben Sie ihre wirtschaftliche Selbständigkeit in einem größeren Umfang auf, spricht man von einer Interessensgemeinschaft. Dies ist z. B. der Fall, wenn Produktionsprozesse eng aufeinander abgestimmt werden.
Neben diesen Kooperationsformen gibt es noch engere Formen der Zusammenarbeit zwischen Unternehmen, bis hin zu ihrer Verschmelzung.

Konzentration von Unternehmen

Konzern	Trust
Konzerne entstehen durch den Zusammenschluss von rechtlich selbstständigen Unternehmen zu einer wirtschaftlichen Einheit. Gegenseitige Beteiligungen führen zur Entstehung von Mutter- und Tochter- bzw. Schwesterngesellschaften. Das beherrschende Unternehmen, die Muttergesellschaft, wird auch **Holding** genannt.	Ein Trust ist ein Zusammenschluss von Unternehmen, die ihre rechtliche und wirtschaftliche Selbstständigkeit aufgegeben haben. Ein Trust entsteht durch eine Verschmelzung der Unternehmen (Fusion).

7

7.1.4 Konsumentinnen und Konsumenten als Nutzenmaximierer

Die Verbraucherinnen und Verbraucher versuchen bei der Aufstellung der Haushaltsplä-
ne, ihren Nutzen möglichst zu maximieren. Den Marktteilnehmenden wird im Sinne des
homo oeconomicus rationales Handeln unterstellt. Alle Kaufentscheidungen würden
rein rational getroffen. Dabei erfolgt die Orientierung am ökonomischen Prinzip, welches
das Verhältnis von Mitteleinsatz und Ergebnis beschreibt.

Ökonomisches Prinzip

Minimalprinzip	Maximalprinzip
Mit möglichst geringem, also minimalem, Mitteleinsatz soll ein vorgegebenes Ergebnis erzielt werden.	Mit vorgegebenem Mitteleinsatz soll das bestmögliche, maximale Ergebnis erzielt werden.
Frau Cifci möchte das neue iPhone haben und versucht, dieses möglichst günstig zu erwerben.	Frau Cifci hat 350,00 € für einen neuen PC-Monitor zur Verfügung und möchte von diesem Geld einen möglichst guten Monitor kaufen.

> Dem ökonomischen Prinzip liegt das Bestreben zugrunde, die gegebenen Mittel
> (Einkommen) auf verschiedene Bedürfnisse aufzuteilen. Das Nutzenmaximum ist dann
> erreicht, wenn die größtmögliche Befriedigung der Bedürfnisse mit den möglichen,
> begrenzten Mitteln erfüllt werden kann.

Beispiel
Franzi verfügt über 20,00 €. Sie ist in einem Restaurant, in dem es nur ein Getränk und einen Burger
gibt. Das Getränk kostet 5,00 €, der Burger 10,00 €. Sie könnte nun also zwei Burger essen oder vier
Gläser trinken. Nach dem Prinzip der Nutzenmaximierung verteilt sie ihr Budget aber so, dass der
Nutzen an beiden Gütern am höchsten ist: Sie kauft daher einen Burger und zwei Getränke. Nun ist
sie satt und hat keinen Durst mehr.

7.2 Überschuldung und Kredite

Konsumieren ist ein fester Bestandteil des Lebens, gerade bei Jugendlichen sind Produkte
ein wichtiger Faktor zur Identität und Darstellung. Der Kauf von Markenprodukten ist
hierbei besonders wichtig, allerdings auch teurer. So kommt es häufig zu Überschul-
dungen, da Geld geliehen wird, um die Bedürfnisse mittels verschiedener Produkte zu
befriedigen. Die häufigsten Gründe für Verschuldungen bei Jugendlichen sind das Handy
bzw. der Handyvertrag, das Auto, Kleidung, Abonnements im Internet (z. B. Netflix, Ama-
zon Prime) oder die Wohnung. Jede/-r siebte unter 30 Jahren ist oder war schon einmal
verschuldet. Viele junge Erwachsene nehmen **Kredite** auf, um ihre Kaufkraft zu erhöhen,
oder schließen Kaufverträge mit **Ratenzahlungen** ab.

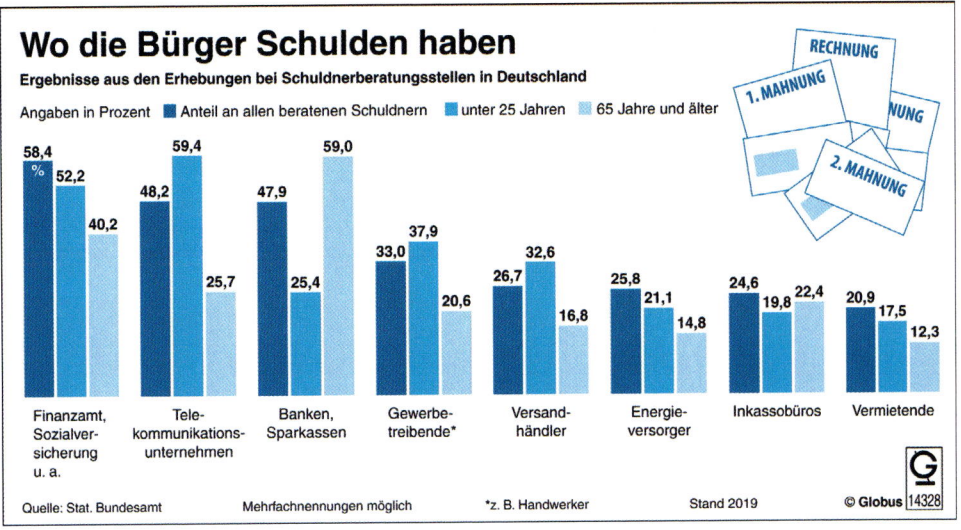

Verschuldung in Deutschland

7.2.1 Kreditarten

> Unter einem **Kredit** versteht man die Überlassung von Geld oder anderen vertretbaren Sachen, meist gegen Zinsen, mit der **Vereinbarung zur Rückzahlung** zu einem bestimmten Zeitpunkt.

7

Der Kreditgeber wird **Gläubiger**[1] und der Kreditnehmer **Schuldner** genannt.

Die wichtigsten Kreditarten

Lieferantenkredit	Der Lieferer räumt seinem Kunden bzw. seiner Kundin ein Zahlungsziel ein, sodass diese/-r erst zu einem späteren Zeitpunkt bezahlen muss. Beispiel: „Zahlung innerhalb von 40 Tagen netto Kasse oder in 10 Tagen mit 2 % Skonto."
Dispositionskredit/ Kontokorrentkredit	Kreditinstitute bieten ihren Kundinnen und Kunden i. d. R. die Möglichkeit, ihr **Girokonto** (bei Privatkunden) bzw. ihr **Kontokorrentkonto** (bei Geschäftskunden) **zu überziehen**. Der Lieferer richtet ein **Verrechnungskonto** (Kontokorrentkonto) ein und gewährt bis zu einer bestimmten Höhe Kredit. Innerhalb des Kreditrahmens können die Kundinnen und Kunden Ware bestellen.

---

1 *Die Begriffe des Gläubigers und des Schuldners werden hier entsprechend der Definition als „einen Kredit gebende bzw. einen Kredit nehmende Person" verwendet und sollen stellvertretend für alle Geschlechter stehen. Gemeint sind somit immer auch Gläubigerinnen und Schuldnerinnen.*

Ratenkauf/ Teilzahlung	Verkäufer und Kunde bzw. Kundin vereinbaren, den gesamten Rechnungsbetrag in Teilbeträgen zu bezahlen. Der Käufer bzw. die Käuferin erhält die benötigte Ware sofort, wird aber erst nach vollständiger Bezahlung Eigentümer/-in. In die Raten werden bereits die Zinsen eingerechnet. Teilzahlungsgeschäfte mit Privatpersonen müssen schriftlich abgeschlossen werden. Darüber hinaus haben sie ein Widerrufsrecht, über das sie informiert werden müssen. Sie können den Vertrag binnen einer Woche nach Vertragsabschluss widerrufen.
Darlehen	Ein **langfristiger Kredit** wird auch Darlehen genannt. Das Darlehen wird der oder dem Darlehensnehmenden in einer Summe zur Verfügung gestellt. Der Zinssatz wird i. d. R. für mehrere Jahre festgeschrieben. Neben der Zinszahlung muss auch festgelegt werden, wie das Darlehen getilgt werden soll. Üblich sind folgende Varianten der Tilgungsvereinbarung: – Die Tilgung erfolgt am Ende der Laufzeit. Während der Laufzeit werden lediglich die Zinsen bezahlt (**Fälligkeitsdarlehen**). – Die Tilgung erfolgt kontinuierlich mit der Ratenzahlung. Zahlen Schuldner/-innen von Beginn bis zum Ende der Laufzeit immer die gleiche Rate, spricht man von einem **Annuitätendarlehen**. Da die Zinsen mit jedem Tilgungsbetrag geringer werden, wird bei den gleichbleibenden Raten der Tilgungsanteil immer größer. – Wird vereinbart, dass das Darlehen mit immer gleichbleibenden Tilgungsbeträgen zurückgezahlt wird, spricht man von einem **Abzahlungsdarlehen**. Da auch hier die Zinsen mit jeder Tilgung abnehmen, werden die zu zahlenden Raten immer kleiner.
	Zusätzlich zu den Zinsen wird von vielen Kreditinstituten auch eine einmalige Bearbeitungsgebühr von 1 % bis 2 % erhoben. Erhebt ein Kreditinstitut ein **Disagio**, so bedeutet dies, dass der Darlehensbetrag nicht zu 100 % ausgezahlt wird, sondern ein Abschlag vorgenommen wird.

7.2.2   Kreditsicherheiten

Um eine Finanzierung erhalten zu können, erwartet der Gläubiger i. d. R. Sicherheiten, um sicherzustellen, dass er sein Kapital zurückerhält. Diese Sicherheiten dürfen nur dann vom Gläubiger verwertet werden, wenn tatsächlich der Fall eingetreten ist, dass der Schuldner seinen Verpflichtungen nicht mehr nachkommt.

Arten von Sicherheiten

Sicherheit	Erläuterung
Zession (Abtretung von Forderungen)	Eine Privatperson, die sich in einem abhängigen Beschäftigungsverhältnis befindet, kann ihre Lohn- und Gehaltsforderungen abtreten. Unternehmen können ihre offenen Forderungen abtreten. Sie reichen dann Listen mit den offenen Forderungen beim Gläubiger ein, i. d. R. ein Kreditinstitut. Die Listen müssen regelmäßig aktualisiert werden. Der Kreditgeber wird auch **Zessionar** und der Kreditnehmer **Zedent** genannt. Grundsätzlich wird zwischen einer offenen und einer stillen Zession unterschieden. Bei der **offenen Zession** weiß der Drittschuldner von der Zession und kann Schuld befreiend nur noch an den Zessionar zahlen. Bei der **stillen Zession** weiß er nichts von der Abtretung und kann daher Schuld befreiend an den Zedenten zahlen.
Bürgschaft	Eine Bürgschaft ist ein Vertrag zwischen dem Bürgen und dem Gläubiger. Der Bürge verpflichtet sich, für die **Verpflichtungen des Schuldners** einzustehen, wenn dieser nicht rechtzeitig zahlt. Während Kaufleute im Rahmen ihres Gewerbes auch mündlich eine Bürgschaft eingehen dürfen, ist bei Nicht-Kaufleuten die **Schriftform** vorgeschrieben.
Sicherungsübereignung	Die Sicherungsübereignung ist dann sinnvoll, wenn der Schuldner die zu übereignende Sache auch weiterhin nutzen möchte. Bei Privatpersonen wird die Sicherungsübereignung vor allem bei der Finanzierung von Pkw angewandt. Der **Kreditgeber** erhält den Fahrzeugbrief und wird **Eigentümer** bzw. **Eigentümerin** des Pkw. Der **Kreditnehmer** ist **Besitzer** bzw. **Besitzerin** und darf den Pkw nutzen. Nach Rückzahlung des Kredits geht das Eigentumsrecht auf den Kreditnehmer über. Kredite an Unternehmen können z. B. durch die Sicherungsübereignung von Maschinen abgesichert werden.
Pfand	Der Kreditnehmer hinterlegt beim Kreditgeber eine **Sache**. Er bleibt Eigentümer dieser Sache. Üblich ist z. B. die Hinterlegung von Sparbriefen, Wertpapieren oder wertvollem Schmuck.
Grundschuld/ Hypothek	Bei einer Grundschuld oder einer Hypothek wird als Sicherheit ein **Grundstück** oder ein **Gebäude** genommen. Die Grundschuld bzw. die Hypothek müssen beim Grundbuchamt (Amtsgericht) ins Grundbuch eingetragen werden. Während die Hypothek vom **Bestand der Forderung** abhängig ist, handelt es sich bei der **Grundschuld** um eine **abstrakte Schuld**. Sie besteht auch dann, wenn das Darlehen zurückgezahlt worden ist. Natürlich hat die begünstigte Person dann trotzdem nicht das Recht, die Grundschuld zu verwerten. Vorteil der Grundschuld ist aber, dass bei einer neuen Kreditaufnahme die alte Grundschuld erneut verwendet werden kann. Eine Hypothek müsste neu eingetragen werden. Die Eintragung einer Grundschuld oder Hypothek muss **notariell beurkundet** werden. Kommt der Schuldner seinen Verpflichtungen nicht nach, hat der Gläubiger das Recht, das Grundstück oder das Gebäude auf dem Wege der Zwangsversteigerung versteigern zu lassen und sich aus dem Erlös zu befriedigen.

7

Die Wahl der zur Verfügung gestellten Sicherheit sollte vor allem im Hinblick auf die Kosten getroffen werden. So kann es beispielsweise sinnvoll sein, ein Anschaffungsdarlehen für einen Pkw nicht durch eine Sicherungsübereignung abzusichern, sondern durch eine Grundschuld, sofern diese schon zugunsten der Bank eingetragen worden ist. Dadurch sind die zu zahlenden Zinsen deutlich niedriger, da eine eingetragene Grundschuld für den Gläubiger eine höhere Gewähr bietet als ein Pkw. Eine Grundschuld neu eintragen zu lassen, lohnt sich allerdings nicht in jedem Fall, da die Gebühren und Notarkosten u. U. die Zinsersparnis übersteigen können.

Exkurs: SCHUFA

Die Schufa Holding AG ist eine Aktiengesellschaft, zu deren Aktionären Kreditinstitute, Handelsunternehmen und sonstige Dienstleister gehören. Sie gibt Auskunft über die **Bonität**, also die **Kreditwürdigkeit**, von Privatpersonen und Unternehmen. Ziel der AG ist es, die Wirtschaft vor Zahlungsausfällen und Verbraucher/-innen vor einer möglichen Überschuldung durch Konsumentenkredite zu schützen.

Als Privatperson kann man die Schufa-Bonitätsauskunft u. a. online beantragen. Häufig möchten Vermieterinnen und Vermieter diese als Bestätigung sehen, dass man sich eine Wohnung leisten kann. Unternehmen können Schufa-Informationen von Privatpersonen anfragen, z. B. wenn es um einen neuen Kredit oder einen Leasingvertrag geht. Sie erfahren so, ob die Person ausreichend finanzielle Mittel hat und ob bereits viele Kredite bestehen. Auch Mobilfunkverträge werden in der Schufa geführt, wenn sie eine feste Laufzeit haben, da oftmals ein hochwertiges Gerät zur Verfügung gestellt wird.

Landläufig werden Einträge in der Schufa häufig als negativ angesehen. Das trifft jedoch nur bedingt zu, denn eine fristgerechte Bezahlung von laufenden Krediten und Verträgen kann auch ein Zeichen für Bonität sein. Lediglich eine Häufung von Krediten oder sogar geplatzten Krediten führt zu einer negativen Bonität.

7.2.3 Leasing

Eine Alternative zur Finanzierung mithilfe eines Kredits ist das Leasing.

Unter Leasing versteht man das entgeltliche Überlassen (= Vermieten) von Gegenständen über einen bestimmten Zeitraum.

Der Leasinggeber (Vermieter/-in) übergibt dem Leasingnehmer (Mieter/-in) den Gegenstand, z. B. einen Pkw, und erhält für diese Überlassung eine regelmäßig zu zahlende Leasingrate (= Mietzins). Nach Ablauf der Leasingdauer erhält der Leasinggeber den überlassenen Gegenstand zurück. Oft besteht auch die Möglichkeit, im Anschluss das Leasinggut zu kaufen.

7.3 Verbraucherschutz

Neben der Schutzfunktion der Schufa, die bei zu geringer Bonität warnt, sind **Verbraucherschutzverbände** wichtige Institutionen.

Verbraucherschutz bezeichnet alle Maßnahmen, die Personen in ihrer Rolle als Konsumentinnen und Konsumenten schützen sollen. Der Bedarf beruht auf der strukturellen Unterlegenheit von Verbraucherinnen und Verbrauchern gegenüber Herstellern und Vertreibern.

Die **Principal Agent Theorie** greift dieses Problem der Informationsasymmetrie, also des **einseitigen Informationsvorsprungs**, auf. Der Agent, also der Hersteller oder Vertreiber, hat mehr Informationen als der Prinzipal, der ein bestimmtes Produkt oder eine Dienstleistung konsumieren möchte. Der Prinzipal muss sich auf die Aussagen des Agents verlassen, z. B. über die Qualität. Das nötige Fachwissen fehlt. Werbung zu Produkten ist selten umfassend und objektiv.

Ein wichtiger Aspekt des Verbraucherschutzes ist die gesetzliche Verpflichtung, zu informieren. So müssen beispielsweise Bestandteile von Lebensmitteln benannt oder verständliche Produktbeschreibungen verfasst werden. Ziel hierbei sind **informierte Verbraucherinnen und Verbraucher**, die bewusste Kaufentscheidungen treffen. Hinzu kommen Formvorschriften für große Unternehmen, z. B. die Schriftform bei Verbrauchergeschäften. Damit beschränkt der Verbraucherschutz zugunsten der Verbraucherinnen und Verbraucher die allgemeine Vertragsfreiheit. In Deutschland gibt es kein Verbraucherschutzgesetz, es finden sich einzelne Schutzmaßnahmen in verschiedenen Gesetzen wieder, wie etwa im BGB oder im AGB-Gesetz. Die Verbraucherzentralen bieten Beratung an und veröffentlichen auf ihren Websites häufig Tipps und Hinweise zu Produkten oder Dienstleistungen, z. B. zu Inhaltsstoffen in Lebensmitteln.[1]

Gerade im Zuge von immer wieder auftretenden Lebensmittelskandalen wird die Bedeutung von Verbraucherschutz deutlich, so wurden die zuständigen Bundesministerien umbenannt in „Bundesministerium für Ernährung und Landwirtschaft" sowie „Bundesministerium für Umwelt, Naturschutz, nukleare Sicherheit und Verbraucherschutz". Lebensmittel müssen aussagekräftig und präzise gekennzeichnet werden. Auch im Dieselskandal ab dem Jahr 2015 spielten Verbraucherverbände eine große Rolle, da

Verschiedene Kennzeichnungen von Lebensmitteln

sie die **Musterfeststellungsklage** führten. Für eine solche Klage müssen sich mindestens 50 Bürgerinnen und Bürger anschließen, die dann ohne großen finanziellen Aufwand ihre Ansprüche gerichtlich mithilfe des Verbands verfolgen können.

7.4 Die Rolle der Bundesrepublik Deutschland in der Weltwirtschaft

Im Rahmen der Globalisierung wird auf der ganzen Welt arbeitsteilig produziert. Viele Unternehmen legen ihren Fokus auf die Entwicklung der eigenen Marke, die Bereiche Innovation und Fertigung werden entkoppelt. So können Kosten gespart werden und die Effizienz der Produktion wird durch Spezialisierung gesteigert.

---

1 *Für nähere Informationen siehe: https://www.verbraucherzentrale.de/beratung*

Der **Außenhandel** bringt verschiedene Vorteile: Die Vielfalt an Gütern steigt und die Produktion wird aufgrund von Spezialisierungen effizienter, was zu einem Wachstum der Wirtschaft führt. Der Export etwa deutscher Maschinen und Autos kurbelt die inländische Wirtschaft an und schafft Arbeitsplätze, andersherum wäre das Fahren eben dieser Autos ohne Import von Öl und Kraftstoff aber auch nicht möglich.

So hat sich etwa China in den letzten Jahren zu Deutschlands wichtigstem Handelspartner entwickelt. Im Jahr 2022 stand es das siebte Jahr in Folge an der Spitze der Lieferanten, wie in der Grafik veranschaulicht wird. Von 2021 bis 2022 stieg der Umsatz des Außenhandels mit China – also die Summe von Exporten und Importen – um gut 21 % auf 297,9 Milliarden Euro.

Exporte und Importe aus und nach Deutschland

Deutschland ist Exportnation, es wird mehr ins Ausland exportiert als Waren importiert werden.

Der deutsche Außenhandel

Besonders wichtig für Deutschland ist der europäische Binnenmarkt, das Herzstück der europäischen Union mit freiem Waren-, Dienstleistungs-, Personen- und Kapitalverkehr. Die enge Verknüpfung der deutschen Wirtschaft mit den anderen Ländern der EU kann man sehr gut an der unteren Abbildung auf S. 209 erkennen.

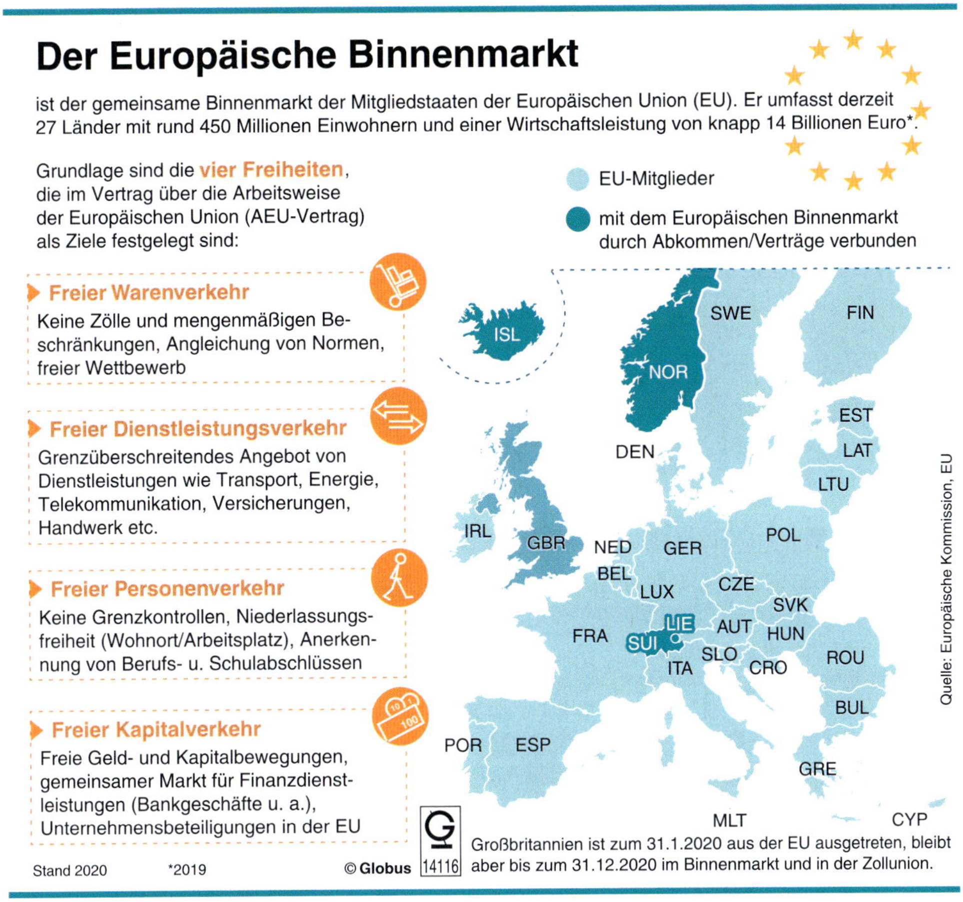

Der Europäische Binnenmarkt
ist der gemeinsame Binnenmarkt der Mitgliedstaaten der Europäischen Union (EU). Er umfasst derzeit 27 Länder mit rund 450 Millionen Einwohnern und einer Wirtschaftsleistung von knapp 14 Billionen Euro*.
Grundlage sind die vier Freiheiten, die im Vertrag über die Arbeitsweise der Europäischen Union (AEU-Vertrag) als Ziele festgelegt sind:
Freier Warenverkehr
Keine Zölle und mengenmäßigen Beschränkungen, Angleichung von Normen, freier Wettbewerb
Freier Dienstleistungsverkehr
Grenzüberschreitendes Angebot von Dienstleistungen wie Transport, Energie, Telekommunikation, Versicherungen, Handwerk etc.
Freier Personenverkehr
Keine Grenzkontrollen, Niederlassungsfreiheit (Wohnort/Arbeitsplatz), Anerkennung von Berufs- u. Schulabschlüssen
Freier Kapitalverkehr
Freie Geld- und Kapitalbewegungen, gemeinsamer Markt für Finanzdienstleistungen (Bankgeschäfte u. a.), Unternehmensbeteiligungen in der EU
EU-Mitglieder
mit dem Europäischen Binnenmarkt durch Abkommen/Verträge verbunden
ISL
NOR
SWE
FIN
EST
LAT
LTU
DEN
IRL
GBR
NED
BEL
LUX
GER
POL
CZE
SVK
FRA
LIE
SUI
AUT
HUN
SLO
CRO
ROU
ITA
BUL
POR
ESP
GRE
MLT
CYP
Quelle: Europäische Kommission, EU
Großbritannien ist zum 31.1.2020 aus der EU ausgetreten, bleibt aber bis zum 31.12.2020 im Binnenmarkt und in der Zollunion.
Stand 2020
*2019
© Globus
14116

Der europäische Binnenmarkt

Die Dokumentation des Warenhandels mit dem Ausland erfolgt in der **Handelsbilanz**. Sie gibt Aufschluss über das Verhältnis von Export und Import und kann nach Warengruppen oder auch Ländern gegliedert werden. Übersteigen die Exporte die Importe, wird von einem **Handelsbilanzüberschuss** gesprochen, andernfalls von einem **Handelsbilanzdefizit**. Seit circa 60 Jahren erwirtschaftet Deutschland einen Handelsbilanzüberschuss. Ein Überschuss zeugt zwar auf der einen Seite von der eigenen wirtschaftlichen Stärke, bedeutet aber im Umkehrschluss, dass inländisch weniger konsumiert als produziert wird. Gerade für Handelspartner stellt ein steti-

Deutscher Außenhandel 2019
So wichtig sind die EU-Partner
AUSFUHR
insgesamt
1328
Milliarden Euro
davon:
EU
52,6 %
darunter Euro-Zone
37,1 %
47,4
Drittländer
EINFUHR
insgesamt
1105
Milliarden Euro
davon:
EU
53,7 %
darunter Euro-Zone
37,1 %
46,3
Drittländer
Quelle: Statistisches Bundesamt
© Globus
14161

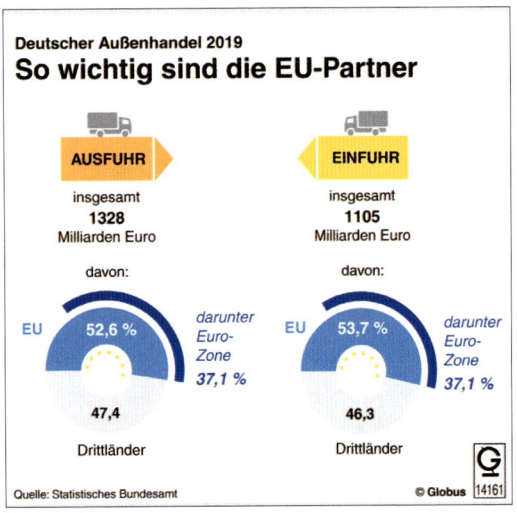

Deutschland und seine Partner

ger Überschuss, wie er in Deutschland vorliegt, ein Problem dar, sodass Deutschland dafür häufig in der Kritik steht (allen voran bei den USA). Auch für Deutschland kann dieser Überschuss problematisch sein, denn die entstandenen Forderungen gegenüber anderen Ländern müssen schließlich auch von diesen beglichen werden. Zur Zeit wird vor allem der starke Exportüberschuss von China als Gefahr für das Wirtschaftswachstum in Europa und den USA angesehen.

Äthiopien als beispielhaftes Schwellenland hingegen weist ein Handelsbilanzdefizit auf. Die Importe überwiegen demnach die Exporte. Dies schwächt die Binnenwirtschaft, da mehr fremde Güter importiert werden, häufig gibt es daher wenig eigene Wertschöpfung, die gerade für Schwellenländer wichtig wäre. Dass das Importieren europäischer Güter für afrikanische Länder häufig günstiger ist, als die Güter selber zu produzieren, liegt u. a. an staatlichen Subventionen. Auch die USA, eine der größten Wirtschaftsmächte, weisen ein Handelsbilanzdefizit auf. Dies liegt darin begründet, dass sie vor allem Dienstleistungen anbieten, die nicht in der Handels-, sondern in der Dienstleistungsbilanz eines Landes geführt werden.

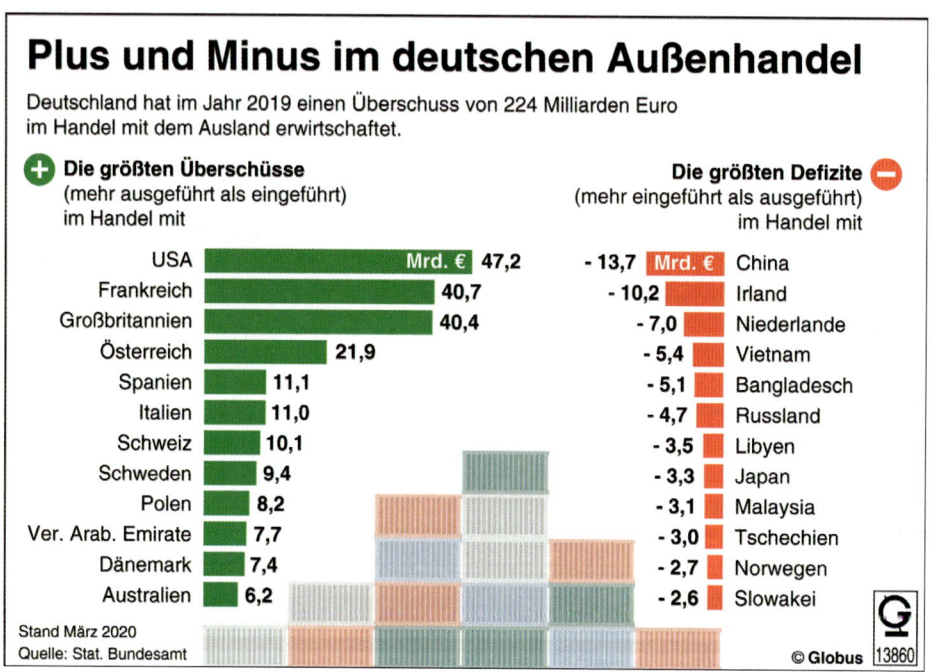

Überschüsse und Defizite in der Handelsbilanz

Globalisierung – Möglichkeiten, Grenzen, Kritik

Durch die Globalisierung wird der Konsum von Produkten ermöglicht, die aufgrund von fehlenden Ressourcen oder Wissen sonst nicht konsumiert werden könnten. So ist es uns beispielsweise möglich, Bananen und Avocados zu essen, unsere Autos durch den Import von Öl zu tanken oder Silberschmuck zu tragen. Auf der anderen Seite wird die deutsche Wirtschaft durch den Export von Autos und Maschinen angeregt, was zu mehr Arbeitsplätzen und somit einer gesteigerten Kaufkraft führt. Eine gesteigerte Kaufkraft führt zu höherem Konsum, was wiederum die Wirtschaft ankurbelt. Ein weiterer Vorteil der Globalisierung ist die gesamtwirtschaftliche Arbeitsteilung. Die Produktion eines Gutes wird auf verschiedene Standorte weltweit aufgeteilt, um die Kosten möglichst gering zu halten. So wird auch der Preis für Endverbraucher/-innen gesenkt, was ebenfalls den Konsum anregt.

Ein großer Nachteil dieser weltweiten Arbeitsteilung ist jedoch, dass die Produktion in Länder ausgelagert wird, die niedrige Standards im Arbeits- und Umweltschutz haben. So wird zwar die Produktion günstiger, was auch den Endpreis für die Verbraucherinnen und Verbraucher günstiger macht, die Arbeiterinnen und Arbeiter leiden allerdings unter schlechten Arbeitsbedingungen und geringen Löhnen. In Deutschland gibt es verschiedene Gesetze und Bestimmungen, die Arbeitnehmende

Näherinnen in einer Textilfabrik in Bangladesch

schützen sollen, einige Entwicklungsländer ergreifen solche Schutzmaßnahmen jedoch nicht. Häufig arbeiten die Menschen dort z.B. ohne ausreichenden Schutz vor giftigen Chemikalien, etwa in der Textilbranche.

Demgegenüber steht die Forderung der Welthandelsorganisation WTO, Handel für alle Partner gleich zu gestalten und die nachhaltige Entwicklung der Schwellenländer zu fördern. Auch hierbei wird – wie bereits angesprochen – häufig kritisiert, dass Länder wie Deutschland, die einen Handelsbilanzüberschuss aufweisen, die Binnenwirtschaft von Entwicklungsländern mit Handelsbilanzdefizit weiter schwächen, indem sie ihre Produkte dort auf den Markt bringen. So wird die eigene Wertschöpfungskette der Entwicklungsländer gehemmt.

Ausgehend von den verschiedenen „Problemen", die eine unausgeglichene Handelsbilanz mit sich bringt, gibt es verschiedene Möglichkeiten, wie diese ausgeglichen werden kann. So können beispielsweise ausländische Staaten Zölle erheben, um ihre Binnenwirtschaft zu schützen (Protektionismus). In Deutschland selber könnte die Binnenwirtschaft durch Steuersenkungen oder höhere Löhne gesteigert werden, was u.a. auch den Import ausländischer Waren anregen könnte.

7

AUFGABEN

1. Geben Sie an, welche volkswirtschaftlichen Sektoren (Staat, Unternehmen, private Haushalte, Kreditinstitute oder Ausland) bei den Zahlungsströmen jeweils betroffen sind:

   a) Ein IT-Systemhaus zahlt Gewerbesteuer an das Finanzamt.

   b) Ein IT-Systemhaus vernetzt eine Arztpraxis.

   c) Ali C. ist Auszubildender in einem IT-Systemhaus.

   d) Das IT-Systemhaus erhält staatliche Zuschüsse zu den Energiekosten.

   e) Ein IT-Systemhaus bezieht von einem ausländischen Lieferanten Waren.

f) Herr Meier arbeitet als Programmierer in einem IT-Systemhaus und verdient dort 3 700,00 €.

g) Beate Müller verbringt ein Auslandssemester in Barcelona und muss dort den Semesterbeitrag bezahlen.

h) Frau Koslowski nimmt bei ihrer Hausbank ein Darlehen auf.

i) Frau Koslowski erhält für ihren dreijährigen Sohn monatlich 250,00 € Kindergeld.

j) Ein IT-Systemhaus begleicht eine Darlehensschuld.

2. Handelt es sich beim Bedürfnis eines Gartenbesitzers nach einem Rasenmäher um ein Existenz-, Kultur- oder Luxusbedürfnis?

3. Nennen Sie jeweils drei Beispiele für Existenz-, Kultur- und Luxusbedürfnisse.

4. Nennen Sie entsprechende Beispiele für den Bedarf und die Nachfrage, die durch folgende Bedürfnisse ausgelöst werden:

Bedürfnis	Bedarf	Nachfrage
Bedürfnis nach politischer Information		
Bedürfnis etwas Warmes anzuziehen		

5. Wird der prozentuale Anteil der Ausgaben eines privaten Haushalts für den Existenzbedarf bei steigendem Einkommen größer, kleiner oder bleibt er gleich?

6. Grenzen Sie anhand eines Beispiels die Begriffe offenes und latentes Bedürfnis voneinander ab.

7. Max Weber möchte mit seinen gegebenen finanziellen Mitteln und seiner Arbeitskraft einen möglichst hohen Gewinn erwirtschaften. Nach welchem ökonomischen Prinzip handelt er?

8. Max Weber versucht, ein bestimmtes Laptop-Modell möglichst preisgünstig zu erwerben. Welches ökonomische Prinzip verfolgt er?

9. Nach welchem ökonomischen Prinzip handeln Svenja und Michael jeweils? Svenja schätzt, dass sie am Ende des Schuljahres ca. 3 000,00 € für ein Auto zur Verfügung haben wird. Ihr Ziel ist es, dafür ein möglichst gutes Auto zu kaufen. Michael möchte sich am Ende des Jahres einen alten Porsche kaufen. Dafür möchte er möglichst wenig Geld ausgeben.

10. Man nennt das ökonomische Prinzip auch Rationalprinzip. Unsere wirtschaftlichen Handlungen sind jedoch häufig von irrationalem Verhalten geprägt.

a) Nennen Sie ein Beispiel für irrationales Verhalten bei einer wirtschaftlichen Entscheidung.

b) Welche Gründe sehen Sie dafür, dass Menschen nicht immer nach dem Rationalprinzip handeln?

11. Welche der folgenden Aussagen ist/sind richtig?

    a) Durch den Anstieg der Konsumsumme wird die Nachfrage ausgeweitet.

    b) Steigende Produktionskosten führen i. d. R. zum Rückgang des Angebots.

    c) Je höher der Preis für ein Gut, desto niedriger die Nachfrage und damit auch das Angebot.

    d) Eine Nachfrageverringerung führt bei gleichem Angebot zu einem höheren Gleichgewichtspreis.

    e) Eine Angebotsverringerung führt bei gleicher Nachfrage zu einem höheren Gleichgewichtspreis.

12. a) Ermitteln Sie den Gleichgewichtspreis, indem Sie die Tabelle vervollständigen. Welcher Umsatz wird beim Gleichgewichtspreis erreicht?

Preis (€/Stk.)	Angebotene Menge (Stk.)	Nachgefragte Menge (Stk.)	Menge, die max. für den Preis umgesetzt werden kann
20,00	48	172	
21,00	77	124	
22,00	100	122	
23,00	107	92	

    b) Nehmen Sie zu folgenden Aussagen Stellung:

    – Bei einem Preis von 23,00 € besteht ein Nachfrageüberhang.

    – Würden sich alle nachgefragten Mengen bei gleichbleibendem Angebot halbieren, dann läge der neue Gleichgewichtspreis bei 21,00 €.

13. Die Klasse HBT (Höhere Berufsfachschule für Technik) hat in der Metallwerkstatt 100 Verschlüsse aus Edelstahl für Wein- und Sektflaschen hergestellt. Um einen Teil der anstehenden Klassenfahrt finanzieren zu können, möchten die Schüler die Verschlüsse am Tag der offenen Tür verkaufen. Je 25 Verschlüsse fallen folgende Materialkosten an: 1 Stange nicht rostender Edelstahl, Ø 30 mm, Länge 3 m, Kosten: 100,00 €; 25 O-Ringe, Innendurchmesser 15 mm, Kosten: 2,50 €. Eine zusätzliche Fertigung der Flaschenverschlüsse kann nur noch im Anschluss an den regulären Unterricht erfolgen. Die Schüler können maximal 20 Stück in einer Unterrichtsstunde fertigen. Ein Lehrer der Metallwerkstatt hat sich bereit erklärt, nachmittags zusätzlich bis zu vier Unterrichtsstunden für die Herstellung weiterer Verschlüsse zu betreuen. In der Klasse ist eine Diskussion im Gange, wie viele Flaschenverschlüsse zu welchem Preis verkauft werden können. Um herauszufinden, welchen Preis die Käufer zahlen würden, haben alle die Aufgabe erhalten, in ihrer Familie und bei Freunden und Bekannten zu fragen, wie viele diese höchstens bereit wären, für einen Verschluss auszugeben. Alle sollten darüber hinaus auch angeben, bei welchem Verkaufspreis sie bereit wären, auch am Nachmittag zu arbeiten. So konnte die Anzahl der angebotenen Verschlüsse ermittelt werden. Das Ergebnis der Befragung wurde an der Tafel gesammelt:

Preis	Anzahl der Kaufinteressierten	Angebot
5,50 €	200	100
6,00 €	175	112
6,50 €	160	125
7,00 €	140	150
7,50 €	125	175
8,00 €	100	185
8,50 €	75	200
9,00 €	40	215

a) Die Schülerinnen und Schüler möchten aus 100 Flaschenverschlüssen einen möglichst großen Gewinn erzielen. Nach welchem ökonomischen Prinzip handeln sie?

b) Nach welchem ökonomischen Prinzip müssten sie handeln, wenn sie eine bestimmte Summe für die Klassenfahrt erwirtschaften möchten?

c) Berechnen Sie die Materialkosten für einen Flaschenverschluss.

d) Stellen Sie die Angebots- und Nachfragekurve grafisch dar und ermitteln Sie den Gleichgewichtspreis.

e) Wie viele Kaufverträge würden bei einem Preis von 6,00 € abgeschlossen?

f) Handelt es sich um eine elastische oder eine unelastische Nachfrage?

g) Der Lieferant des Edelstahls hört von dem Engagement der Klasse und lässt ihnen pro Stange 20,00 € nach. Wie wirkt sich Ihrer Meinung nach dieser Preisnachlass auf die Angebotskurve und den Gleichgewichtspreis aus?

14. Erklären Sie das Gesetz der Nachfrage am Beispiel eines Solarrasenmähers. Wie könnte das entsprechende Gesetz des Angebots aussehen?

15. Ist die Preiselastizität der Nachfrage bei Solarrasenmähern eher gering oder eher hoch? Begründen Sie Ihre Antwort kurz.

16. Der Markt für Grills wird von einigen großen Anbietern bestimmt. Welche Marktform liegt vor?

17. In der Volkswirtschaftslehre verwendet man zur Darstellung und Erklärung komplizierter Sachverhalte Modelle. Welche Eigenschaften zeichnen das Modell eines vollkommenen Marktes aus?

18. Geben Sie jeweils an, welche Marktform beschrieben wird.

a) Mehrere Stromanbieter konkurrieren um die Stromkunden in Unna.

b) Viele Anbieter konkurrieren um einen Nachfrager.

c) Der Staat lässt die Personalausweise exklusiv bei der Bundesdruckerei herstellen.

d) Markt für Neuwagen (Autohersteller) in Deutschland

e) Markt für Gebrauchtwagen in Deutschland

f) Viele Anbieter bedienen wenige Nachfrager.

19. Welche der folgenden Aussagen ist/sind richtig?

a) Beim vertikalen Zusammenschluss arbeiten Unternehmen aus verschiedenen Branchen zusammen.

b) Im horizontalen Zusammenschluss werden Unternehmen der gleichen Branche, aber verschiedener Produktionsstufen zusammengefasst.

c) Konzentration bedeutet, dass die beteiligten Unternehmen ihre rechtliche und/oder wirtschaftliche Selbstständigkeit aufgeben.

20. Ein Großhändler verabredet mit einem Kunden folgende Zahlungsbedingungen für eine Rechnung über 9 000,00 €: „30 Tage netto Kasse, bei Zahlung innerhalb von 10 Tagen 2 % Skonto". Der Kunde begleicht die Rechnung am 10. Tag, indem er den Überweisungsbetrag durch die Überziehung seines Girokontos finanziert. Die Bank berechnet 12 % Zinsen für die Überziehung. Berechnen Sie

a) den erforderlichen Kreditbetrag,

b) die zu zahlenden Zinsen für 20 Tage,

c) den Finanzierungsgewinn aus der Inanspruchnahme von Skonto,

d) den Jahreszinssatz, der der Skontovereinbarung entspricht.

21. Mehmet Abdul möchte drei Lkw für seinen Fuhrpark kaufen. Seine Hausbank macht ihm ein Kreditangebot mit folgenden Konditionen: Kreditsumme 300 000,00 €, Laufzeit vier Jahre, Tilgung in vier gleichen Jahresraten, beginnend am Ende des ersten Jahres, Zinssatz 8 % p. a. Berechnen Sie mithilfe der nachfolgenden Tabelle die jährlichen Zinsbelastungen, Tilgungsraten sowie die jährliche Gesamtbelastung. Wie hoch ist die Summe der Gesamtbelastung?

Jahr	Darlehensschuld	Zinsen	Tilgung	Gesamtbelastung
1				
2				
3				
4				
Summe:				

22. Frau Schlossberg hat für die Zeit vom 01.04.04 bis 01.08.04 einen Kredit von 40 000,00 € aufgenommen. Es wurden 9 % p. a. Zinsen und 100,00 € Bearbeitungsgebühr am Ende der Laufzeit berechnet. Berechnen Sie

a) den Gesamtbetrag aus Zinsen und Bearbeitungsgebühr,

b) die effektive Belastung in Prozent.

23. Welche Art der Kreditsicherung wird hier jeweils beschrieben?

a) Als Sicherheit dient ein Gebäude.

b) Bei der Sparkasse wird ein Sparbrief hinterlegt.

c) Die Mutter bürgt für das Anschaffungsdarlehen ihrer Tochter.

d) Eine Galerie bietet ein wertvolles Gemälde als Sicherheit an.

e) Die Textilfabrik tritt zur Sicherung eines Bankkredits ihre Kundenforderungen an die Bank ab.

f) Nach der Rückzahlung des Kredits erhält der Schuldner die Eigentumsrechte an einer in seinem Besitz befindlichen beweglichen Sache zurück.

24. Geben Sie an, welche der nachstehenden Aussagen zum Leasing richtig sind.

a) Beim Leasing ist die Kapitalbindung niedriger als beim Kauf.

b) Der Leasinggegenstand geht in das Eigentum des Leasingnehmers bzw. der Leasingnehmerin über.

c) Die Leasingrate kann steuerlich als Aufwand geltend gemacht werden.

d) Es besteht die Möglichkeit, immer über die neueste Technik zu verfügen.

25. Finden Sie aktuelle Meldungen in den Nachrichten zum Außenhandel der BRD. Welche Probleme werden dort ggf. angesprochen?

Sachwortverzeichnis

Bildquellenverzeichnis

|Brauner, Angelika, Hohenpeißenberg: 12.1. |Bundesagentur für Arbeit, Nürnberg: 145.1. |Bundesministerium des Innern und für Heimat: Organisationshandbuch, S.273 (Stand 2018) 16.1. |Bundesministerium für Ernährung und Landwirtschaft (BMEL), Bonn: 207.1. |Bundesverband deutscher Banken e.V., Berlin: 184.2. |Deutsche Post AG, Bonn: 45.1. |EURO Kartensysteme GmbH, Frankfurt am Main: 86.1, 86.2. |Fairtrade Deutschland e.V., Köln: 207.4. |fotolia.com, New York: Breckwoldt, Dan 120.1; Martina Topf 105.1; Stefan Rajewski 85.2; XtravaganT 157.1. |Getty Images (RF), München: mikimad 1.1. |Hild, Claudia, Angelburg: 14.1, 197.1. |iStockphoto.com, Calgary: AndreyPopov 85.1; gorodenkoff 64.1; scyther5 67.1. |Jouve Germany GmbH & Co. KG, München: 17.1, 17.2, 17.3, 17.4, 17.5, 17.6, 18.1, 18.2, 18.3, 19.1, 20.1, 27.1, 27.2, 27.3, 27.4, 35.1. |Marine Stewardship Council (MSC), Berlin: 207.3. |Mastercard, Frankfurt am Main: 87.3; 2020, Maestro ist ein eingetragenes Markenzeichen und das Kreisdesign ist ein Markenzeichen von Mastercard International Incorporated. 87.1. |Picture-Alliance GmbH, Frankfurt a.M.: dpa-infografik 21.1, 36.1, 40.1, 47.1, 87.5, 88.1, 99.1, 100.1, 137.1, 148.1, 150.1, 175.1, 176.2, 178.1, 180.1, 190.2, 193.3, 203.1, 208.1, 209.1, 209.2, 210.1; dpa-infografik GmbH 8.1, 23.1, 62.1, 126.1, 132.1, 132.2, 146.1, 149.1, 167.1, 168.1, 176.1, 183.1, 184.1, 186.1, 189.1, 190.1, 201.1, 208.2; dpa/K M Asad 211.1; Rohwedder/ dpa 165.1. |stock.adobe.com, Dublin: ABCreative 110.1; AndSus Titel; artefacti 44.1; contrastwerkstatt 136.1; Dietl, Jeanette 162.1; DOC RABE Media 170.1; Eppele, Klaus 47.2; fullempty 193.2; I Believe I Can Fly 97.1; johannesspreter 57.1; lassedesignen Titel; momius 44.2, 59.1; MQ-Illustrations 38.1, 103.1, 127.1; Nejron Photo 161.1; nsdpower 1.2; Popov, Andrey 46.1; REDPIXEL 115.1; Rudie 60.1, 60.2; Sanders, Gina 75.1, 143.1; Stockfotos-MG 157.2, 182.1; Sturm, Jenny 134.1; Supachai 135.1; Theiss, N. 58.1; thicha 114.1; Trueffelpix 32.1; Westend61 159.1; Wylezich, Björn 193.1; Zerbor 41.1. |V-Label GmbH, Winterthur: 207.6. |Verband Lebensmittel ohne Gentechnik e.V. (VLOG), Berlin: 207.5. |Zahlenbilder, Bergmoser + Höller Verlag AG, Aachen: Zahlenbilder 138.1, 151.1, 166.1, 167.2, 174.1. |© Europäische Union: 1995-2020 207.2. |© Visa 2024, Frankfurt: 87.4; © Visa 2023 87.2.